हमारे देश के कालजयी व्यक्तित्व

हमारे देश के कालजयी व्यक्तित्व

पुष्पा भारती

वाणी प्रकाशन

प्रकाशन के उत्कृष्टतम 61 वर्ष

सजिल्द प्रथम संस्करण : 2025

vaniprakashan.com

वाणी प्रकाशन

4695, 21-ए, दरियागंज, नयी दिल्ली-110 002
फ़ोन : + 91 11 23273167, 23275710

शाखाएँ

अशोक राजपथ, पटना-800 004, बिहार
कॉफ़ी हाउस कैम्पस, महात्मा गांधी मार्ग, प्रयागराज-211 001, उत्तर प्रदेश
महात्मा गांधी अन्तरराष्ट्रीय हिन्दी विश्वविद्यालय, वर्धा-442 001, महाराष्ट्र

sales@vaniprakashan.in
vaniprakashan@gmail.com

Hamare Desh Ke Kaaljayee Vyaktitva
by Pushpa Bharti

ISBN : 978-93-6287-235-7
Memoirs

मूल्य : ₹ 595

आर. टेक ऑफ़सेट प्रिंटर्स, दिल्ली-110 032 में मुद्रित

वाणी प्रकाशन का लोगो मक़बूल फ़िदा हुसैन की कूची से

अनुक्रम

साहित्य

फ़िल्म

राजनीति

साहित्य

सूर्यकान्त त्रिपाठी निराला

(21 फ़रवरी 1896 - 15 अक्टूबर, 1961)

मेरे घर से मिले संस्कार ऐसे थे कि यों कुछ भी ले लेने का प्रश्न ही नहीं उठता था। मैंने विनम्रतापूर्वक कहा, "नहीं मुझे कुछ नहीं चाहिए।" तो वे बोले, "ऐसा कैसे हो सकता है- निराला जी जब पूछेंगे तो मैं क्या जवाब दूँगा।

सूर्यकान्त त्रिपाठी निराला

देवतुल्य सुदर्शन व्यक्तित्व

उम्र के जिस दौर से गुज़र रही हूँ उसमें या तो नाती-पोतों के साथ खेलना और उलझना अच्छा लगता है या यादों की जुगाली करने में आनन्द आता है। आज वसन्त पंचमी पर याद आ रहे हैं महान कवि सूर्यकान्त त्रिपाठी निराला। बात सन् 1951 की है तब मैं इलाहाबाद विश्वविद्यालय में बी.ए. में पढ़ती थी। घर मेरा दारागंज में था। पिछवाड़े रहते थे प्रसिद्ध कवि गिरिजा दत्त शुक्ल 'गिरीश' और दो-तीन घर छोड़कर बगल की गली में रहते थे महाप्राण निराला! अपने घर की बैठक की बाल्कनी में खड़े होकर सड़क की ओर देखने पर प्राय: प्रतिदिन ही सुबह-सुबह निराला जी के दर्शन हो जाते थे। दारागंज में हमारे घर के बहुत पास ही गंगाजी का घाट था। तहमद लपेटे नंगे बदन पैदल चलते हुए वे गंगा स्नान के लिये जाते थे। देवतुल्य सुदर्शन व्यक्तित्व, ऊँची लम्बी, पुष्ट देहयष्टि, उन्नत ललाट, चौड़ी छाती–मदमाती चाल! कोई चाहे न चाहे हर देखने वाले का माथा झुक जाता और हाथ प्रणाम की मुद्रा में ख़ुद-ब-ख़ुद जुड़ जाते। मेरी जो सुबह उन्हें प्रणाम करके गुज़रती मेरा वह दिन सचमुच विशेष बन जाता था।

एक दिन तो ऐसा सौभाग्य मिला कि यों दूर से प्रणाम न करके मैंने सामने से साक्षात् उन्हें आते देखा और प्रणाम किया। मैं गोदी के अपने बहुत सुन्दर न्हहे मुन्ने भतीजे को लिये थी। उन्होंने उसका नाम पूछा मैंने बताया मेरी माँ ने इसका नाम दिव्य दर्शन रखा है। बड़े प्रसन्न हुए और मेरी गोदी से उसे अपनी गोद में ले लिया। गोद में लेते समय मेरी उँगली में पहना हुआ मिज़राब उनके हाथ से छू गया तो बोले, "सितार बजाती हो?" मैंने कहा, "जी, बी.ए. के कोर्स में मैंने सितार को एक विषय के रूप में लिया है।" बोले, "अरे तब तो ख़ूब सीख लिया होगा। कहाँ रहती हो?" मैंने कहा, "जी हम जहाँ खड़े हैं वही ऊपर की मंज़िल पर रहती हूँ।" तुरन्त बोले, चलो चलते हैं। "मेरी तो रूह काँप गयी। अरे सुबह-सुबह एकदम अस्त व्यस्त पड़ा

होगा मेरा कमरा–बैठक में भाई साहब सोये होंगे–अब क्या करूँ?...पर भला उन्हें मना भी कैसे किया जा सकता था–रसोई से बाहर आकर मेरी भाभी ने चरण-स्पर्श किये। उन्हें आशीर्वाद मिले–वे बोली "अहोभाग्य हमारे। पधारिये, चाय बनाती हूँ।" तो बोले, "चाय नहीं, हमें तो बिटिया का सितार देखना है।"

मेरे गुरु पं. लाल मणि मिश्र ने मुझे बहुत अच्छा तरपदार सितार बनारस से लाकर दिया था। देखकर बहुत ख़ुश हुए। बोले, "वाह वाह! तुम्हारे पास तबला है?" मैंने तबला निकाला और वहीं ज़मीन पर बैठकर महाकवि ने मेरे सितार के तारों के सुर मिलाये–तबला यहाँ वहाँ ठोककर सुर में किया और बोले, "ले बजाओ–बताओ क्या सुनाओगी?" मैंने लगभग काँपती-थरथराती आवाज़ में कहा "जी, जैजैवंती सुनाऊँ?" तबले पर स्वयं थाप मारते हुए बोले, "वाह वाह...जरूर सुनाओ।" मेरे अन्दर भी पता नहीं किन नये प्राणों का संचार हुआ और मैंने मन ही मन गुरुदेव को प्रणाम कर बजाना शुरू किया–कितनी देर तक मैं बजाती रही और वे अहा, अहा, वाह-वाह करते सुनते रहे–मुझे दीन दुनिया का ख़याल ही नहीं रहा–बस बजाती ही रही–झाला बजाकर जब ख़त्म हुआ और उनके चरण छुए तो मुझे लगा मेरा जन्म सफल हो गया–संगीत सीखना सार्थक हो गया।

वे तो बस बिना कुछ बोले–एकदम से फट सें खड़े हो गये और बोले, "चलो मेरे साथ। भाभी चाय-नाश्ता परोस चुकी थीं–पर वह कहाँ रुकने वाले थे–"चलो मेरे साथ" कहकर चल दिये–भाभी ने इशारे से कहा, "जाओ–साथ में।" कहाँ जाना है? पूछने का प्रश्न ही नहीं था–मन्त्रचालित सी उनके पीछे-पीछे चलने लगी। गली के छोर पर रामकृष्ण बजाज की कपड़ों की दुकान थी। वहाँ चबूतरे पर मुझे ले जाकर दुकान मालिक से बोले, "बिटिया ने बहुत अच्छा सितार सुनाया है, ये जो भी माँगे इसे दे देना–भले ही सिल्क का थान माँगे–तो भी ना मत करना।" कहा और मुझे वहीं छोड़ स्वयं...यह जा वह जा...

मेरे घर से मिले संस्कार ऐसे थे कि यों कुछ भी ले लेने का प्रश्न ही नहीं उठता था। मैंने विनम्रतापूर्वक कहा, "नहीं मुझे कुछ नहीं चाहिए।" तो वे बोले, "ऐसा कैसे हो सकता है–निराला जी जब पूछेंगे तो मैं क्या जवाब दूँगा। कुछ-न-कुछ तो आपको लेना ही होगा। बताइये क्या दूँ?" मेरे कुछ न लेने की ज़िद पर सचमुच उन्होंने अपने नौकर को एक थान सिल्क का पकड़ाते हुए कहा, "जाओ इनको घर तक पहुँचा आओ।"

अन्त में विवश होकर मैंने अपनी पसन्द की छींट के एक कपड़े की ओर इशारा करके कहा, "इसमें से एक ब्लाउज़ का कपड़ा दे दीजिए।" वह कपड़ा माथे से

लगाया और घर तक ऐसे आयी जैसे ज़मीन पर नहीं चल रही–हवा में उड़ती आ रही हूँ।

इसी के साथ सुनाती हूँ–इस घटना के बीसियों बरस बाद की एक बात। तब मैं बम्बई में रहती थी। दोपहर में भारतीजी का अपने दफ़्तर से फ़ोन आया कि थोड़ी देर में शिवानी जी घर पहुँच रही हैं। शाम को मुझे आज थोड़ी सी देर हो जायेगी–तुम उनका ख़याल रखना। शिवानी जी आयीं–हम दोनों यहाँ-वहाँ की बातें करते रहे। बातों ही बातों में निराला जी की बात चली तो मैंने उन्होंने सितार वाला संस्मरण सुनाते हुए कहा, "कैसी मूर्ख थी मैं उस दिन। सचमुच कम-से-कम एक बढ़िया साड़ी तो ला ही सकती थी–मैंने सिर्फ़ ब्लाउज़ का कपड़ा मात्र लिया और चला आयी।" तो वे बोलीं, "अगर तुम मूर्ख हो तो मैं तो महामूर्ख हूँ पुष्पा।" और उन्होंने विस्तार से बताया कि जब वे शान्ति निकेतन में पढ़ती थीं तो एक दिन आम के घने पेड़ की छाँह में हमारी कक्षा लगी हुई थी। उस दिन गुरुदेव रवीन्द्रनाथ ठाकुर को मैंने अपनी लिखी एक कविता सुनाई तो वे इतने प्रसन्न हुए कि पुरस्कार स्वरूप अपना काला चोगा उतारा और मेरे हाथ में देकर बोले–"यह तुम्हारा हुआ–आज तुमसे बहुत आनन्द मिला।" मैंने कहा, "हाय कितनी भाग्यवान हैं आप तो? महामूर्ख कैसे हुईं भला?" तो बोलीं, "तुम्हें पता नहीं पुष्पा कि मैंने क्या मूर्खता की–कितनी-कितनी बड़ी मूर्खता की कि उस अमूल्य चोग़े को कटा कर मैंने पेटीकोट सिल लिये।" अब सचमुच मेरे अवाक् रह जाने की बात थी–"हाय यह क्या किया दीदी आपने?...आज वह चोग़ा होता तो हम जैसे कितने अनगिनत लोग उसे देखकर-छूकर धन्य हो लेते।"

हम दोनों महामूर्खों जैसे और भी होंगे ज़रूर। आपको जब भी, जहाँ भी मिलें–मेरे प्रणाम उन्हें दें। धन्यवाद।

माखनलाल चतुर्वेदी

(4 अप्रैल 1889-30 जनवरी 1968)

छिन में धूप

छाँह छिन ओझल,

पल-पल चंचल-

गोरी दुबली,

बेला उजली,

जैसे बदली क्वार की!

सुबुक हठीली,

हरी पर्त में

हल्की नीली

आग लपेटे-एक कली

कचनार की!

माखनलाल चतुर्वेदी

मेरे जीवन का सबसे महत्त्वपूर्ण मोड़

बात कर रही हूँ पिछली सदी के पचासवें दशक की–ख़ास तौर से सन् 55, 56, 57, 58 के दिनों की। संसार अपनी गति से चल रहा था। हिन्दी साहित्य-संसार भी अपनी पूरी गति के साथ चमक-दमक से चल रहा था। नये और पुराने; दोनों ही लोग ख़ूब अच्छा लिख रहे थे उन दिनों। कुछ पुरानी मान्यताएँ टूट रही थीं, नयी ज़मीनें तलाशी जा रही थीं। दक्षिण हो या वाम या इन दोनों से निरपेक्ष– सब तरह के लेखक एक से बढ़कर एक रचनाएँ दे रहे थे। कहानी, कविता, उपन्यास, नाटक, निबन्ध, समीक्षा–सभी क्षेत्रों में ख़ूब जमकर लिखा जा रहा था और ख़ास बात यह भी थी कि बौद्धिकता और रसमयता के बीच एक सन्तुलन और सामंजस्य बड़ी सुगढ़ता के साथ बना हुआ था। उन दिनों भारतीजी की रचनाशीलता भी अपने पूरे ज्वार पर थी। अध्ययन, अध्यापन, लेखन, सम्पादन, चिन्तन, संगठन...सब कुछ लरजता, बरसता और गहराता हुआ गतिमान था। 'परिमल' संस्था के कई तरह के आयोजनों में व्यस्तता हो या दोस्तों के साथ गहरी साहित्यिक बहसें हों या मीठी शरारतें और चुटकुलेबाज़ियाँ हों, ऊपरी तौर पर हर जगह वे व्यस्त, मस्त और चुस्त नज़र आते थे, पर भीतरी तौर पर उनके निजी जीवन में ज़बर्दस्त उथल-पुथल मची थी। उनकी इस दशा से कम ही लोग परिचित थे। जिन्हें कुछ भनक थी भी, वे उस हलचल की गहराई और स्थिति की गम्भीरता को समझ ही नहीं पाये थे। भारतीजी के जीवन में पहले भी जब कभी ऐसे जटिल और अँधेरे क्षण आते थे तो वे पुराने शास्त्रों और ग्रन्थों में, ऋषियों, मुनियों और सन्तों की बानियों में हज़ार सवालों के जवाब खोजते और उजास पा जाते थे, लेकिन अब उतना ही उलझते जा रहे थे। कुछ समझ नहीं पा रहे थे कि क्या सच है, क्या झूठ। क्या सही है, क्या ग़लत, क्या उचित है, क्या अनुचित, क्या वरेण्य है, क्या त्याज्य!

धर्म, स्वधर्म, दायित्व, मर्यादा, निर्णय, विवेक...सवाल। सवाल और सवाल... सवालों के चक्रव्यूह में घुस चुका था यह अभिमन्यु, पर व्यूह को तोड़ने की शक्ति उसे मिल ही नहीं पा रही थी। दाँव तो खेले जा सकते हैं, पर अगर सिरहाने और पायताने बैठे लोगों की जगहें बदल जायें तो? मर्यादा तो दोनों ही तोड़ेंगे, कोई ज़्यादा कोई कम, पर टूटेगी तो मर्यादा ही। क्या करें, क्या न करें, कहने को मित्र बहुतेरे थे, पर कहीं कोई ऐसा दीखता नहीं था, जो उनके सवालों का समाधान सुझा सके। मुझे नहीं मालूम, उन्होंने अपने मित्रों से क्या बातें की थीं। केवल यह जानती थी कि चर्च जाकर और वहाँ फ़ादर भट्ट और फ़ादर ऐक्सट्रॉस से बातें करके उन्हें बहुत शान्ति मिलती थी। मदर मैरी की मूर्ति के सामने नतशिर खड़े होकर कभी-कभी नयी दृष्टि भी मिलती थी, पर मन की बेचैनी ज्यों की त्यों बनी हुई थी। मुझे याद है, एक बार जब मैं कलकत्ता से इलाहाबाद गयी थी तो उन दिनों पहली बार मैंने भारतीजी को बेहद चुप-चुप और गुमसुम पाया था। संवेदनों का अहसास मुझे छू तो रहा था, पर मैं कुछ कर नहीं पा रही थी। एक दिन वे बिना किसी को कुछ बताये काफ़ी देर के लिए कहीं चले गए थे। लौटने पर बताया, विजयदेव नारायण साही के साथ द्रौपदी घाट गये थे। वहाँ उन्होंने अपने मन की बात उनके सामने उजागर की थी। उत्सुकता ज़रूर थी जानने की कि क्या बातें हुईं, पर वक़्त की नज़ाकत का तकाज़ा था कि मैं चुप रही, क्योंकि समझ में नहीं आ रहा था कि वे हलके हुए हैं या बेचैनी और बढ़ गयी है। कुछ देर बाद उन्हें अपनी स्टडी में टहलते और गुनगुनाते सुना, "या रब न समझे हैं, न समझेंगे वे मेरी बात, दे और दिल उनको जो न दे मुझको जुबाँ और!" ...ज़ाहिर है उलझे सूत्रों को कोई सिरा मिला नहीं था।

भीतरी जीवन-चक्र चतुर्दिक के अँधेरे-उजाले को चीर-फाड़कर चाहे जिस गति से घूम रहा हो, पर बाहरी जीवन-चक्र तो संयत गति से चलाना ही होता है। सो मुझे तो कलकत्ता वापस लौटना ही था। वापस चली आयी।

लगभग महीनेभर बाद डाक में मुझे एक पत्र मिला, लिखावट अपरिचित और पत्र नितान्त अप्रत्याशित। पढ़ा और पढ़कर जिस आनन्द लोक में पहुँची, उसका थरथराता अनुभव आज भी शिराओं में रक्त बनकर बह रहा है, पर उसका वर्णन कर सकूँ, ऐसी भाषा, ऐसे शब्द मेरे पास हैं ही नहीं। याद आने पर आज भी आँखें नम हो आती हैं– गिरा अनयन...नयन बिनु बानी।...

हुआ यों था कि जब भारतीजी को अपने हृदय और विवेक दोनों से ही कोई

ऐसा जवाब नहीं मिल पा रहा था, जो उन्हें सही निर्णय लेने का साहस दे पाता तो उन्होंने केवल एक रास्ता चुना—समर्पण का रास्ता। निश्चय किया कि खण्डवा जाकर अपने दादा को सबकुछ सच-सच बता देंगे।* सम्पूर्ण समर्पण की शक्ति पर उन्हें पूरा विश्वास था। जानते थे कि वहाँ से कुछ-न-कुछ दिशानिर्देश मिलेगा ही। 'दादा' यानी पूज्य माखनलाल चतुर्वेदी, खण्डवा यानी कि भारतीजी के लिए तीर्थ।

पहुँचने पर सदा की तरह दादा और उनका पूरा घर-परिवार खिल उठा। सबने कुशलक्षेम पूछी। घर के, बाहर के, दूर, पास के सब जनों से जब मेल-मुलाक़ात का मेला ख़त्म हुआ, तो पलंग पर तकियों का सहारा लिये अपनी विशिष्ट अधलेटी मुद्रा में बैठे दादा और पायताने पाटी से टिके भारतीजी। दादा ने पूछा, "क्या लिख रहे हो आजकल?" तो भारतीजी ने उन दिनों लिखी अपनी कुछ कविताएँ सुनाईं। सुनाते-सुनाते यह कविता भी पढ़ी—

छिन में धूप
छाँह छिन ओझल,
पल-पल चंचल—
गोरी दुबली, बेला उजली, जैसे बदली क्वार की!

सुबुक हठीली,
हरी पर्त में
हल्की नीली
आग लपेटे—एक कली कचनार की!

दखिन पवन में
झोंके लेती डार की
लहर-बदन में।

जिसने आकर
कर दी है
छवि और उजागर

---

* यानी अपने विवाहेतर सम्बन्ध की बात।

मेरे छोटे फूल बसे घर,
धूप धुली छत, छाँह लिपी दीवार की!

और कविता पढ़कर थोड़ी देर चुप बैठे रहे। फिर एक दम से दादा की आँखों में आँखें डालकर बोले, "दादा, इस लड़की की बातें करना चाहता हूँ आपसे। कब? आज? या फिर कभी?" दादा बोले, "फिर कभी क्यों? अभी इसी वक़्त क्यों नहीं? जब से आये हो, मैं बहुत कुछ देख-समझ रहा हूँ। तुम्हारी कोई बेचैनी मुझसे कभी छिपी है भला। बोलो! खुलकर बोलो, सब कुछ सच-सच बोलो।"

सच और सच के सिवा और कुछ बोलने की बात थी ही नहीं।...पिता सुन रहा था, युवा पुत्र बोल रहा था। एक-एक वाक़या, एक-एक अनुभव, एक-एक संशय, एक-एक निश्चय। सभी कुछ सच, निखालिस सच। लग रहा था–बात कभी ख़त्म नहीं होगी, प्रवाह कभी ठहरेगा नहीं! पर आख़िर अनवरत बोलनेवाला ज़रा ठहरा, थमा, आँखों ने टटोला तो पाया, सामने बैठा तपस्वी तो निर्विकार है, मौन है। उसकी दृष्टि सूनी है और चेहरे पर ऐसी कोई इबारत नहीं लिखी, जहाँ से उन सवालों का कोई जवाब मिल सके। तलाश थी एक उजास की, पर यहाँ तो न अँधेरा है, न ही उजाला। कैसा झुटपुटा था यह प्रभु। भोर फूटेगी या फिर तारा टूटकर बुझ जायेगा... कुछ पता नहीं। दोनों ओर की चुप्पी ने रात के अँधेरे को और गहरा और भारी बना दिया था कि एक निरपेक्ष वाक्य सुनाई दिया, "रात बहुत हो चुकी है, जाओ, थोड़ी देर सो जाओ।" अधलेटे पाँव खुलकर लम्बे फैल गये। भारतीजी ने चरण-स्पर्श किये और बगल के कमरे में चले गये। सोने का प्रश्न ही नहीं था, बाकी रात सिर्फ़ टहलते बीती, कोई इन्तिहा नहीं थी उस बेचैनी की–मौत जैसी ठण्डी बेचैनी!

दूसरे दिन की सुबह, वही सामान्य सी सुबह। वही लोगों का आना-जाना। वही इधर-उधर की गपशप। साहित्य की चर्चा, राजनीति की चर्चा...देश के भविष्य की चिन्ता।

शाम हो गयी, वापस लौटने का समय भी आ गया। पुराना परिचित इक्केवाला भी आ गया स्टेशन ले जाने के लिए। श्रीकान्त जोशी स्टेशन तक साथ चलना चाहते थे। भारतीजी ने मना कर दिया, "भइया आज नहीं। आज अकेले ही जायेंगे, बीच में कुछ काम भी है।" दादा के चरण-स्पर्श किये, विदा ली। वही हमेशा का सा भावनाओं का आदान-प्रदान। बस एक बात नये हुई। दादा ने चलते समय एक पैकेट दिया। भारतीजी ने पूछा, "ये क्या है दादा?" तो बोले, "ले जाओ।

घर जाकर खोलना।" "ठीक है।" इक्का चल दिया स्टेशन की ओर। बहुत मुश्किल से जिस तूफ़ान को भीतर-ही-भीतर झेल रहे थे, वह एकाएक झरझर आँसू बनकर बहने लगा। भूल गये कि इक्केवाला परिचित है, शहर की गलियाँ परिचित हैं, आते-जातों में से कई परिचित भी होंगे। कोई सुध नहीं थी, बस रोते-रोते गाने लगे, "जोदि तोर डाक शूने केऊ ना आशे, तौबे ऐकला चौलो रे।"

स्टेशन आ गया। भारी बोझिल क़दमों से उतरे। समयानुसार रेल पर सवार हो गये। बेचैनी बढ़ती ही जा रही थी। हमेशा से ही भारतीजी की ऐसी अटूट बेचैनी तभी टूटती थी, जब वह कुछ लिख लेते थे। काफ़ी देर बाद सफ़र के दौरान ही एक कविता लिखी–

विदा देती एक दुबली-बाँह सी
यह मेंड़
अँधेरे में छूटते चुपचाप
बूढ़े पेड़।

ख़त्म होने को न आयेगी कभी क्या
एक उजड़ी माँग सी यह धूल-धूसर राह।
एक दिन क्या मुझी को पी जायेगी
यह सफ़र की प्यास, अबुझ, अथाह

क्या यही सब साथ मेरे जायेंगे
ऊँघते क़स्बे, पुराने पुल?
पाँव में लिपटी हुई यह धनुष सी दुहरी नदी
बींध देगी क्या मुझे बिल्कुल?

बस फिर तो कविता लिखकर एक दम सामान्य हो गये। रेल यात्रा के साथियों से दुनिया-जहान की बेतरतीब बातें, इलाहाबाद स्टेशन पर उतरकर घर जाते समय रास्ते में मिलते परिचितों से दुआ-सलाम, हँसी-मज़ाक, सब कुछ सामान्य! नहा-धोकर जब पढ़ने बैठे तो ख़याल आया, दादा ने कहा था, 'घर जाकर खोलना।' पैकेट उठाया, खोला और लो अब किसी दूसरे ही लोक में पहुँच जाने की उनकी बारी थी। शुरू में एक अप्रत्याशित ख़त की बात की थी न मैंने, शायद वैसा ही अनुभव उन्हें उस समय हुआ होगा वह पैकेट खोलकर!

पैकेट में एक पीले लिफ़ाफ़े में दो साड़ियाँ थीं। एकदम एक जैसी दो चंदेरी साड़ियाँ। अगरबत्ती की राख के रंग की, बारीक सुनहरी ज़री की किनारेवाली बहुत नाज़ुक, बहुत ख़ूबसूरत दो साड़ियाँ। यानी! यानी यह जवाब था उस रात के सैकड़ों सवालों का...अद्भुत लीला दिखाई नट-नागर। क्या नायाब तरीक़ा सूझा निर्णय देने का। केवल भारतीजी ही जानते होंगे उस रस को, जो उस कालखण्ड की लहरों में डूबते-उतराते उन्हें मिला होगा।

अच्छा! तो दादा! हम भी बेटे हैं आप ही के। हम भी इसका जवाब आपको संकेत और मौन की भाषा में ही देंगे। लौटकर हमेशा सकुशल पहुँच की सूचना देनी होती थी। इस बार न कोई पत्र, न कोई बात। 'कनुप्रिया' छपने के लिए ज्ञानपीठ जा चुकी थी। उसकी हस्तलिखित पाण्डुलिपि निकाली और उसी पीले लिफ़ाफ़े में, जिसमें दादा ने साड़ियाँ रखी थीं, उसमें रखकर एक पैकेट बनाया और डाकघर जाकर पार्सल कर दिया। दादा के पुराने काग़ज़ यदि कहीं सँभाल कर रखे गये होंगे तो वह पाण्डुलिपि वहाँ सुरक्षित होगी। पिता-पुत्र दोनों ने ही इन संकेतों की भाषा पढ़कर अतीन्द्रिय आनन्द पाया होगा। उस भाषा को पढ़ लेने के बाद पुत्र को न किसी समाज की परवाह रही, न किसी प्रवाद या प्रवंचना की। उसका गन्तव्य निश्चित हो गया। पिता ने बाद में एक लेख लिखा, "एक नास्तिक वैष्णव की राधा–कनुप्रिया।"

उस रात भारतीजी की बातों का उत्तर दिये बिना उन्हें सोने जाने का आदेश देकर दादा स्वयं पत्र लिखने बैठ गये थे। वही था वह अप्रत्याशित पत्र, जिसका ज़िक्र मैंने शुरू में किया था। लीजिए आप भी पढ़िए वह पत्र–

खण्डवा
11 अगस्त, 1959

चिरंजीवी बिटिया रानी,

आजकल चि. बेटा भारती यहाँ हैं। कल शायद प्रयाग चले जाये। इस बार चि. भारती लगभग दो वर्ष में मेरे पास आ पाया, कदाचित् कुछ अधिक समय भी हो गया हो तो अचम्भा नहीं। इसके मन को अकेलापन न गड़ जाए, इसीलिए मैं चाहता था कि चि. भारती मुझसे मिलें और शीघ्र मिलते रहें।

तुम्हारे जीवन की उच्चता और विधाता के उच्च शिखर से प्रदान किये हुए मन के संयम, रस और सौन्दर्य का जो परिचय आज मुझे चि. भारती से मालूम हुआ, मेरा हृदय भर आया बेटी। जीवन और घर के इस दारिद्र्य में मेरे पास कुछ भी नहीं है,

जो किसी भी दिशा को चमका सके, तो भी मेरी पारमितता की जानकारी की तरह मेरे आशीर्वाद हैं। वह उस जगह भेज रहा हूँ, जिस जगह गान की पूजा, मान की अवहेलना और प्राण का समर्पण होता है।

मन्दिर, मसजिद, गुरुद्वारा, गिरजाघर मेरा तो सबकुछ जीवन और मन में निवास करता है। मेरे वही पूजास्थल हैं। वे जहाँ हों, जहाँ-जहाँ हों, वे परम प्रकाशित चरम निर्मल और अश्रु जैसे कोमल रहें, रहते रहें, यही अपने प्रभु से मेरी प्रार्थना!

विनम्र

माखनलाल चतुर्वेदी

खण्डवा

11 अगस्त, 1959

बिटिया चि. पुष्पा!

शुभाशीष,

अभी-अभी एक पत्र समाप्त किया है और यह दूसरा लिख रहा हूँ। नारद-भक्ति सूत्र में कहीं मैंने पढ़ा है कि आँसुओं, उसाँसों और अविश्वासों के बीच चैतन्य, पुरुषार्थ और प्रेम कैसे जाग्रत रहता है, तुम यह जानती ही हो बेटी, इस देश की ऊँचे पर चढ़ती बेटियों को यह जानना अनिवार्य ही होता है बिटिया।

जीवन, कोमलता के प्रखर, उज्ज्वल प्रदर्शन को नहीं, दर्शन को कहते हैं बिटिया रानी। जीवन बहुत आनन्द का आगार और प्रेम का अवतार है, किन्तु गीता का गायक और यशोदा के आँगन में धूल-धूसरित जिस तरह दोनों एक ही व्यक्तित्व का नाम हैं, वैसे ही संसार की उथल-पुथल का कारण, निदान, समर्पण तथा वृषभानु के आँगन में बचपन बितानेवाली राधा अनेक दीखते हुए भी एक ही थी मेरी बिटिया रानी। सन् 1922 में जब मैं गिरफ़्तार हो गया था, चि. सौ. स्वर्गीया सुभद्रा कुमारी चौहान को मैंने हथकड़ी बँधे हाथों से एक चिट्ठी जबलपुर से बिलासपुर जेल में ले जाते हुए कटनी स्टेशन पर लिखी थी। उसमें जो कुछ मज़मून था वह तो मुझे याद नहीं आ रहा, किन्तु एक छन्द भी लिखा था, वह कदाचित् यों है (आपको कदाचित् मालूम न हो कि चि. सौ. सुभद्रा कुमारीजी तथा उनके पतिदेव ठाकुर लक्ष्मणसिंहजी दोनों मेरे पास थे, ठाकुर साहब उस समय 'कर्मवीर' में थे, जो जबलपुर से प्रकाशित होता था।)

उस तुकबन्दी में मैंने यह लिखा था–

एक पर एक मर मिटो, किन्तु
रहे निज विमल टेक की याद

प्राणों के पथ में पाती रहो
जीवनाधिप के जी का स्वाद
झुके हों दोनों, दोनों ओर
ठगे से हिलमिल झुकते रहो
उमड़ने न दो हृदय की आग
बावली गति में रुकते रहो
उठा लो वे चारों कर कंज
देश को लो छिंगुली पर तान
और मैं करने चल पड़ूँ
तुम्हारी मधुर मूर्ति का ध्यान!

तो अब तुम्हें भी जो लिखूँगा बेटी, उसमें भी मेरी यही भावना रहेगी। प्रभु करे तुम्हारे सिन्दूर की श्रेष्ठता और सुहाग की निर्मलता की सुगन्धि मुझे वह देती रहेगी, जिस पर मेरा जीवन सुखी और चैतन्य रह सके और उसमें उसी तरह कोंपल, हरियाली और बौर आते रहें, जिस तरह ऊँचे उठकर बिखेरते हुए आम्रवृक्ष में आया करते हैं।

तुम्हारा शुभाकांक्षी
मा.

बाद में, जीवन में आगे चलकर तो मुझे भारतीजी के लगभग सभी अग्रज आदरणीय मित्रों के आशीर्वाद मिलते रहे–जैनेन्द्रजी, भगवतीचरण वर्मा, अमृतलाल नागर, निरालाजी, महादेवी वर्मा, बच्चनजी, सुमनजी, अज्ञेयजी, गिरजा कुमार माथुर जैसे अनेक बड़े लोगों के आशीष और ममता से भरकर मैं श्रद्धाविनत जीवन जीती रही हूँ, लेकिन उस दिन तो पहली बार ऐसा हुआ था कि इतने वरिष्ठ और सारे देश के द्वारा पूजित और सम्मानित साहित्य देवता का लिखा पत्र मुझे मिला था। सैकड़ों बार पत्र पढ़ डाला। इतना कि कण्ठस्थ हो गया, मगर हिम्मत ही न हो कि उन्हें उत्तर लिखने को बैठ सकूँ। कई दिन बीत गये जैसे-तैसे हिम्मत जुटाकर मैंने उन्हें लिखा–

कलकत्ता
30 अगस्त, 1959

परम श्रद्धेय दादा!

पूज्य चरणों में शत-शत प्रणाम।

दादा! पूज्य आपका आशीष मिला। मन-प्राण रस-स्नात हो विभोर हो उठे, पत्र पढ़कर मन-ही-मन आपके चरणों में प्रणाम किये। मन अदम्य शक्ति से भर उठा। दादा, आपकी यह बेटी नादान है, नहीं जानती कि वह उन्हें प्यार करती है या नहीं, उनके लिए Stand करेगी या नहीं। वह तो गुप्तजी की विष्णुप्रिया के शब्दों में कहूँ तो सिर्फ़ इतना जानती है–

"मेरे भगवान सबके हों, मैं उन्हीं की रहूँ।" हाँ दादा! केवल यह जानती हूँ कि इस तन और इस मन का कण-कण जन्म-जन्मान्तरों से बनता चला आ रहा है, निखरता, सँवरता आ रहा है, केवल इनके लिए...यह समर्पित मन उनके लिए Stand करेगा या नहीं, इस बात को इस शब्दावली में जानती नहीं हूँ, क्योंकि दादा, मैं अन्य किसी के लिए Stand नहीं करती हूँ, मैं तो अपने स्वधर्म के लिए Stand करती हूँ और अपने इस स्वधर्म को जन्म-जन्मान्तरों से अपनी आस्था में बसाती आयी हूँ। दादा! मेरा सर्वस्व, मेरा स्वधर्म, मेरा सत्य, मेरे अस्तित्व की सार्थकता और कुछ नहीं है, सिवाय इसके कि इनके आन्तरिक श्रेष्ठतम के विकास के लिए लय हो जाऊँ। अपने अन्तर में इस सत्य का, अपने स्वधर्म का साक्षात्कार मैंने मात्र आवेश या अतिशय भावुकता के स्तर पर या केवल कुछ क्षणों की तन्मयता की स्थिति में नहीं किया। वरन् दादा! अपने सम्पूर्ण विवेक और जीवन के तमाम यथार्थ सत्यों में से उभरकर यह रास्ता मेरे सामने प्रशस्त है। दादा! मैं जान गयी हूँ कि मैं केवल इसी रास्ते पर चल सकती हूँ, दूसरी अन्य कोई पगडंडी मेरे लिए नहीं बनी। बाक़ी सब रास्तों पर भटकन है और अपने निज के रास्ते पर चलते हुए कैसे भी कष्ट आवें, मुझे भय नहीं–

अब तो ऐसी है पड़ी मन कारुचित चीह्न
मरने कहा डिराइए, हाथि सिंध्यौरा लीह्न।

सच दादा! "जिस मरने थै जग डरै सो मेरे आनन्द।" अब तन-मन बुद्धि तीनों ही स्तरों पर मात्र उनकी हूँ और उनके साथ सम्पूर्ण एकात्म्य के लिए मेरा जीवन है। मेरा जीवन में कोई लक्ष्य नहीं, कोई गन्तव्य नहीं, सिवाय इसके कि इन्हें नित्य उन्नति करते देखती रहूँ। इन्हें इस तरह भरती रहूँ कि भावनात्मक, पारिवारिक या सामाजिक किसी भी स्तर पर, जो भी उनके प्रियजन हैं, जिनका भी इन पर अधिकार

है, उन सबकी आशाओं को ये पूरा करते रहें और अपने स्वयं के श्रेष्ठतम का विकास भी निरन्तर करते चलें। इसके लिए मुझे जैसी जीवन-पद्धति अपनानी पड़ेगी, अपनाऊँगी। मेरी चरम ममता, मेरा चरम स्नेह, अनन्त प्रेम, अगाध तन्मयता, अपार भक्ति सबकुछ इन्हीं के लिए तो है दादा।

"मेरा मुझमें कुछ नहीं, जो कुछ है सो तेरा,
तेरा तुझको सौंपते, क्या लग्गै है मेरा।"

मेरी सम्पूर्ण नियति का मालिक इनके श्रेष्ठतम का विकास है दादा और कुछ नहीं। नहीं जानती थी कि आपकी बिटिया की यह सहज वृत्ति आपके इतने आशीष और ममता की अधिकारिणी हो जायेगी। कृतार्थ हूँ दादा! आपकी ममता और विश्वास पाकर गद्गद हूँ, विनत हूँ। मुझे विश्वास है कि अब अपने चरम एकात्म्य की अनुभूति को एक क्षण के लिए भी न बिसराने की दृढ़ता मुझे आपके आशीषों से मिलती रहेगी।

पूज्य चरणों में पुन: विनम्र प्रणाम
आपकी अपनी ही बिटिया पुष्पा

मेरे इस पत्र के उत्तर में पूज्य दादा का जो पत्र मिला था, वह भी प्रस्तुत करती हूँ। उत्तर आया था–

खण्डवा
10 सितम्बर, 1959

चि. बिटिया रानी,

पत्र समय पर मिल गया था। बहुत प्रसन्नता हुई। विचार, ऊँचे स्तर पर समर्पित विचार, विश्व का नियमन करते हैं। जीवन का आशीर्वाद, उसकी भूख, उसकी शोभा ही यह है कि वह विचारों के ऐरावत पर अपने समर्पण को बैठा सके। माना कभी-कभी विचार, आत्म-ताड़ना भी बन सकते हैं, किन्तु जीवन में ऊँचे पर जाने के संकल्पों का पथ भी तो वहीं से है, क्या कीजिए। सन्तवर विनोबा ने एक बार मेरी सब कथा सुनकर कहा था, "फ़ायदे से क्या फ़ायदा? लाभ से क्या लाभ?" उस समय मैं सोचने पर बाध्य ही नहीं हो गया, सोचता ही रह गया बिटिया रानी। मुझे तो 'विचार' बेचारे पर बड़ी दया आती है। वह दया नहीं, जो हमारी दुर्जनता का सज्जनस्वरूप है, वह दया, जो साथी के संकट में पड़ने पर, उसके 'साथ रहना' सा जाग्रत करती है।

यदि लोग कहना मान जायें और बोलना, भाषा किसी को वापस कर दें, तो

शायद पृथ्वी के घूमने के कुछ मानी ही न रह जायें। यह जो इच्छाओं का मार्ग है, यह पहुँच का भोजन भी तो है। अत: बिटिया, विचार को अपनाकर आप अच्छा कर रही हैं। विचार तो पानी की तरह ऊँचा-नीचा होकर वायु की तरह लोट-पोटकर अपना मार्ग बनाता ही आया है, वह मार्ग बना भी लेगा, किन्तु खलील जिब्रान के शब्दों में वह दिन कब उगेगा, जब वह अपना मार्ग, अपना गन्तव्य पथ, अपना साधन, अपना माध्यम हमें बनावेगा। इस गतिशील समर्पण के चरणों में उस अजनमे की भक्ति की दिशा में सौ-सौ बार प्रणाम। जवान था, तब जीवन शुरू करना भूल गया। जब जीवन में महत्त्व का समय आया, तब अहं जाने कहाँ से कहाँ ले गया, जब साँसों ने झकझोरा, तब नन्हे-नन्हे बचकाने विचार आये और उनने घेर लिया, समर्पण बड़ी देर में याद आया। जो ऐसी वाणी में इस भाषा में बोलने लगे, उसके "कहाँ चरण, कहाँ माथा मानें। उसे निकट से और बहुत दूर रहकर भी, प्रणाम ही करें। आशा है आप प्रसन्न हैं। उत्तर की चिट्ठी इस बार शीघ्र दीजिएगा।"

शुभाकांक्षी

मा.ला. चतुर्वेदी

पुनश्च–बिटिया, आप लोग यहाँ कब आ रहे हैं। कब तक, किस तारीख़ तक। छुट्टियाँ कब होती हैं। फिर यूनिवर्सिटी कब खुलेगी?

मुझे लगता है चि. भारती की समस्त लापरवाहियों में श्रद्धा, दृढ़ता और सावधानी से काम करनेवाला व्यक्ति मुझे आपके रूप में मिल गया है। मेरे बहुत-बहुत आशीष। चि. सौ. कान्ताजी की बिटिया कैसी है? उसने रूप अपने बापश्री से पाया है या सौ. मातेश्वरी से? लिखिए।

मा.

यह सब लिखते-लिखते मन जिस भाव भूमि पर चला गया है, वहाँ अब ज़्यादा देर टिके रहना मेरे लिए सम्भव नहीं है। यही था मेरे जीवन का वह मोड़, जिसके बाद से मैं भारतीजी की सहधर्मिणी बन गयी और पुष्पा भारती के रूप में आपके सामने प्रस्तुत हूँ।

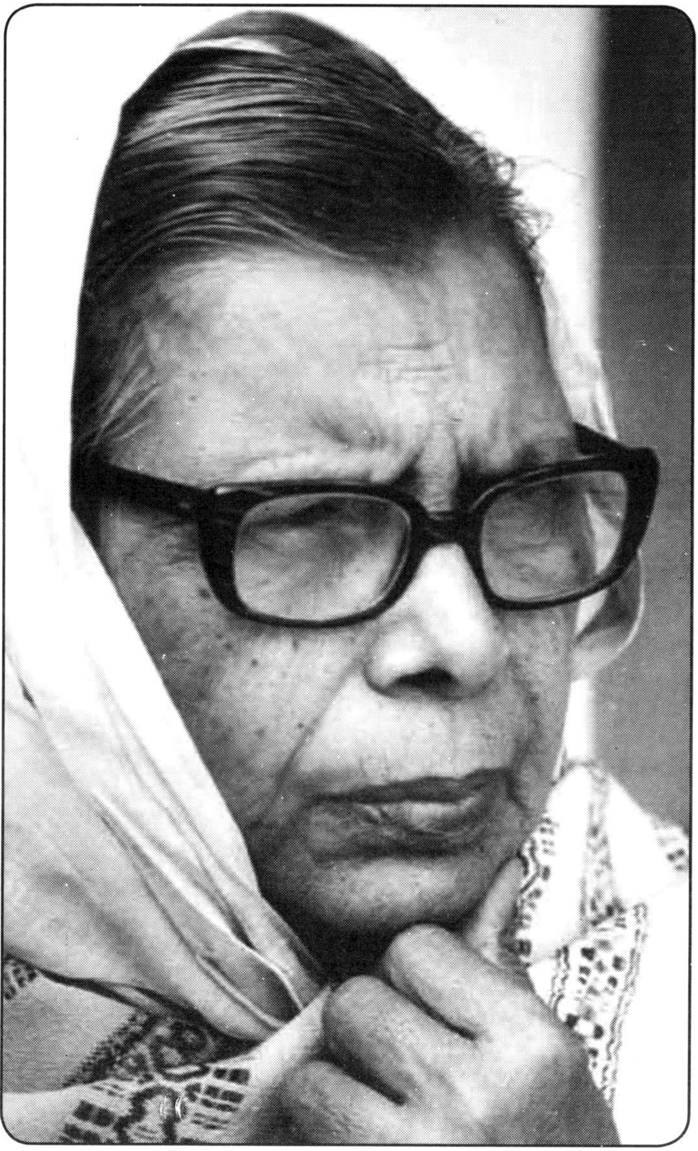

महादेवी वर्मा

(26 मार्च 1907 — 11 सितम्बर 1987)

जो स्वयं कवि न हो, उसे कविता पर लिखने या आलोचना करने का हक दिया ही नहीं जाना चाहिए। ऐसा यदि कहूँ तो मेरी बात हास्यास्पद मानी जायेगी। लेकिन क्या करूँ कि "महादेवी के काव्य में कभी जीवन की वासनाओं से संघर्ष

प्रणाम महादेवी

हमारे वर्तमान का प्रत्येक क्षण भविष्य की ओर उन्मुख होकर समय की अनवरत चलती चक्की में चलता रहता और बदलता रहता है, किन्तु यादों की जुगाली करते समय हमारे भीतरी मन में वह समय केवल उसी कालखण्ड में सिमटकर अनवरत चलते हुए भी स्थिर हो जाता है। मेरे जीवन की शाम भी अब गहराने लगी है और यादों की जुगाली इस समय सिमट आयी है जीवन के उस कालखण्ड में, जब मैं उन्नीस बरस की थी और इलाहाबाद विश्वविद्यालय में एम.ए. फाइनल की विद्यार्थी थी। बात कर रही हूँ आज से आधी सदी से भी पहले की, यानी सन् 1954 की। वह ज़माना हमारे विश्वविद्यालय के हिन्दी विभाग का स्वर्ण युग कहा जाता है। विभाग के अध्यक्ष थे प्रसिद्ध भाषाविद् डॉ. धीरेन्द्र वर्मा, उपाध्यक्ष थे एकांकी नाटकों के जनक और कवि डॉ. रामकुमार वर्मा। प्रमुख अध्यापकों में थे डॉ. लक्ष्मी सागर वार्ष्णेय, डॉ. बृजेश्वर वर्मा, डॉ. उदयनारायण तिवारी, डॉ. माताप्रसाद, डॉ. चन्द्रावती त्रिपाठी, डॉ. शैल कुमारी और कनिष्ठ अध्यापक थे डॉ. रामस्वरूप चतुर्वेदी, डॉ. जगदीश गुप्त, डॉ. धर्मवीर भारती और डॉ. माता बदल जायसवाल।

केवल विभाग का ही स्वर्ण युग नहीं, वरन् हिन्दी साहित्य जगत् के इतिहास का भी वह स्वर्ण युग था, जो अपनी छटा सबसे ज़्यादा इलाहाबाद में ही बिखेर रहा था। गद्य और पद्य दोनों के ही शीर्षस्थ लोग उन दिनों इलाहाबाद में ही सक्रिय थे। काव्य के क्षेत्र की जो बृहदत्रयी मानी जाती है–प्रसाद, पन्त और महादेवी, उनमें से केवल प्रसाद जी इलाहाबाद में नहीं, वरन् काशी में रहते थे, लेकिन इस त्रयी के बाद जो चौथा नाम लिया जाता है, वह निरालाजी इलाहाबाद के ही थे। उस समय हिन्दी में चतुर्दिक बड़े ऊँचे दर्जे का रचनात्मक लेखन हो रहा था, साथ-ही-साथ समालोचनात्मक साहित्य भी बहुत अच्छा लिखा जा रहा था और बड़ी गम्भीरता से पढ़ा जाता था। उन दिनों कुछ ही समय पहले डॉ. नगेन्द्र का एक लेख छपा था,

जिसमें महादेवी जी की 'दीपशिखा' पर समालोचना करते हुए उन्होंने 'विशाल भारत' नामक पत्रिका में लिखा था, "महादेवी के काव्य में कभी जीवन की वासनाओं से संघर्ष ही नहीं हुआ। वे प्रारम्भ से ही Sublimation संस्कार का आधार लेकर चली हैं। अत: उस कला में वह उद्दाम वेग, वह तीव्रता आ ही नहीं पायी, जो प्रसाद और निराला में कहीं-कहीं हुँकार उठी है।"

उस समय एम.ए. की परीक्षा में आठ विषय लिये जाते थे, जिनमें से भाषा विज्ञान और निबन्ध, ये दो विषय डॉ. धीरेन्द्र वर्मा स्वयं पढ़ाते थे। निबन्ध पढ़ाते समय उन्होंने हम सब विद्यार्थियों को डॉ. नगेन्द्र का उक्त वक्तव्य पढ़कर सुनाया और कहा आप सब इस पर अपनी प्रतिक्रियास्वरूप निबन्ध लिखकर लाइए। सबसे अच्छे निबन्ध को हिन्दी परिषद् के वार्षिक उत्सव में बी.ए., एम.ए. के सभी विद्यार्थियों और अध्यापकों के समक्ष पढ़कर सुनाने का अवसर मिलेगा। मुझे क्या मालूम था कि तब मेरा लिखा वह निबन्ध मेरे जीवन का शिलालेख बन जायेगा। मेरे भविष्य की नींव की सबसे मज़बूत पर्त बना दी उस निबन्ध ने।

एम.ए. के लिए पढ़ाये जाने वाले विषयों में से एक परचा ऐसा होता था, जिसके लिए दो विकल्प थे कि आप चाहें तो 'लोकसाहित्य' विषय ले सकते हैं या चाहें तो 'प्रसाद का विशेष अध्ययन' ले सकते हैं। अधिकतर विद्यार्थी लोकसाहित्य चुनते थे, क्योंकि वह अपेक्षाकृत सरल होता था और उसमें नम्बर भी ख़ूब मिलते थे। केवल हम पाँच छात्रों ने प्रसाद को चुना था और सौभाग्य हमारा कि प्रसाद को पढ़ाते थे उस समय के सर्वोत्कृष्ट अध्यापक डॉ. रामकुमार वर्मा। प्रसाद का साहित्य-रामकुमार वर्मा सोने में सुहागा! हम पाँचों उस पीरियड का एक-एक क्षण केवल पढ़ते ही नहीं थे, अँजुरी भर-भर पीते रहते थे और फिर सारे दिन एक नशा-सा छाया रहता था। मैं हमेशा से ही वाद-विवाद प्रतियोगिता, कविता-कहानी प्रतियोगिता, विभागीय पत्रिका का सम्पादन या नाटकों का मंचन आदि गतिविधियों में ख़ूब हिस्सा लेती थी और प्रसाद की इस कक्षा में डॉ. वर्मा से जिस तरह के ढेर सारे प्रश्न पूछती थी, जैसी जिज्ञासाएँ रखती थी, इन सब कारणों से मैं डॉ. रामकुमार वर्मा की सबसे लाड़ली छात्रा बन गई थी। पिछले बरस परिषद् के वार्षिकोत्सव में डॉ. धर्मवीर भारती द्वारा निर्देशित जायसी की पद्मावती के 'वसन्त पूजन' खण्ड पर आधारित नृत्य नाटिका में पद्मावती की भूमिका में मंच पर उतरी थी और बहुत प्रशंसा पायी थी, इस बरस मुझे अपना उक्त निबन्ध पढ़ना था। विद्यार्थी जीवन में ऐसी उपलब्धियाँ बहुत मायने रखती हैं। मुझे याद है बड़ी हौंस से उस दिन मैं अपने पिता जी को भी उत्सव में शामिल होने के लिए ले गयी थी। समारोह समाप्त होने के बाद अपने सबसे प्रिय

और आदरणीय अध्यापक डॉ. रामकुमार वर्मा से उन्हें मिलवाया, तो बातचीत में जब मेरे पिता ने उन्हें बताया कि कल ही एक परिवार में मेरे विवाह के लिए एक लड़का देखने जा रहे हैं और डॉ. साहब से आशीर्वाद माँगा कि वह काम पूरा हो जाए तो डॉ. साहब बोले, "यह बच्ची तो मेरे समस्त आशीर्वादों की पात्र बन ही चुकी है, लेकिन यह क्या, अभी से विवाह?" आगे बोले, "अभी तो इस कली ने खिलना शुरू किया है। पूरी तरह पुष्पित होने पर इसकी सुगन्ध कहाँ-कहाँ तक फैल सकती है, इसका शायद आपको अनुमान नहीं है। बहुत टेलेंटेड है आपकी बेटी, इसे अभी और पढ़ने दीजिए, अभी से विवाह के बन्धन में मत बाँधिए।" पर आठ बच्चों के जनक मेरे पिता ने जब अपने फैसले के पक्ष में तर्क दिये तो हारकर डॉ. साहब ने इतना ही कहा, "पण्डित जी, मेरी तो एक ही बेटी है, उसका नाम राजलक्ष्मी है, घर में उसे हम मुन्नी कहते हैं। अब से वह छोटी मुन्नी हुई और आपकी यह पुष्पा मेरी बड़ी मुन्नी। मैं विश्वास दिलाता हूँ कि समय आने पर मैं स्वयं इसके लिए अच्छा वर तलाश करूँगा और इसकी बारात मेरे आँगन में आयेगी, आप इसके विवाह की चिन्ता मुझ पर छोड़ दीजिए। पण्डित जी, शालिग्राम की बटिया से मसाला पीसने की बात सोचिए भी मत।"

डॉ. साहब का अन्तिम वाक्य मेरे पिता जी के मन को छू गया और उन्होंने मेरे विवाह का विचार छोड़ दिया और एम.ए. के बाद शोधकार्य करने की इजाज़त दे दी। शोध का जो विषय मिला, वह था 'नाथ और सिद्ध सम्प्रदाय के साहित्य का तुलनात्मक अध्ययन।' मेरे गाइड नियुक्त हुए थे डॉ. उदय नारायण तिवारी, पर वस्तुतः निर्देशन देने का भार डॉ. धर्मवीर भारती को दिया गया। उनकी थीसिस 'सिद्ध साहित्य' पर थी। उन्होंने विषय का गम्भीर अध्ययन किया हुआ था, पर चूँकि वे अभी कनिष्ठ अध्यापक ही थे, इसलिए शोधकार्य का भार आधिकारिक तौर पर उन्हें नहीं दिया जा सकता था, पर उनसे डॉ. वर्मा ने कह दिया था कि काम आपको ही कराना है। न उस दिन वह लेख प्रतियोगिता होती, न पिताजी की डॉ। वर्मा से भेंट हुई होती और न मुझे आगे पढ़ने की इज़ाज़त मिलती और न डॉ. भारती से मेरा परिचय होता। इस परिचय की परिणति कहाँ तक पहुँच गयी, यह तो आप सब जानते ही हैं। अब सुनिए महादेवी पर मेरे लिखे उस लेख के कुछ अंश–

जो स्वयं कवि न हो, उसे कविता पर लिखने या आलोचना करने का हक दिया ही नहीं जाना चाहिए। ऐसा यदि कहूँ तो मेरी बात हास्यास्पद मानी जायेगी। लेकिन क्या करूँ कि "महादेवी के काव्य में कभी जीवन की वासनाओं से संघर्ष ही नहीं हुआ। वे प्रारम्भ से ही Sublimation संस्कार का आधार लेकर चली हैं, अतः

उस कला में वह उद्दाम वेग, वह तीव्रता आ ही नहीं पायी, जो प्रसाद और निराला में कहीं-कहीं हुंकार उठी है।" ऐसी पंक्तियाँ मुझे हास्यास्पद लग रही हैं। विद्वान् समालोचक ने पढ़ा होगा, जो उनके प्रिय कवि निराला ने लिखा, "क्या कहूँ आज जो नहीं कही/दु:ख ही जीवन की कथा रही और उनके दूसरे प्रिय कवि प्रसाद ने लिखा, *दु:ख है परदा झीना नील/छिपाये है जिसमें सुख गात।* क्या उन्होंने नहीं पढ़ा कि महादेवी ने लिखा, *दु:ख के पद छू बहते झर-झर/कण-कण से आँसू के निर्झर/हो उठता जीवन मृदु उर्वर।* महादेवी का दु:ख जीवन को मृदु और उर्वर बनानेवाला दु:ख है। प्रसाद, निराला और महादेवी में वही अन्तर है, जो नारी और पुरुष में है। पुरुष है अधिकार चेतना का मूर्तिमान सत्य और नारी है आत्मसमर्पण की साकार प्रतिमा, नारी जीवन का सागर आँसुओं में डूबकर पार करती है, *तरी को ले जाओ मँझधार/डूबकर हो जाओगे पार/विसर्जन ही है कर्णधार/वही पहुँचा देगा उस पार।* (महादेवी)

पुरुष जमे हुए अश्रुओं के हिम को पैरों तले कुचलकर हिमालय के उत्तुंग शिखरों पर अनन्त आकाश के नीचे गर्व से शीश उठाकर जीवन की साधना का प्रारम्भ करता है। प्रसाद के मनु की तरह। वे जीवन की अनेकता से कठोर संघर्ष कर मनुष्यता के गर्व के द्वारा सामरस्य, अद्वैत और एकता का स्थापन करते हैं, दूसरी ओर महादेवी अपनी नारी सुलभ प्रेम भावनाओं से जीवन के सत्य को, एकता को, अद्वैत को अपने अनेक्य नश्वर ममता के आँचल में ही ढूँढ़ निकालती हैं।

'हंस' पत्रिका ने रेखाचित्र अंक निकाला था, उसमें डॉ. रामकुमार वर्मा ने महादेवी के निर्मल हास्य पर लिखा था, *वे हँसती हैं। उन्मुक्त हँसी, निर्झर सी, हँसती हैं तो हँसती ही जाती हैं, जैसे अपनी हँसी की प्राचीरों में मन की वेदना को छिपाने का प्रयत्न कर रही हों।* डॉ. साहब की कवि–सुलभ भावना अच्छी तो है, मगर मुझे स्वीकार नहीं। महादेवी निराशावादिनी कभी नहीं रहीं। उनकी वेदना तो उनके आनन्द के विकास का साधन है। वे उसे छिपायेंगी क्यों? उनका काव्य आत्म वंचना नहीं, आत्मनिर्माण का काव्य है। महादेवी की कला उनके जीवन की अनन्त अनुभूतियों की समष्टि है। प्रत्येक गीत एक सौन्दर्य खण्ड है। दु:ख पर उन्हें दु:ख नहीं होता। वे तो उसकी उपासिका हैं, ऐसा ही है उनका प्रेमलोक, *मिटना था निर्वाण जहाँ/नीरव रोदन था पहरेदार।* अपनी इस वेदना पर उन्हें तरस नहीं आता, वे तो उस पर असीम श्रद्धा और गौरव का भाव रखती हैं, *मेरी लघुता पर आती/जिस दिव्य लोक को व्रीड़ा/उसके प्राणों से पूछो/वे पाल सकेंगे पीड़ा?* मेरा डॉ. नगेन्द्र से पूछने का मन होता है प्रसाद और निराला की कला का उद्दाम वेग और हुंकार तो देखा, किन्तु वे वेदना के इस उच्चतम शिखर की उजास क्यों नहीं देख पाए। महादेवी के आँसुओं

का 'उद्दाम वेग' देखना है? सुनिए, *जिसकी विशाल छाया में/जग बालक सा रोता है। मेरी आँखों में वह दु:ख/आँसू बनकर सोता है।* यह उद्दाम वेग किसी बड़े साम्राज्य की रानी-महारानी में भी आपको देखने को नहीं मिलेगा; जो महिला महीयसी महादेवी की कविता में मिलता है, जब वह कहती हैं, *अपने इस सूनेपन की/ मैं रानी हूँ मतवाली/प्राणों का दीप जलाकर/करती रहती दीवाली।* जिस Sublimation को नगेन्द्रजी ने देखा, उसकी प्रकृति देखिए क्या है– महादेवी कहती हैं, *चिन्ता क्या है, हे निर्मम/बुझ जाये दीपक मेरा/हो जाएगा तेरा ही/पीड़ा का राज्य अँधेरा।* नगेन्द्र जी को इन पंक्तियों की 'हुंकार' नहीं सुनाई दी और न समझ में आयी यह 'हुंकार' *पन्थ होने दो अपरिचित/प्राण रहने दो अकेला/अन्य होंगे चरण हारे/और हैं जो लौटते दे शूल को संकल्प सारे/दु:खवृति निर्माण उन्मद/ यह अमरता नापते पद/बाँध देंगे अंक, संसृति/से तिमिर में स्वर्ण-वेला।*

हाँ, महादेवी को दु:ख से प्रेम है, पीड़ा से प्रेम है, आँसुओं से प्रेम है। उन्हें इन ससीम अनुभूतियों की सीमित चेतना से प्रेम है, क्योंकि इन्हीं की पृष्ठभूमि में उनके इष्ट की व्यापकता का विकास होता है। जिस दिन ये न रहेंगी, उस दिन व्यापकता न रहेगी। जिस दिन दु:ख का अस्तित्व नष्ट हो जायेगा, उस दिन सुख अपने लिए कौन-सा नीड़ ढूँढ़ेगा। इसीलिए तो वे कहती हैं, *जब असीम से हो जायेगा/मेरी लघुसीमा का मेल/देखोगे हे नाथ! अमरता खेलेगी मिटने का खेल।* इसीलिए महादेवी तरह-तरह से इसी बात को व्यक्त करती चलती हैं, कैसी मीठी है उनकी 'हुंकार', *क्या अमरों का लोक मिलेगा/तेरी करुणा का उपहार/रहने दो हे देव!/अरे यह मेरा मिटने का अधिकार।*

प्रसाद, पन्त, निराला तीनों ही महादेवी के समकालीन रहे हैं, सभी एक से बढ़कर एक हैं, अद्वितीय, अप्रतिम हैं, किन्तु पुरुष के सृजन पर आधारित मानदंडों से नारी को कला को मापना नारीत्व की विशिष्टता का अपमान है। नगेन्द्र कहते हैं–महादेवी के काव्य में कभी जीवन की वासनाओं से संघर्ष ही नहीं हुआ। मैं कहूँगी गुरुदेव! नारी को जीवन से संघर्ष की आवश्यकता ही नहीं, जिस सत्य को रीतिकालीन महाकवि देव जीवन भर विलास के पश्चात् समझ पाये, जिस सत्य को तुलसी ने रत्ना की उपेक्षा पाकर सीखा, जिस सत्य की अकस्मात चमक उठने वाली ज्योति ने सूर की आँखों में चकाचौंध पैदा कर दी, उस सत्य को सीखने के लिए मीरा को जीवन के अनुभवों की आवश्यकता नहीं पड़ी थी। उसने शैशव में ही 'गिरधर गोपाल' को पा लिया था। तर्क-वितर्क से नहीं, संघर्ष से नहीं, चिन्तन से नहीं, केवल मन की श्रद्धा से, हृदय की भावना से आँसुओं की धारा से। स्वयं

प्रसाद ने स्वीकार किया है, नारी तुम केवल श्रद्धा हो, महादेवी के काव्य में निराला को ढूँढ़ना या प्रसाद के काव्य में महादेवी की छाया की खोज हास्यास्पद है, किन्तु नारी हो या पुरुष प्रसाद हों या महादेवी-काव्य के आदर्श चिरन्तन हैं। काव्य का साध्य अमर। चाहे नारी हो या पुरुष, दोनों के साहित्य सृजन की मूल चेतना एक ही है और वह है सत्य की खोज।

काव्य का साधन सत्य है। वह सत्य, जो एक है, चिरन्तन है। अपरिवर्तनीय है, खण्ड नहीं है, पूर्ण है। यही सत्य इन सभी की कविताओं का साधन है, सौन्दर्य है।

किसी कवि की कविता या कलाकार की कला को प्रेम करो और कोई उसके लिए कुछ ऐसा कह दे, जो आपको अप्रिय लगे तो प्रतिक्रिया का जो बवंडर आपके मन में उठता है, उस वेग को रोकना कठिन होता है। यही हुआ था उस दिन मेरे साथ। लगभग पचास बरस पहले के रखे काग़ज़ पीले पड़ चुके हैं, जर्जर हो चुके हैं। जहाँ-तहाँ से स्याही भी धुल गयी है। इन सबमें से बीन-बटोरकर यह सब आपके सामने प्रस्तुत किया, लेकिन इस समय मुझे तो याद आ रहा है, वह दिन, जब मेरे गुरु डॉ। रामकुमार वर्मा मुझे महादेवी जी के घर ले गये थे और मैंने महादेवी जी को यह लेख पढ़कर सुनाया था। शान्त और निर्वेद भाव से सुनती रही थीं महादेवी जी। सुनने के बाद बिना कुछ बोले बाहर अपने बाग़ की ओर गयी थीं और अपने हाथों से लगाये एक अमरूद के पेड़ में से दो गद्दर अमरूद तोड़कर एक तश्तरी में चाकू के साथ रखकर लायी थीं। ख़ुद अपने हाथ से तराश कर तश्तरी मेरे हाथ में देते हुए एक फाँक मुझे अपने हाथ से खिलायी थी। मूर्तिमन्त आशीर्वाद बन गयी थीं उस समय वे मेरे लिए। प्रशंसा में कुछ शब्द बोलतीं तो शायद वे शब्द मेरे भीतरी मन तक इस तरह न धँस गये होते। शब्दों की अपेक्षा इस तरह दिया गया यह आशीर्वाद मेरे जीवन की अमूल्यतम निधियों में से एक है। इस समय भी उनके हाथों से तराशे गये उस गदराये अमरूद की वह भीनी सुगन्ध और वह मधुर स्वाद मेरे मुँह में ही नहीं, वरन पूरे शरीर के रोम-रोम में घुल रहा है और मेरा मन और प्राण उनकी पावन स्मृति को प्रणाम कर रहा है! प्रणाम महादेवी!!

हरिवंश राय बच्चन

(27 नवम्बर 1907 – 18 जनवरी 2003)

मुसलमान और हिन्दू हैं दो,
एक मगर उनका प्याला
एक मगर उनका मदिरालय,
एक मगर उनकी हाला,
दोनों रहते एक, न जब तक
मन्दिर-मस्जिद में जाते,
लड़वाते हैं मन्दिर-मस्जिद,
मेल कराती मधुशाला!

बस आ पहुँचे, दूर नहीं कुछ,
चार क़दम अब चलना है;
चहक रहे, सुन, पीने वाले;
महक रही, ले, मधुशाला!

मेरे जीवन का सबसे मधुर और सुहाना कालखण्ड

लखनऊ की ठिठुरन भरी सर्द रात जैसे-जैसे गहरी होती जाती, भीड़ घटने की बजाय बढ़ती जाती। मंच पर सफ़ेद चादरों और दुग्ध धवल गावतकियों से सटे टिके कवि एक-दूसरे को दाद देते हुए एक के बाद एक कविताएँ पेश कर रहे होते। एक दस-ग्यारह बरस की लड़की पहले दौर की कविताओं में से बच्चनजी को सुनने के बाद अपने पिता का गर्म दुशाला लेकर, वहीं विंग में गुड़ी-मुड़ी होकर सो जाती। पिता को मालूम था कि दूसरे दौर में जब बच्चनजी की कविता शुरू होने वाली होगी, तब इसे जगा देना होगा, नहीं तो ज़िद्दी छोकरी रो-रोकर नाक में दम कर देगी। उस लड़की को मालूम रहता था कि 'मधुशाला' दूसरे दौर में सुनाई जायेगी और श्रोता जी भरकर, छककर 'मधुशाला' सुनते रहेंगे। गहराती रहे रात–बढ़ती रहे सर्दी की ठिठुरन–किसी को फ़ुर्सत ही नहीं होगी ठण्ड महसूस करने की! श्रोता और कवि के बीच कविता का चंदोबा तना होता। वह छोकरी मधुशाला सुनती और ठीक वैसे ही सुरों में, उसी तरह झूम-झूम कर पिता के घर हर रविवार की शाम को जुटने वाली मुहल्लाई महफ़िल में 'मधुशाला' सुनाती। काव्य की पंक्तियों पर मुग्ध होकर जब पिता के मित्र वाह-वाह करते तो बड़ी अदा से आभार प्रकट करती गोया ये पंक्तियाँ उसी की लिखी हों। पिता बड़े गर्व और कौतुक से बेटी को देखते, शाबाशी देते। बच्चनजी की 'मधुशाला' की दीवानी वह छोकरी थी मैं। और उन कवि सम्मेलनों के संयोजक हुआ करते थे जुबली कालेज लखनऊ के हिन्दी के विद्वान अध्यापक मेरे पिता पं. रघुनन्दन प्रसाद शर्मा। उनके पास ढेर सारी पुस्तकों का संग्रह था। हम सभी भाई-बहनों को ख़ूब-ख़ूब पढ़ने का शौक़ भी था। मैंने तभी से बच्चनजी को ख़ासतौर से पढ़ा था।

पन्द्रह-सोलह बरस की होते-होते मैं लखनऊ से प्रयाग विश्वविद्यालय में पढ़ने चली आयी। उन दिनों बच्चनजी वहाँ अंग्रेज़ी पढ़ाते थे। वहाँ एम.ए. में तो लड़के-

लड़कियाँ साथ पढ़ते हैं–लेकिन बी.ए. में लड़कियों की पढ़ाई अलग इमारत में होती है। उम्र का वह दौर जितना प्यारा प्यारा होता है, शायद जीवन का कोई भी कालखण्ड वैसा मधुर और सुहाना नहीं होता। तब हम कुछ सखियों की टोली हमेशा कविता-कहानियों के संसार में खोयी रहती थी। हमारा नया-नया शौक़ था विश्वविद्यालय की विशाल लाइब्रेरी में जाकर मनपसन्द कवियों और लेखकों की किताबों को छू-छू कर देखना। और दूसरा ताज़ातरीन शौक़ था-हिन्दी विभाग में जाकर 'गुनाहों का देवता' के लेखक धर्मवीर भारती को और अंग्रेज़ी विभाग में जाकर 'मधुशाला' के कवि हरिवंश राय बच्चन को पास से देखना। याद है कितने-कितने सारे पढ़ाई के घण्टे हमने इसी शौक़ को अर्पित कर दिये थे। भारतीजी को देख पाने में तो हम लोग सफल हो गये थे (यद्यपि हमेशा बन्द गले का कोट और पतलून पहनने वाले भारतीजी के हर समय पहने जाने वाले काले चश्मे के कारण आँखों के भाव न देख पाने से हम सखियों को बड़ी कोफ्त होती थी) उधर कई-कई फेरों के बाद भी बच्चनजी नहीं दिखे थे। किसी ने पता लगाया कि असल में वे तो कार से आते जाते हैं। कब सर्र से निकल गये–पता ही नहीं चलेगा। तब वहाँ ज़्यादा कारें तो होती नहीं थीं। दो-तीन गाड़ियाँ ही विभाग के बाहर खड़ी रहती थीं। हम लोगों ने पूरी चौकस चालाकी से सभी गाड़ियों की उस दिन हवा निकाल दी और इन्तज़ार करते मँडराते रहे। पर बच्चनजी को न दिखना था तो नहीं ही दिखना था। बड़े निराश हुए थे हम सब, कि एक दिन सुना हिन्दी विभाग की ओर से काव्य प्रतियोगिता होगी। निर्णायकों में से एक बच्चनजी भी थे। बस फिर क्या था, हम सब सखियाँ जुट गयीं कविता लिखने में। सब पढ़ाई-लिखाई भूलकर बस सारा-सारा दिन वीमेंस कालेज के पीछे वाली बगिया में बैठकर तुकबन्दियाँ की जातीं। प्रतियोगिता हुई और मेरी कविता को प्रथम पुरस्कार मिला। सखियाँ ख़ूब प्रसन्न–अपने मन की कली भी खिली खिली! कार्यक्रम के अन्त में बच्चनजी बोलने खड़े हुये। आज भी याद है उस दिन बच्चनजी की आवाज़, मोटे काले फ्रेम के चश्मे के भीतर से झाँकती उनकी आँखें और चेहरे से भी ज़्यादा ध्यान खींचने वाले उनके बेहद घुँघराले ढेरों-ढेरों गुच्छे दर गुच्छे केश हम सब पर जादू कर गये थे। बच्चनजी ने कहा, "आप लोगों की इतनी अच्छी कविताएँ सुनीं, साधुवाद देता हूँ। साथ ही एक सलाह भी देना चाहता हूँ–आप लोग जीवन में जो कुछ जियें–गहराई से जियें। दु:ख हो सुख हो, उदासी हो या बेलौस मस्ती हो, बिछुड़न हो या प्रेमाकुलता हो–जो कुछ भी हो–आपका अपना हो। उसे शिद्दत से जीने के बाद, अपने अनुभव को अपने ढंग से, अपने शब्दों में व्यक्त करें–किसी से उधार ली कोमलकान्त कल्पना और भारी-भरकम भाषा आपका दूर तक साथ नहीं

दे पायेगी।" ख़ूब-ख़ूब अच्छी तरह समझ रही थी मैं कि इशारा किस ओर है। हम सभी सखियाँ महादेवी, पन्त, निराला पढ़-पढ़कर, उन्हीं की भाषा और कल्पनाओं में से यहाँ वहाँ से कुछ उठाकर अपने तरीक़े से लिख मारा करते थे। हमने भला कब जिया था विरह, कब भोगी थी पीड़ा, कब जानी थी वेदना। पर कविताओं में बड़ी-बड़ी पेंगें लेते थे। प्रथम पुरस्कार प्राप्त मुझ नवोदित कवयित्री की ओर देखकर बच्चनजी जब यह सब बोल रहे थे तभी कानों को हाथ लगा लिया था कि जीवन में कुछ भी करूँगी पर कविताई तो नहीं ही करूँगी–उधार ली हुई चीज़ झट से पकड़ाई में आ जाती है! ना बाबा इसे छिपाना अपने वश की बात नहीं! कविता को नमस्कार!

कविताएँ लिखीं तो नहीं लेकिन पढ़ने और सुनने का शौक़ जीवन भर लगा रहा।...1967 की वह शाम कभी नहीं भूलती जब हमारे घर की टैरेस पर काव्य गोष्ठी जमी थी। चुनिंदा रस सिद्ध मित्रों की श्रोता मण्डली थी और भारतीजी एक के बाद एक फ़रमाइश करते जा रहे थे और बच्चनजी बड़े स्नेह से गा-गाकर कविताएँ सुना रहे थे। भारतीजी को तो बच्चनजी की सैकड़ों कविताएँ कण्ठस्थ थीं। उन्हें जब कभी चरम उदासी घेरती तो वे बच्चनजी की पंक्तियाँ गुनगुनाने लगते–या जब कभी मन किसी कोमल आकुलता से भर उठता तो भी वे बच्चनजी को ही गुनगुनाते। अपने सब तरह के राग विराग में अक्सर वे बच्चनजी को ही जिया करते थे। सो न तो भारतीजी की फ़रमाइशों का कहीं अन्त था, न बच्चनजी के सुनाने के उत्साह का कोई छोर था। जीवन में सैकड़ों कवि सम्मेलनों में अपने युग के प्राय: सभी कवियों को कई-कई बार सुना है। पर कविता की वैसी शाम 'न भूतो न भविष्यति' शाम थी!

पचासों बरस की जियी हुई उन तमामों तमाम यादों को आँचल में बाँधकर–बच्चनजी के विपुल काव्यसाहित्य के विशाल समुद्र में से ये साठ गीत रत्न निकाले हैं–किन्तु यह स्पष्ट कर देना ज़रूरी समझती हूँ कि इन गीतों को उनके काव्यसाहित्य का प्रतिनिधि न माना जाय। क्योंकि उनके काव्य के जो विविध स्तर और विभिन्न भावभूमियाँ हैं वह सभी इस संकलन में प्रतिबिम्बित नहीं हैं। इसमें तो केवल उनके वे गीत हैं जो गेय हैं और कवि सम्मेलनों में ख़ूब सुने गये हैं। बच्चनजी ने लोकधुनों पर आधारित गीत लिखने का अभिनव प्रयोग किया था, लोकगीतों के रंग के वे गीत तथा कुछ साहित्यिक गीत ही प्रस्तुत पुस्तक में संकलित किये गये हैं। इसे उनके गीतों के प्रतिनिधि संकलन के रूप में ही समझा जाना होगा।

अंग्रेज़ी के अध्यापक होने के नाते बच्चनजी ने पश्चिमी साहित्य का विशद अध्ययन किया था। ख़ूब पढ़ने और ज्ञान अर्जित करने की लगन होने के कारण भारतीय शास्त्रों और दर्शन का अध्ययन किया। बच्चनजी के व्यक्तित्व का जिन दिनों

निर्माण हो रहा था उस समय के कायस्थ घरों में उर्दू का पठन-पाठन एक तरह से अनिवार्य सा माना जाता था, सो उन्होंने उर्दू साहित्य भी ख़ूब पढ़ा। इन सब कारणों से उनकी संवेदना में ऊँचाई, गहराई और दूर-दूर तक का अछोर फैलाव सभी कुछ था। इसीलिए उनका काव्य पाठक के मन को भीतर से छू लेने में पूरी तरह समर्थ है। उनकी मनोकामना भी यही रही कि साधारण से साधारण जन भी–उनके लिखे साहित्य में अपनी भावनाओं की अभिव्यक्ति पा ले। इस संकलन में आप देखें एक गीत में उन्होंने लिखा है–

छप चुकीं मेरी किताबें पूरबी औ'
पच्छिमी–दोनों तरह के अक्षरों में
औ' सुने भी जा चुके हैं भाव मेरे
देश औ' परदेश–दोनों के स्वरों में

पर ख़ुशी से नाचने को पाँव मेरे
उस समय तक हैं नहीं तैयार जब तक,
गीत अपना मैं नहीं सुनता किसी
गंगोजमन के तीर फिरते बावले से!

इसी लालसा ने उनकी भाषा को अद्‌भुत मीठी सरलता दी है। जिस समय बच्चनजी ने लिखना शुरू किया था उस समय छायावाद चारों तरफ़ छाया हुआ था-छायावादी कवियों की कल्पनाएँ ही नहीं, उनकी भाषा भी किसी अनदेखे ब्रह्म के प्रभामण्डल की छाया बनकर प्रांजल और नक़ली बन जाती थी। कहीं-कहीं तो संस्कृतनिष्ठ जटिल शब्दों का घटाटोप पूरी कविता को बेहद बोझिल बना देता था। अन्य जो लोग लिख रहे थे वहाँ यद्यपि यह जटिलता नहीं थी पर रस-संप्रेषण की तीव्रता की कमी थी। जैसे छायावादियों के पहले से लिखने वाले मैथिलीशरण गुप्त की भाषा तो सरलतम थी पर उनकी संवेदनाएँ पाठकों को एकदम अपने मन की आवाज़ सी नहीं लगती थीं। बच्चनजी ने इन सबसे अलग हटकर एक काम किया कि अपने मन का निजी सुख-दुःख, राग-विराग, प्रेमाकुलता और विरह विलाप–सब कुछ सीधी सरलतम भाषा में प्यारी सी लय वाले छोटे-छोटे छन्दों से बाँध कर अपने गीत लिखे कि उनका निजी सुख-दुःख पूरी की पूरी पीढ़ी का सुख-दुःख बन गया। हमारी पूरी की पूरी पीढ़ी ने बच्चनजी को पढ़ा-सुना और सराहा है।

पर दूसरी ओर एक और रोचक बात हुई कि इन्हीं बच्चनजी पर प्रगतिशील आलोचकों ने यह आरोप लगाये कि वे आत्मकेन्द्रित कवि हैं। उन्होंने सामाजिक

सरोकारों की ओर कोई ध्यान नहीं दिया। जबकि आलम यह था कि हर प्रकार की सुख-सुविधाओं से सम्पन्न जीवन बिताने की जोड़-तोड़ में लगे कुछ कविगण अपनी कविता के हाथों में हँसिया-हथौड़ा पकड़ाकर सामाजिक सरोकारों के नाम पर पिचके पेट वाले मज़दूर और काँपती टाँगों वाले किसानों के दुःख-दर्द का जो बयान करते वह केवल किताबी बनकर रह जाता। और दूसरी ओर देखिए तो सारी सारी रात चलने वाले कविसम्मेलनों में जब अपनी जादुई आवाज़ के साथ बड़ी सरल और सहज लय में गा-गाकर बच्चनजी अपनी कविता सुनाते तो सारे के सारे श्रोता जिस लोक में पहुँच जाते वहाँ सिर्फ़ निर्व्याख्या आनन्द की प्राप्ति ही होती थी। वह आनन्द मनुष्य को रोज़मर्रा के जीवन सघर्षों को हँसते-हँसते झेलने की ताक़त दे जाता। बच्चनजी मंच से जब कविता सुनाना शुरू करते तो हर कविता के बाद चारों ओर से वंसमोर, वंसमोर की आवाज़ें आतीं और उन्हें घण्टों श्रोताओं से जुड़े रहना होता था। कभी-कभी तो कवि सम्मेलन रात-रात भर चलते थे। एक बार तो स्वयं मैंने भोर फूटते देखी थी। बच्चनजी जब लोकधुनों पर आधारित गीत सुनाते तो सारा सभागार उनके साथ उसी सुर ताल में गाने लगता था। वैसा समा बँधना तो अब दिवास्वप्न बन चुका है।

जिन दिनों बच्चनजी की कविताएँ अपनी लोकप्रियता के शिखर पर थीं उस समय का हमारा जो समाज था वह आज के समाज से थोड़ा भिन्न था। तब मध्यमवर्ग के अधिकतर लोग अपनी कमज़ोरियों को छिपाते हुए एक छद्म जीवन जिया करते थे जो ऊपर-ऊपर से परम मर्यादित होता था और भीतर से तार-तार जर्जर! बच्चनजी की कविता ने अनजाने में ही उन्हें ऐसी ग्रन्थियों को खोलना सिखाया। अपनी तथाकथित कमज़ोरियों के प्रति भी नज़रिया बदलकर सोचने की नई दिशा दी। प्यार से जीने का सलीका सिखाया। पाप-पुण्य की परिभाषा ही बदल दी उन्होंने और अपनी कविता के द्वारा एक स्वस्थ मानसिकता से जीने का गुर सिखाया।

मनोरंजन के ऐसे अद्भुत रूप को सस्ता कहकर आँकने की बहुत ग़लती की थी उस समय के एक तथाकथित साहित्य मनीषी वर्ग ने। इसी ग़लती के चलते या शायद उनकी असीम लोकप्रियता से ईर्ष्यावशात् वच्चन जी को केवल कवि सम्मेलनी कवि का दोयम दर्ज़ देकर उन्हें साहित्यिक बिरादरी से बाहर रखने की साज़िश जैसी भी रची गयी थी। पर जादू तो वही होता है न जो सिर चढ़कर बोलता है। समीक्षकों के बावजूद वह जादू जो चला तो चलता ही गया—आज तक बरकरार है—आगे भी रहेगा। बच्चन के जादू का स्रोत मुझे उनकी एक कविता में मिला। उस कविता में उन्होंने लिखा है, 'याद आते हो मुझे तुम, ओ लड़कपन के सवेरों के भिखारी' वह भिखारी सारंगी बजाकर गीत सुना-सुनाकर भीख माँगता था। गोपीचन्द, राजा भरथरी,

राम का बनवास, ब्रज की रासलीला, शंकर शंकरी का ब्याह जैसे अनेकानेक गीत तब बालक बच्चन बड़े शौक़ से सुनते थे। उन गीतों की धुनों को पकड़कर अपने निज के कल्पना लोक में सुर मिलाते घूमते रहते थे। एक दिन बालक बच्चन ने उस भिखारी से पूछा कि तुम अपनी सारंगी को क्या खिलाते हो तो वह बोला था–"ई हमार करेज खा थै, मोर बचवा" सुनकर बच्चन हँसी से लोट-पोट हो गये थे क्योंकि 'तब न थी संगीत-कविता, कला से, प्रीति से मेरी चिन्हाई' किन्तु इसी कविता में बच्चनजी ने आगे लिखा है–

क्या तुम्हें मालूम जो वरदान तुमने
गान का मुझको दिया था;
लय तुम्हारी, स्वर तुम्हारे, शब्द मेरी
पंक्तियों में गूँजा किए हैं

उस भिखारी के देय को कितनी कृतज्ञता से स्वीकार किया है बच्चनजी ने। क्या उसी के सुर, उसी की लय, उसी के शब्द रूप बदल-बदलकर बच्चन की कविता में गूँजते रहे हैं। बच्चनजी भी तो अपने गीतों की सारंगी को अपना कलेजा ही खिलाते रहे हैं जीवन भर। तभी तो हमारी पूरी की पूरी पीढ़ी के दु:ख-दर्द प्रीति प्रेम और विरह मिलन के साथी बन गये थे वे गीत! साधारण से साधारण व्यक्ति का मन भी महसूस तो यही सब करता है लेकिन उसे इन भावों को अभिव्यक्त करना नहीं आता। बच्चन के गीतों में साधारण से साधारण और विशिष्ट से विशिष्ट हर तरह के लोगों के मन को अपनी भाषा मिली अपनी अभिव्यक्ति मिली। यह काम बच्चनजी ने इतनी ख़ूबसूरती से किया था कि इस क्षेत्र में वे आज तक अद्वितीय बने हुए हैं।

मेरे जीवन की अमूल्य धरोहर यह एक अविस्मरणीय पत्र

बहुत विनम्रता से कह रही हूँ कि मेरा मन अगर इतराने लगे तो मुझे क्षमा करियेगा।
मुझे लगता है कि महाकवि बच्चन का यह पत्र मुझे किसी रत्न मंजूषा में अमूल्य धरोहर की तरह रख लेना चाहिए।
आप स्वयं पढ़कर देखें।

प्रिय पुष्पाजी,

अमिताभ पर लिखा तुम्हारा लेख तुम्हारे मुँह से तो सुना ही था, उसे मैंने दुबारा पढ़ा! तुमने देखा होगा कि लेख सुनते हुए बराबर मेरी आँखों से आँसू बहते रहे और पढ़ते समय भी वही स्थिति मेरी फिर हुई।

बच्चनजी के अन्तिम जन्मदिवस 27 नवम्बर, 2002 के अवसर पर उनके साथ पुष्पा भारती का दुर्लभ आत्मीय चित्र...

भाव-भीनी, चित्तात्मक, साथ ही परिनिष्ठित शैली में गद्य लिखने की तुम्हारी क्षमता अद्वितीय है। तुम्हारी प्रकाशित सभी पुस्तकें मैंने आद्योपान्त पढ़ीं हैं और ऐसी अनुभूति मुझे पहले भी हुई थी हालाँकि कभी लिखकर तुम्हें नहीं बताया था। यह लेख तो तुम्हारा विशेष मार्मिक है और उसके लिए मैं तुम्हें हृदय से बधाई देता हूँ और तुम्हारे प्रति आभार भी प्रकट करता हूँ। हालाँकि तुम्हारे प्रति हमारी जो आत्मीयता है उसमें यह औपचारिक भी लग सकता है पर अपने को व्यक्त करके विश्वास मानों मैं भीतर से कुछ हल्का अनुभव करूँगा।

अब लेख की कुछ त्रुटियों की ओर भी संकेत करूँ तो तुम बुरा तो न मानोगी? मैं जानता हूँ कि लेख जल्दी में लिखा गया वर्ना सुविधा-समय लिखने पर लेख को दुहराने में उन त्रुटियों को तुम स्वयं देख पातीं और उनका...मार्जन कर देतीं।

स्कूल-मास्टर रहा हूँ तो ग़लतियाँ निकालने की मेरी पुरानी आदत ने मेरा पीछा अभी तक नहीं छोड़ा। जो यह स्वीकार करूँगा कि जहाँ ग़लतियाँ स्पष्ट होती हैं वही ग़लतियों पर ध्यान पहले जाता है। ख़ूब सफ़ेद चादर पर दो-चार काली बिंदियाँ पड़ी हों तो पहले नज़र उन पर जाती है न?

1. पहली बात शीर्षक होना चाहिए था 'लाय सजीवन अमित जियाये' उससे पंक्ति, चौपाई-छन्द की दृष्टि से पूर्ण बैठती। फिर कहना चाहूँगा कि छन्दोबद्ध कविताएँ लिखने-पढ़ने के कारण भावों की न्यूनता या अधिकता कानों को अखरती है।

2. दूसरी बात, बार-बार ख़ुदकती मूर्ति को पटकने की बात स्व. बालकृष्ण भट्ट की अपनी है उनकी पत्नी की नहीं देखो–

बालकृष्ण भट्ट (जीवनी) लेखक–ब्रजमोहन व्यास–प्रकाशक नेशनल पब्लिशिंग हाउस, दिल्ली, 1960, पृ. 41-42

भारतीजी के पुस्तकालय में शायद यह पुस्तक हो; ठेठ इलाहाबादी शैली में लिखी यह पुस्तक बड़ी रोचक है। अगर तुमने न पढ़ी हो तो मैं चाहूँगा कि तुम इसे ज़रूर पढ़ो। पुस्तक घर में न मिले तो मुझसे मँगा लेना।

3. तीसरी बात अमित की कविता के अनुवाद में 'उच्छल, मटमैली, जलधि-तरंगों की क्रीड़ा' में 'प्रसाद' मेरी स्मृति में नहीं हैं–टैगोर है–अपना राष्ट्रगीत स्मरण आया होगा–विध्य, हिमाचल, गंगा, जुमना उच्छल जलधि तरंगा।

4. चौथी बात, लेख के अन्तिम पैराग्राफ में कविता के साथ तुमने 'नीलाकाश' के ज़ेहन पर छाने की बात लिखी है पर 'नीलाकाश' तो निरभ्र निर्मल आकाश का द्योतक है। कविता में तो घने-घिरे नभ का संकेत है। शब्दों की ध्वनियाँ भी अर्थों

को व्यक्त करती हैं–'आकाश' और 'नभ' क्या दो तरह के आसमान का संकेत नहीं करते, जिसकी ध्वनि सभी अर्थ एक ही रखता हैं। 'घन घमण्ड नभ गरजत घोरा', 'बिनु घन चैन निर्मल सचेत अकस्सा' तुलसी धवनियों के प्रति कितने सचेत होंगे।

अन्त में फिर कहना चाहूँगा कि लेख की उन दो-चार त्रुटियों की ओर मेरा ध्यान क्यों गया क्योंकि लेख की खूबियाँ बहुत-बहुत हैं।

एक बार फिर मेरी बधाई लो फिर शाबाशी भी–शाबाशी देने का मेरा अधिकार तो है ही।

बच्चों को आशीष लो और भारती के और तुम्हारे प्रति हार्दिक शुभकामनाओं के साथ।

तुम्हारा
बच्चन

૨૪. ૫. ૮૨.

પૂજ્ય પુષ્પા જી,

[illegible]

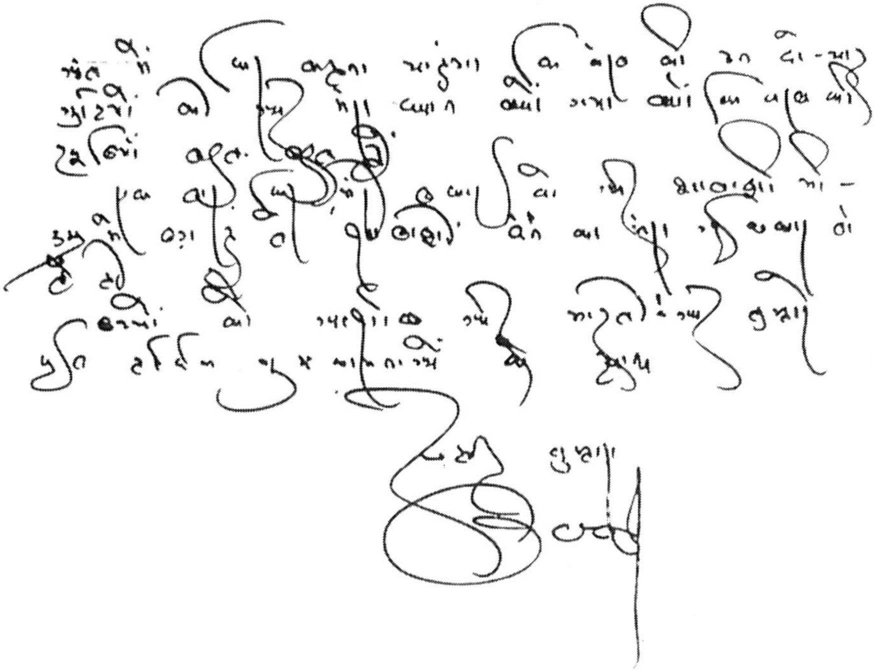

बच्चनजी की मधुशाला

बच्चनजी ने मधुशाला की रचना सन् 1935 में की थी। उस समय हमारे देश में जाति प्रथा थी, छुआछूत थी। साम्प्रदायिकता और धर्मों के बीच वैमनस्य के साथ-साथ अशिक्षा और हताशा थी। सामाजिक मान-मर्यादाओं के झूठे दिखावे थे। पाप और पुण्य के नकली आडम्बर थे। इन सबमें मनुष्य को उबारने के लिए बच्चनजी ने प्याला, हाला, मधुबाला और मधुशाला का सहारा लिया। हज़ारों तरह की रोकटोक और कुण्ठाओं से मुक्त कराकर विश्वास और मस्ती के साथ प्यार से जीना सिखाया।

इसके लिए उनकी पुस्तक बनी मधुशाला और ख़ुद कवि ने मधुबाला बनकर कविता की प्याली में हांला भरकर अपने पाठक को पिलायी।

भावुकता-अंगूर-लता से
खींच कल्पना की हाला,
कवि बनकर है साक़ी आया
भरकर कविता का प्याला,
कभी न कण भर ख़ाली होगी,
लाख दिये, दो लाख पिएँ
पाठकगण हैं पीने वाले,
पुस्तक मेरी मधुशाला।

जी हाँ, लाख-दो लाख ही नहीं–असंख्य पाठक इस मधुशाला का नशा पीकर झूम चुके हैं। हिन्दी की सबसे ज़्यादा लोकप्रिय पुस्तक है मधुशाला। आज तक उसका नशा ज्यों का त्यों बना हुआ है। यों ही लबालब भरा रहेगा यह प्याला हमेशा हमेशा। बच्चनजी की मधुशाला में 135 रुबाइयाँ हैं। प्रत्येक रुबाई जीवन के अलग-अलग सत्यों को उद्घाटित करती है। जीवन के सच तो एक जैसे ही होते हैं, पर हमारे देश में इतनी तरह के धर्म, इतने तरह के पन्थ हैं कि सीधे-सादे मन वाले

मनुष्य को समझ में नहीं आता कि किसका रास्ता सही है। हिन्दू, मुसलमान, सिख, पारसी, ईसाई, जैन, बौद्ध–सब अपने अपने राग अलापते हैं। गन्तव्य तो सभी क ा ईश्वर होता है, लेकिन उस तक पहुँचने के रास्ते अलग-अलग होते हैं। रास्तों का यही अलगाव आपस में भेदभाव डालता है। उसे दूर करने के लिए मधुशाला में बच्चनजी ने प्रतिबद्धता यानी कमिटमेंट का महत्त्व बताते हुए एक सीधा-सादा मंच दिया है–राह पकड़ तू एक चला चल! सत्य से साक्षात्कार स्वयं हो जायेगा।

मदिरालय जाने को घर से
चलता है पीने वाला,
'किस पथ से जाऊँ? असमंजस
में है वह भोला-भाला,
अलग-अलग पथ बतलाते सब,
पर मैं यह बतलाता हूँ–
'राह पकड़ तू एक चला-चल,
या जायेगा मधुशाला।'

अद्भुत था बच्चनजी का रचना कौशल। उनकी भाषा में इतनी सरलता, इतनी मिठास और इतनी आत्मीयता भरी है कि यथार्थ पूरी की पूरी मधुशाला की रुबाइयों में एक ही छन्द विधान है, एक ही मीटर है, लगभग एक जैसी ही शब्दावली है पर प्याला, हाला, मधुवाला और मधुशाला के माध्यम से बच्चनजी पूरे जीवन की व्याख्या करते हुए बड़े-बड़े सचों को जीवन के छोटे-छोटे सन्दर्भों से जोड़कर–कितना विशाल बना देते हैं। उनके पाठक रोज़-ब-रोज़ की परेशानियों और हताशाओं को भूलकर ऐसा जीवन जीना सीख जाते हैं जिसमें हर दिन होली की मस्ती और हर रात दिवाली की रौनक भरी होती है!

एक बरस में एक बार ही
जगती होली की ज्वाला,
एक बार ही लगती बाज़ी,
जलती दीयों की माला,
दुनिया वालो, किन्तु किसी दिन
आ मदिरालय में देखो,
दिन को होली, रात दिवाली,
रोज़ मना ली मधुशाला!

बच्चनजी की कविता की शराब पीकर जो पाठक मदमस्त हो जाते, वे भूल जाते कि उनके मज़हब अलग हैं, या कि उनके बीच कोई भेदभाव है–यह एक कड़ुवा सच है कि हिन्दू, मुसलमान, वैमनस्य का रोग अभी तक जड़ मूल से समाप्त नहीं हुआ है–पर जिन दिनों मधुशाला लिखी गयी थी उस समय तो यह रोग नासूर की तरह समाज में पल रहा था–घुन की तरह इन्सानियत की जड़ों को कुतर रहा था बच्चनजी ने अपनी कविता की ऐसी शराब पिलाई कि जिस जिसने उसका नशा चखा उसने ऐसी राहों की खोज करनी शुरू कर दी जहाँ भाईचारा हो...मोहब्बत हो–एक दूसरे के सुख-दु:ख में बराबर की साझेदारी हो–

मुसलमान और हिन्दू हैं दो,
एक मगर उनका प्याला
एक मगर उनका मदिरालय,
एक मगर उनकी हाला,
दोनों रहते एक, न जब तक
मन्दिर-मस्जिद में जाते,
लड़वाते हैं मन्दिर-मस्जिद,
मेल क़राती मधुशाला!

एक बार जब भाईचारे, मेल-मोहब्बत से कमिटमेंट के साथ जीना सीख लो तो ज़िन्दगी की कठिनाइयाँ ख़ुद-ब-ख़ुद सुलझने लगती हैं। मंज़िल भले ही दूर हो पर यह विश्वास बनने लगता है कि उस मंज़िल तक हम एक न एक दिन पहुँच ही जायेंगे। केवल स्वयं ही नहीं–आस-पास के लोगों को भी प्रेरणा देकर मंज़िल तक साथ ले जायेंगे।

पुराने ऋषि-मुनि तो सांसारिक लगाव और माया मोह ममता को तजकर साधना और तपस्या करके ईश्वर प्राप्ति और मोक्ष पर बल देते थे पर, बच्चनजी ने सिखाया कि ज़िन्दगी में कल-कल छल-छल करती ख़ुशी को साथ लेकर चलो तो देखे ज़िन्दगी कैसी रुन-झुन रुन-झुन गति से आगे बढ़ती चलेगी। मंज़िल की महक हर समय सूँघते और महसूस करते-बस आगे बढ़ते रहना चाहिए।

सुन! कल-कल, छल-छल मधु–
घट से गिरती प्यालों में हाला,
सुन! रुन-झुन, रुन-झुन चल
वितरण करती मधु साक़ीवाला,

बस आ पहुँचे, दूर नहीं कुछ,
चार क़दम अब चलना है,
चहक रहे, सुन, पीने वाले;
महक रही, ले, मधुशाला!

और एक बार जब मंज़िल के इर्दगिर्द कोई पहुँच जाओ तो अपने महान देश भारत का अनूठा दार्शनिक सिद्धान्त ख़ुद-ब-ख़ुद महसूस किया जाने लगता है। ब्रह्म ही जीव है–जीव ही ब्रह्म है–अहम् ब्रह्मास्मि! प्रियतम हाला बन जाता है और उसका प्रिय बन जाता है पीने वाला। इतना सुन्दर मिलन होता है कि मैं मैं नहीं रहता तू तू नहीं रहता–ब्रह्मानन्द प्राप्ति हो जाती है और, दोनों एक-दूसरे के लिए मधुशाला बन जाते हैं। कुंडलिनी जाग्रत हो जाने पर इस तरह की अनुभूति जाग जाती है और साधक परम आनन्द की प्राप्ति करता है–ऐसा आनन्द–जिसे शब्दों में व्यक्त नहीं किया जा सकता। केवल महसूस किया जा सकता है। कबीर कह गये है–

जल में कुम्भ-कुम्भ में जल है–बाहर भीतर पानी
फूटाकुम्भ जल जलहि समाना ये तथ कहैं गियानी?

प्रियंतम! तू मेरी हाला है
मैं तेरा प्यासा प्याला,
अपने को मुझमें भरकर तू
बनता है पीने वाला;
मैं तुझको छक छलका करता
मस्त मुझे पी तू होता।
एक दूसरे को हम दोनों
आज परस्पर मधुशाला।

बच्चनजी साम्प्रदायिकता और कट्टरता के सख़्त ख़िलाफ़ थे। वे हमेशा कहते थे कि तुम अगर मुसलमान हो तो सच्चे मुसलमान बनो, हिन्दू हो तो सच्चे हिन्दू बनो और जब अपने-अपने उसूलों के सच्चे हो जाओगे, तो सच मानों न तो तुम इस सम्प्रदाय के रह जाओगे, न उस सम्प्रदाय के–तुम तो बस एक अच्छे और सच्चे इन्सान बन जाओगे। सच्चे इन्सान का धर्म बस इन्सानियत ही होता है। इन्सानियत झूठे दिखावों, ढकोसलों और अन्धी परम्पराओं को जीवन में स्थान नहीं देती। बच्चनजी जन्मना हिन्दू थे इसलिए उन्होंने अपने हिन्दू धर्म के तथाकथित रीतिरिवाजों के खोखलेपन का हमेशा विरोध किया। उस समय के पोंगापन्थी समाज ने उनका

बहिष्कार तक किया पर वे अपने इन्सानी उसूलों पर डटे रहे। जीवन तो जीवन, उन्होंने तो इस लड़ाई को मौत के बाद भी जारी रखने की कल्पना की–देखिये शवयात्रा की उनकी अपनी मौलिक कल्पना–

मेरे अधरों पर हो अन्तिम
वस्तु न तुलसीदल, प्याला,
मेरी जिव्हा पर हो अन्तिम
वस्तु न गंगाजल, हाला;
मेरे शव के पीछे चलने-
वालो, याद इसे रखना–
'राम नाम है सत्य' न कहना,
कहना सच्ची 'मधुशाला'!

सच्चिदानन्द हीरानन्द वात्स्यायन अज्ञेय

(7 मार्च, 1911 - 4 अप्रैल, 1987)

सीखा है तारे ने उमगना
जैसे धूप ने विकसना,
हरी घास ने पैरों में लोट-लो
बिछलना-बिलसना,
और तुमने-पगली बिटिया
हँसना हँसना हँसना,
सीखा है मेरे भी मन ने उम
मेरी आँखों से बरसना,
और मेरी भावना ने
आशीर्वाद के सुवास-सा
तुम्हारे आस-पास बसना!”

सच्चिदानन्द हीरानन्द वात्स्यायन अज्ञेय

वात्सल्य का प्रसाद

पचास के दशक में इलाहाबाद में एक बहुत बड़ा साहित्यिक समारोह हुआ। विषय था 'साहित्य और राज्याश्रय'। इस महत्त्वपूर्ण परिसंवाद को डॉ. धर्मवीर भारती और अज्ञेय जी ने मिलकर आयोजित किया था। सारे देश से बड़े-बड़े लेखक आये थे। ताराशंकर बन्द्योपाध्याय, शिवराम कारन्त, यशपाल, रघुवीर सहाय, फादर क़ामिल बुल्के, प्रभाकर माचवे, फणीश्वरनाथ रेणु, बीरेन्द्र कुमार भट्टाचार्य, अमृतलाल नागर, इलाचन्द्र जोशी आदि। अपने इलाहाबाद के डॉ. धीरेन्द्र वर्मा, रामकुमार वर्मा, रघुवंश, विजयदेव नारायण साही, सुमित्रानन्दन पन्त, जगदीश गुप्त, फिराक गोरखपुरी, लक्ष्मीकान्त वर्मा, रामस्वरूप चतुर्वेदी आदि। दिग्गज लेखकों की उपस्थिति से सारा आयोजन साहित्य के महाकुम्भ जैसा था। वहीं पहली बार अज्ञेय जी को देखा। 'शेखर : एक जीवनी' और 'नदी के द्वीप' की मैं घनघोर प्रशंसक थी।

प्रयाग विश्वविद्यालय से 1955 में एम.ए. करने के बाद मैंने शोध कार्य शुरू. किया। विषय था 'नाथ और सिद्ध साहित्य का तुलनात्मक अध्ययन'। विभागाध्यक्ष डॉ. धीरेन्द्र वर्मा ने बता दिया था कि इस विषय के गहरे जानकार धर्मवीर भारती हैं, किन्तु वे कनिष्ठ प्राध्यापक हैं इसलिए गाइड के तौर पर उनकी नियुक्ति नहीं की जा सकती। काग़ज़ पर आपके गाइड उदय नारायण तिवारी होंगे, पर असली सहायता भारतीजी से लेनी होगी। डॉ. वर्मा ने मेरी सिफ़ारिश भी कर दी। उसी सिलसिले में मुझे अक्सर भारतीजी के घर जाना होता था। वहाँ मैंने पाया कि भारतीजी तो कभी ख़ाली होते ही नहीं थे। हर समय उनके मित्र वहाँ मौजूद रहते थे। बड़ी विशाल थी उनकी मित्र मण्डली। विजयदेव नारायण साही, रामस्वरूप चतुर्वेदी, केशवचन्द्र वर्मा, जगदीश गुप्त, शान्ति मेहरोत्रा, लक्ष्मी नारायण लाल आदि तो लगभग रोज आने वालों में थे।

बहुत ही कम ऐसे अवसर मिले जब मैं डॉ. भारती से दो टुकड़ा बात कर सकी। हमेशा यों ही लौट आना पड़ता। पर जब जान लिया कि रोज़-रोज़ इस तरह

वापस होती रहूँगी तो खाक गाइडेंस ले सकूँगी, तो मैंने भारतीजी से अनुमति ले ली कि–आप लोगों की बातों में बिना विघ्न डाले मैं एक कोने में बैठ अपना काम करती रहूँगी। सच बात यह थी कि मेरा यों काम करना बहाना मात्र था असल में उन लोगों की बातें सुनकर मैं जान गयी थी कि इस तरह साहित्य की जो समझ मुझे मिलेगी वह दसियों किताबें पढ़कर भी नहीं मिल पायेगी।

उन्हीं बातों के दौरान मैंने अक्सर पाया कि वे सब किसी को 'भाई' नाम से सम्बोधित करते हैं। बाद में समझ में आया कि 'भाई' से मतलब था सच्चिदानन्द हीरानन्द वात्स्यायन 'अज्ञेय'। अज्ञेय जी की प्रशंसक होने के नाते मुझे वहाँ और अच्छा लगने लगा। यह भी देखा कि कभी कोई मित्र अज्ञेय जी का ज़िक्र जरा से हलकेपन से कर दे तो भारतीजी तुरन्त उसे बड़ी विनम्रता से डपट देते और कहते कि अगर भाई ने अमुक बात कह भी दी है तो बजाय उसे ख़ारिज करने के हमें उस पर गम्भीरता से विचार कर निष्कर्ष निकालना चाहिए। अक्सर मित्रों को यह भी कहते सुना था कि..."हाँ भई तुम तो उनके विशेष प्रिय पात्र ठहरे!" उस समय के साहित्यिक पटल पर अज्ञेय जी का नाम बड़ी सघनता से छाया हुआ था और भारतीजी सचमुच उनके प्रिय अनुज सरीखे थे।

अपने समय के बड़े साहित्यिक अनुष्ठान सप्तक के दूसरे चरण में अज्ञेय जी ने भारतीजी की कविताएँ शामिल की थीं। और बाद में 'सूरज का सातवाँ घोड़ा' की भूमिका में तो अज्ञेय जी ने भारतीजी के विषय में बहुत कुछ लिखा भी, "धर्मवीर जी केवल एक अच्छे, परिश्रमी, रोचक लेखक ही नहीं हैं, वे नयी पौध के सबसे मौलिक लेखक भी हैं।...मैं मानता हूँ कि भारती हिन्दी की उन उठती हुई प्रतिभाओं में से हैं, जिन पर हिन्दी का भविष्य निर्भर करता है।" अपने किसी अग्रज से इस प्रकार का सर्टिफिकेट पा लेना किसी भी लेखक के लिए गौरव की बात होती। भारतीजी ने श्रद्धावनत होकर लिखा, "वे मेरे अन्तर की आस्था और ईमानदारी को पहचानते हैं और आज के युग में किसी भी लेखक को इससे अधिक क्या चाहिए। मेरे प्रति उन्होंने जो कुछ अनुशंसात्मक वाक्य लिखे हैं, पता नहीं मैं उनके योग्य हूँ या नहीं, पर मैं उन्हें स्नेह आशीर्वादों के रूप में सिर झुका कर ग्रहण करता हूँ। और चाहता हूँ कि अपने को उनके योग्य सिद्ध कर सकूँ।"

समय का चक्र चलता जाता है। अज्ञेय जी से फिर मेरी मुलाक़ात इलाहाबाद में ही हुई। भारतीजी से सम्पर्क बढ़ता चला गया था। इस बीच मैं कोलकाता (तब कलकत्ता) के शिक्षायतन डिग्री कॉलेज में पढ़ाने लगी थी। 1957 की बात है। मैं

अचानक गम्भीर रूप से बीमार हो गयी। भारतीजी मुझे इलाहाबाद ले आये। एक दिन तपते बुखार में नीम बेहोशी जैसी हालत थी कि भारतीजी ने बताया–"तुम्हारे सबसे प्रिय लेखक आये हैं। बाहर बैठक में बैठे हैं। मिलोगी?" नाम लेने की ज़रूरत ही नहीं थी। मैं समझ गयी अज्ञेय जी होंगे। उठने लगी कि चक्कर आ गया। भारतीजी बोले–"तुम लेटी रहो, उन्हें यहीं ले आता हूँ।" अज्ञेय जी आये। कई क्षणों तक चुपचाप देखते रहे। मैंने देखा, बग़ैर कोई शब्द बोले वे एक बार मेरी ओर देखते, दूसरे क्षण भारतीजी की ओर। ऐसा कुछ देर चला। माहौल में बोझिल-सी चुप्पी व्याप्त हो गयी। कहीं से कोई शब्द नहीं।...मैंने डबडब आँखों से भाई की ओर देखा और अपने कमज़ोर दोनों हाथ जोड़े। बिना एक शब्द बोले उन्होंने मेरे सिर पर हाथ फेरा और बाहर चले गये। उन्हें छोड़कर जब भारतीजी आये तो बताया कि कह कर गये हैं–"आपको असुविधा न हो तो शाम को आपकी मित्र से फिर मिलने आना चाहूँगा।" भारतीजी तो अनुज थे। 'असुविधा' शब्द ही बेमानी था।

शाम हुई और लीजिए तमाम सामान लिये अज्ञेय जी मौजूद! सामान था–एक प्रोजेक्टर, स्क्रीन और ढेर सारी स्लाइडें। पता चला कि परसों ही जापान से लौटे हैं, वहाँ खींचे चित्र दिखायेंगे। मेरे बिस्तर के सामने ही परदा लगाया गया। प्रकृति का अनोखा सौन्दर्य जब एक संवेदनशील कवि अपने कैमरे में पकड़े तो उस ख़ूबसूरती की कल्पना करना कठिन नहीं होता। सोने में सुहागा यह कि हर चित्र के बारे में वे टिप्पणी भी देते। कुछ नायाब फूलों को दिखाते समय अज्ञेय जी जिस तरह उनका वर्णन कर रहे थे, उससे फूल का रंग और रूप तो दिखाई देता ही था, महक भी अनुभव हो रही थी।

मेरे बीमार चेहरे पर अचानक मुस्कान खिल आयी थी। अज्ञेय जी ने हुलस कर भारतीजी को दिखाया और बोले–"इसीलिए तो पुष्पाजी के लिए पुष्पगुच्छ लेकर आया हूँ!"

इस अनोखी भेंट का क्षण जीवन के सुन्दरतम क्षणों में एक था! सुख की एक और लहर आयी, जो हमेशा-हमेशा के लिए उनका ऋणी बना गयी। अपनी इस पहली ही भेंट में उन्होंने मुझे अपनी सद्य: प्रकाशित पुस्तक 'इन्द्रधनु रौंदे हुए ये' दी। बुकमार्क की तरह उसमें लगा था भारतीजी का प्रिय फूल नैस्टरशियम! पृष्ठ पर देखा तो एक कविता थी–'एक रोगिणी बालिका के प्रति'–

सीखा है तारे ने उमगना
जैसे धूप ने विकसना,
हरी घास ने पैरों में लोट-लोट

बिछलना-बिलसना,
और तुमने-पगली बिटिया
हँसना हँसना हँसना,
सीखा है मेरे भी मन ने उमसना,
मेरी आँखों से बरसना,
और मेरी भावना ने
आशीर्वाद के सुवास-सा
तुम्हारे आस-पास बसना!"

अज्ञेय मेरे भीतरी मन में सदा-सर्वदा के लिए आशीर्वाद के मानवीकृत रूप में बस गये।

जनवरी, 1959 में वे कलकत्ता के एक साहित्यिक समारोह में आये। सारे शहर में उनकी चर्चा थी। एक दिन दोपहर मेरे एक कमरे के छोटे से घर की कुण्डी खड़की। मैंने चकित होकर देखा कि अज्ञेय जी थे। सादर भीतर बुलाया। उन्होंने कुशलक्षेम पूछी। एक गिलास ठण्डा पानी पिया और बोले, "जहाँ ठहरा हूँ वहाँ के अत्यधिक आदर-सत्कार मान-सम्मान से घबरा गया हूँ। मखमली गद्दों पर दो दिन से नींद ठीक से नहीं आयी, थोड़ा सोना चाहता हूँ।" मेरे कमरे में एक खूँटी लगी थी। जो झोला बग़ल में लटकाये थे, उसे उस पर टाँगा और बोले–"आशा करता हूँ, आपको असुविधा नहीं होगी।" "असुविधा! मेरा तो अपने ऊपर इतराने का मन हो रहा है।" मैंने कहा तो अपनी बहुत कंजूस मुस्कान में वे किंचित विस्तार लाये और एक साधारण-सी दरी बिछे मेरे तख़्त पर ऐसे सोये जैसे कहीं से लम्बी क़ैद से छूटकर, निश्चिन्त मन से खुली हवा में साँस ले रहे हों।

मैं अपनी एक छात्रा सुशील गुप्ता (अब बांग्ला से हिन्दी की जानी-मानी अनुवादिका) की बड़ी-सी बिल्डिंग में एक कमरा किराये पर लेकर रहती थी। सुशील ने सखियों को सूचित कर दिया–दीदी के घर अज्ञेय जी आये हैं। फिर क्या था बीए. में हिन्दी साहित्य में ऑनर्स का कोर्स करने वाली आठ-दस छात्राएँ वहाँ आ धमकीं और सोये महाकवि को देखकर निहाल हो गयीं। मैंने सबको सुशील के घर बैठने को कहा जागने पर बुला लूँगी, यह वादा लेकर ही वे वहाँ से टलीं। बीच-बीच में वे चुपचाप झाँक जाती थीं। डेढ़ घण्टे बाद जब अज्ञेय जी सोकर उठे तो बोले, "बहुत स्वस्थ और ताजा अनुभव कर रहा हूँ।" छात्राओं का आना शायद इस समय उन्हें पसन्द न आये, इसलिए डरते-डरते इजाज़त माँगी कि क्या वे सिर्फ़ एक मिनट के लिए प्रणाम करने आ सकती हैं?

छात्राओं के आने पर जो माहौल बना, उससे लगा कि वक़्त थम गया है। वे साहित्य की अच्छी-ख़ासी समझ रखती थीं। भाई का मन भी उन बातों में ऐसा रमा कि फिर वे घण्टों अपनी यादें छात्राओं के साथ बाँटते रहे। मैंने भी उस दिन पहली बार जाना था कि उनके पुरातत्त्ववेत्ता पिता कुशीनगर में प्राचीन भग्नावशेषों की ख़ुदाई करवा रहे थे, वहीं एक तम्बू में उनका जन्म हुआ था। बताते रहे कि हर बरस उस स्थान पर जाने का मन होता है। खुले आसमान के नीचे जन्मे अज्ञेय की यायावरी की शुरुआत तो मानो पहली साँस के साथ ही हो गयी थी।

उस रोज भी उन्हें अपना बचपन याद आ रहा था। बोले कि एक दिन स्कूल में एक अंग्रेज़ लड़के ने हिन्दुस्तानी सहपाठी को ग़ाली दी। उनसे सहन नहीं हुआ और उस अंग्रेज़ की जमकर ठुकाई कर दी। स्कूल से निकाल दिये गये। डरे कि कठोर स्वभाव के पिता दण्ड देंगे। लेकिन उन्हें सुखद आश्चर्य हुआ–पिता ने सिर पर हाथ फेरा और बोले कि कोई चिन्ता नहीं, वह स्कूल इस योग्य नहीं है कि वहाँ तुम्हें शिक्षा मिले। घर पर तुम्हारी शिक्षा का प्रबन्ध होगा। शीघ्र ही एक संस्कृत के पण्डित जी विधिवत पढ़ाने भी आने लगे। यह सुनकर एक चंचल बालिका टुप बोली–"अब हम समझे कि आपकी भाषा इतनी कठिन क्यों होती है।" अज्ञेय जी के सौम्य और गम्भीर चेहरे पर मुस्कान खिल आयी। बोले, इसके बाद तो मैंने विज्ञान की पढ़ाई भी की थी। शायद उसके पीछे स्कूल से निकाले जाने की टीस रही होगी। "हम विज्ञान सीखकर ऐसे रसायनों का ज्ञान पाना चाहते थे जिनके द्वारा बम बना सकें और उनका प्रयोग उद्दण्ड अंग्रेज़ों के ख़िलाफ़ कर सकें।"

क्रान्ति का बीज बचपन में ही अज्ञेय जी के मन में उग चुका था। किशोर वय के होते-होते तो हिन्दुस्तान रिपब्लिकन आर्मी के सदस्य बन गये। भगवतीचरण वोहरा, चन्द्रशेखर आज़ाद और सुखदेव के दल में पहले से थे। वहाँ कई बार बम बनाये। एक बालिका पूछ बैठी, "इस सबके बीच ये कविता कहानी वाले संस्कार कहाँ से मिल गये?" वे कुछ पल को गम्भीर हो गये और बोले–देखिए, यह तो वह उम्र होती है जब हमारा स्वयं अपने साथ पूरी तरह साक्षात्कार भी नहीं हो पाता। हम स्वयं को खोज रहे होते हैं। कई तरह की बातें सोचते और समझते चल रहे थे। विज्ञान पढ़कर बम बनाये और किसान मोर्चे पर भी काम किया। फिर विश्वयुद्ध के दौरान कुछ समय तक वर्दी पहन कर सेना में भी रहा। उन्होंने यह भी बताया कि किस तरह तमाम प्रकार की यन्त्रणाएँ झेलते हुए कई बरस जेल में भी गुजारे। मन्द मन्द मुस्कुराते यह भी बताया कि वहीं उन्होंने दर्जीगीरी सीखी, जूते गाँठने सीखे। चप्पल बहुत अच्छी

बनाते थे। बढ़ईगीरी भी सीखी थी। अपनी किताबें रखने की पहली अलमारी उन्होंने ख़ुद बनायी थी। अपने भीतर की तमाम तरह की उथल-पुथल और ख़ुद को पहचानने की चहल-पहल के बीच ही उन्होंने यह भी जान लिया था कि स्वयं को अभिव्यक्त और सम्प्रेषित करने के लिए वह भाषा को अच्छा माध्यम बना सकते हैं। धीरे-धीरे उन्होंने अपनी लेखकीय क्षमता को आत्मरंजन का साधन नहीं, बल्कि सामाजिक दायित्व की तरह अपनाया। और इस क्षमता को कभी और किसी काम से अलग या बड़ा नहीं समझा। बताने लगे कोई भी काम छोटा नहीं लगता, उसी मनोयोग से बर्तन माँज लेता हूँ, खाना पका लेता हूँ। बोले–"हलुआ मैं बहुत अच्छा बना लेता हूँ। कहिए तो आप लोगों को अभी बना कर खिलाऊँ!"

अब तक बालिकाएँ भी उनसे खुल गयी थीं। बेझिझक बोलीं–"हलुआ तो हमें कोई भी खिला देगा। आप तो अपनी कुछ कविताएँ सुनाइए ना!" मैं फिर डरी कि भाई परेशान न हो जायें। पर नहीं, वे सचमुच तरोताजा हो गये थे। उन्होंने कई कविताएँ सुनाईं–कुछ तो सस्वर भी। अज्ञेय तो अल्पभाषी प्रसिद्ध रहे हैं, बहुत धीमे और बहुत कम बोलने वाले। भारतीजी ने बाद में उन छात्राओं की गवाही के बाद ही विश्वास किया था कि अज्ञेय जी इतने मुखर और बातूनी भी हो सकते हैं।

कलकत्ता के दिनों में मैंने वहाँ एक बड़ी संगोष्ठी का आयोजन किया था। उसकी रूपरेखा भाई को भेजी। वे दिल्ली से देहरादून अपनी बहन के यहाँ गये हुए थे। उम्र और अनुभव के इतने फासले के बाद भी किसी काम में मदद की कोई आत्मीय अपेक्षा करे तो उनका रवैया कैसा होता था, इसका एक प्रमाण उनका वह पत्र है जो उन्होंने मेरी रूपरेखा के जवाब में भेजा। कहना न होगा, वे स्वयं बाद में कलकत्ता भी आये, बग़ैर मेरे द्वारा किसी अनुनय-विनय के। वह पत्र इस प्रकार था–

13, मोहिनी रोड, देहरादून
18 अगस्त

स्नेहशीला बहिन पुष्पा,

आपके दोनों–नहीं, अढ़ाई पत्र मिले हैं, पहले उत्तर नहीं दे पाया क्योंकि 'बीमारी' से मुक्त होकर भी उसके परवर्ती 'भोग' से मुक्त नहीं हो पाया था–और साथ ही पीड़ा से अत्यधिक त्रस्त होने के कारण लिखने भी बैठ गया था और एक पुस्तक पूरी करके प्रेस को भेज कर ही उठा–उस बीच सोने-जागने जीने-मरने का कुछ पता नहीं था–या बीच-बीच में जब अपने शरीर का बोध होता था तो केवल उसके कष्ट का; जिससे फिर पुस्तक में लौट जाता था...

अब तो ठीक हूँ : बिल्कुल ठीक : शरीर कुछ शिथिल पड़ गया है, पर उसका इलाज तो दौड़धूप से होता रहेगा...

आपका निमन्त्रण सिर आँखों पर। 'साहित्य-बोध' का ठीक-ठीक अभिप्राय क्या है यह तो नहीं समझा, पर फिर भी जितना जो समझा उसके बारे में कुछ कहना मुझे रुचेगा और सुनना कुछ लोगों के लिए उपयोगी होगा–चाहे इसीलिए कि उन्हें चिढ़ायेगा!

आप जब आने को कहेंगी आ जाऊँगा : सितम्बर का अन्तिम सप्ताह मुझे भी सर्वथा अनुकूल है। अक्टूबर में कठिनाई कुछ अधिक होगी पर जब कह दिया कि आऊँगा तो आप जब भी कहेंगी तभी आ जाऊँगा। इतना ही है कि पक्का निर्णय भरसक जल्दी कर दीजिएगा, क्योंकि यह भी सम्भव है कि मैं पहले ही निकल पड़ूँ और सीधा न आकर घूमता-फिरता आऊँ–आदतन् लाचार! और कलकत्ते के बाद उधर से ही नेपाल चला जाना चाहता हूँ–और वहाँ भी सूचना देनी होगी और आगे चलने का प्रबन्ध करना होगा, इसलिए जल्दी निर्णय ठीक होगा। आप तो मेरी तरह सुस्त या प्रमादी नहीं हैं, आपको तो इसमें देर न लगेगी!

आपने जो अनुक्रम रखा है, उसमें कुछ हेर-फेर विचार के लिए सुझा सकता हूँ?

पहला भाषण–हज़ारी प्रसाद द्विवेदी–शाश्वत और आधुनिक–(ठीक है)

दूसरा–क्यों न भारतीजी का उन्हीं के विषय पर हो–विश्व साहित्य में आधुनिक संकट और नये मूल्य।

तीसरा–'आधुनिक साहित्य के मूल तत्त्व और हिन्दी' अज्ञेय को दीजिए–मैंने इसमें 'और हिन्दी' और इसलिए जोड़ा है कि जो कुछ कहूँ उसे उस पर घटित करना भी चाहूँगा।

चौथा– डॉ. देवराज-विषय वही जो आपने दिया है, पर उन्हें कहिए कि तुलनाएँ भी भरसक करें–हिन्दी और इतर भारतीय या हिन्दी और विदेशी की।

पाँचवाँ–विषय तो ठीक है। पर क्या वह साही जी का ही विषय है? मुझे कुछ लगता है कि विषय उनके साथ, और वह विषय के साथ, न्याय न कर पायेंगे : साहित्य-शिल्प के बारे में कुछ कहना उन्हें कम ही अच्छा लगेगा। पर सहसा दूसरा नाम भी नहीं सुझा सकता हूँ। या कि आप डॉ. नगेन्द्र से पूछने की कल्पना कर सकती हैं?

मैं मानता हूँ कि भाषण ही भाषण न होगा। प्रत्येक के साथ कुछ प्रश्नोत्तर भी, चर्चा भी होगी। या कि नहीं?

सितम्बर-अन्त न हो तो दिसम्बर भी हो सकता है शायद-यद्यपि मेरे साथ बहुत दूर की कोई योजना बनाना जोखम का ही काम होता है—चार महीने में न जाने क्या हो जाय! और लोगों से पूछ लीजिए, फिर मुझे आज्ञा दीजिए।

काम की बात समाप्त करके अपनी कहूँ। आज पूर्णिमा का दिन आपको विशेष रूप से समर्पित है; पत्र लिखने बैठ कर ध्यान आया कि देखो, मेरे द्वारा अपने-आप कैसा ठीक काम कैसे ठीक समय पर हो रहा है! है न? राखी तो जिस घर में ठहरा हूँ उसका माली आकर बाँध गया है; राखी के साथ मिठाई बहिन आकर खिला गयी हैं—वह भी साथ आयी थीं और यहाँ स्कूल में अध्यापिका हो गयी हैं कल से—उन्हीं के साथ तो आना हुआ—और अब प्रणाम आपको करता हूँ। आप शायद छोटे-बड़े की बहस शुरू करेंगी; पर सभी बहिनें मेरे लिए सर्वदा और सभी के लिए आज प्रणम्य हैं...

पुस्तक मैं भेजता-भेजता रह गया क्योंकि पहली वाली प्रतियाँ तो सभी लुट गयीं और और आती-आती अभी नहीं पहुँचीं—हर सप्ताह 'सप्ताह भर में' भेजने का आश्वासन आ जाता है। वही आपको भी दे दूँ?

कपिला जी भी आयी थीं, कल रात वापस गयी हैं क्योंकि आज उन्हें दफ़्तर भी जाना था और 51 भाइयों की बहिन होने के नाते आज दिल्ली होना भी ज़रूरी था—51 में से 18-19 दिल्ली में हैं इस समय!

आपका स्वास्थ्य अब कैसा है? आशा है अब फिर ऐसा न होगा कि सितम्बर में जब आयें तो आपको वैसे साथ लाना पड़े—यों साथ लाना तो बड़ा अच्छा है और उन दिनों शायद ठीक समय भी होगा—पर वैसे नहीं...स्वास्थ्य का पूरा ख़याल रखें-कलकत्ता है ऐसा ही शहर...

आपके अगले पत्र की प्रतीक्षा करूँगा।

सस्नेह
आपका
वात्स्यायन

कम लोग जानते हैं कि भारतीजी के 'धर्मयुग' में जाने के पीछे अज्ञेय जी की क्या भूमिका थी। इंटरव्यू दे आने के बाद भारतीजी उखड़े हुए थे, लेकिन भाई ने उन्हें समझा-बुझा कर 'धर्मयुग' की सम्पादकी स्वीकार करने को प्रेरित किया। हुआ यों कि 1959 में लक्ष्मीचन्द्र जैन के अनुरोध पर भारतीजी रमा जैन और शान्ति प्रसाद जैन से मिले। उनका प्रस्ताव था कि भारतीजी 'धर्मयुग' के सम्पादक होकर बम्बई (मुम्बई) चले जायें। भारतीजी उन दिनों प्रयाग विश्वविद्यालय में थे और हिन्दी विभाग के अपने काम से ख़ुश थे। लेकिन किशोरावस्था में ही 'अभ्युदय'

में पं. पद्मकान्त मालवीय से और 'संगम' में काम करते समय इलाचन्द्र जोशी से सम्पादन कला के जो संस्कार ग्रहण किये, वे भी जोर मारते रहते थे। शायद इन्हीं संस्कारों की प्रेरणा से। उन्होंने 'निकष' नाम की पत्रिका निकाली थी। 'आलोचना' के सम्पादन मण्डल में भी उन्होंने काम किया।

जब '*धर्मयुग*' के लिए इंटरव्यू देने दिल्ली बुलाये गये तो वहाँ '*टाइम्स ऑफ इंडिया*' के जनरल मैनेजर जे.सी. जैन ने कुछ अजीब-सी शर्तें रखीं। *चेक बुक पीली हो या लाल, दाम सिक्के हों या शोहरत, कह दो उनसे जो खरीदने आये हों तुम्हें, हर भूखा आदमी बिकाऊ नहीं होता* जैसी पंक्तियों के लेखक भारतीजी ने स्पष्ट कहा–"मैं आपके योग्य नहीं हूँ, आप अपने लिए कोई दूसरा व्यक्ति तलाश लीजिए।" बिना जैन साहब का उत्तर सुने वे उठे और बाहर निकल आये। वहाँ से सीधे पहुँचे वात्स्यायन जी के घर। उन्हें सब बातें बतायीं। अज्ञेय जी ने सब सुना और कहा, "आपने बिल्कुल ठीक किया, पर एकदम से तिनका तोरी करने की बात मत सोचिए। अब देखिए कि वहाँ से क्या जवाब आता है।" बाद में जब संस्थान ने अपनी शर्तें वापस ले लीं, तब भी भारतीजी यही कहते रहे कि शायद उस माहौल में मैं निश्चिन्त होकर काम नहीं कर पाऊँगा। इसलिए ज़्यादा ठीक होगा कि मैं यह काम स्वीकार न करूँ। अज्ञेय जी के बहुत समझाने पर उन्होंने कहा कि ठीक है, फिलहाल मैं विश्वविद्यालय से एक वर्ष की छुट्टी लेकर आऊँगा–यहाँ मन न लगा तो अपने अध्यापन के काम पर वापस चला जाऊँगा। भाई को भी उनकी यह बात स्वीकार हो गयी और भारतीजी ने सम्पादन का काम सँभाल लिया। शुरू में दोनों घण्टों बैठ कर आगामी योजनाओं पर बातें किया करते थे।

मैंने एक रोचक बात देखी। दोनों का प्रेम बड़ा धूपछाँही क़िस्म का भी था। कभी-कभी जब अज्ञेय जी भारतीजी की किसी बात से असहमत होते तो नाराज़ हो जाते थे। यों इसे 'नाराज़ होना' न कह 'रूठना' कहना ज़्यादा उपयुक्त होगा, क्योंकि वे अपनी नाराज़गी का इज़हार अनबोले होकर करते थे। कई-कई दिनों तक बात नहीं करते थे। पर भारतीजी कई तरह से प्रयत्न करके उन्हें मना लेते थे।

भारतीजी के पुराने काग़ज़ सहेजते–सँभालते हुए मुझे अज्ञेय जी का एक पत्र मिला। देखा–बर्कले विश्वविद्यालय में 'सूरज का सातवाँ घोड़ा' अमेरिका में पढ़ाने योग्य समझ कर उसकी प्रति मँगवा रहे हैं। पत्र में परस्पर प्रेम तथा विश्वास भी नज़र आता है और भाषा देखें तो एक विशिष्ट तल्खी भरा व्यंग्य भी। वह पत्र इस तरह था:

बर्कले, 4 जनवरी 1962

श्रीमतेषु सम्पादक प्रवरेषु,

मैं 'प्रिय भारतीजी' से आरम्भ करने वाला था, पर आपने सम्पादक का नाता इतना जकड़ कर ओढ़ लिया है कि और किसी नाते का उल्लेख करने का साहस नहीं होता : जब आप दिवाली-दशहरे की शुभकामनाएँ भी 'धर्मयुग के लेखक के नाते' मुझे 'सम्पादक के नाते' अपनी ओर से भेजते हैं, तब अपने धर्मयुग-लेखकेतर अस्तित्व के बारे में ही संकोच हो आता है।...इसीलिए पद-वन्दना (चरणवन्दना नहीं, पद-वन्दना मात्र!) से आरम्भ करता हूँ। नया वर्ष आपके लिए–अब 'आप' का अर्थ-विस्तार या संकोच 'आप' के ही हाथ में है–शुभ हो, यह मनाता हूँ।

आगे निवेदन यह है कि यहाँ दूसरे सत्र में (फरवरी-जून) मैं 'भारतीय साहित्य' वाले पाठक्रम में जो दो चार अनूदित उपन्यास पढ़ाना चाहता हूँ, उनमें सूरज का सातवाँ घोड़ा भी रखना चाहता हूँ। अनुवाद के लिए मैंने 'थॉट' को लिखा है, पर अनुभव से जानता हूँ कि उतना काफ़ी नहीं और उसके भरोसे बैठ रहने से पुस्तक आयेगी ही नहीं। क्या इसमें आपकी मदद मिल सकती है कि मुझे जनवरी के अन्त तक पूरी अंग्रेज़ी प्रतिलिपि मिल जाये चाहे पत्र की कटिंग चाहे उससे टंकित प्रति? और यदि इसके साथ ही मूल हिन्दी पुस्तक भी हवाई डाक से आ जाय तो क्या कहना...आपके पास दोनों चीज़ें होंगी। या आप शीघ्र प्राप्त कर सकेंगे, और तकाजा करना होगा तो वह भी कर सकेंगे...ये चीज़ें प्राप्त करके भेज रहे हों तो ठीक ही है; अभी तुरत सूचना मिल जाय कि कब क्या कर रहे हैं तो उससे कुछ पता भी लग जायेगा कि मुझे और क्या प्रयत्न करना होगा या नहीं करना होगा...

'अपने-अपने अजनबी' सुना, छप गया। देखें, तो जानना चाहूँगा कि कैसा लगा। यों मेरे लिखे की जो गति होती है सो तो जानता ही हूँ; इस उपन्यास की या नये कविता संग्रह की ('आँगन के पार द्वार' की) कुछ भिन्न होगी ऐसा क्यों सोचूँ?...पर उपन्यास पढ़ने को इसलिए भी कहूँगा कि शायद वह अनुवाद के लायक जान पड़े।" 'अज्ञेय जी' तो लिखते ही हैं पहले अंग्रेज़ी में, फिर हिन्दी में अनुवाद करते हैं"!!

आशा है आप प्रसन्न हैं। बम्बई रुच गया या नहीं, यह नहीं पूछता; मान लेता हूँ कि रुच ही गया है। रुच ही जाता है यदि पहले वर्ष के पार हो जाय–और फिर बड़े शहर में कौन किससे कम है–या ज़्यादा है?

साभिवादन
आपका
वात्स्यायन

(पुनश्च) हाँ, 'ध.यु.' का दीवाली अंक मिला। तो माचवे जी रसातल से लौटे नहीं : अमेरिका में तो जो देखा सो देखा ही, लौटते हुए सारे यूरोप में भी उन्हें नालियाँ ही देखने को मिलीं! हाँ, म्यूजियम भी देखे, पर ध्यान उन पर भी तो नहीं टिका, टिका जहाँ वहीं!...मैं तो लेख न छापता। पर मैं शायद 'युग' में खोया हूँ न, 'धर्म' में कम पैठ है!

भाई जब-जब बम्बई आते तो हमारे घर ज़रूर आते। अनेक संस्मरण हैं, सब बयान करने को जगह पूरी न होगी। एक प्रसंग अक्सर याद करती हूँ। यह 1967 की बात है। वत्सल निधि नाम से तो साहित्य जगत अब ख़ूब परिचित है, लेकिन उनका 'वत्सल रूप' जैसा हमने देखा था उसका वर्णन शब्दों में नहीं किया जा सकता। तब हमारे घर में एक खूब बड़ा टैरेस होता था, जिसे भारतीजी ने एक छोटी-सी बगिया जैसा बना लिया था। उस दिन भाई अचानक आ गये। भारतीजी को फ़ोन किया तो बोले मुझे तो थोड़ी देर लगेगी, लेकिन तुम एक बात का ध्यान रखना कि बच्चे ज़्यादा धमा चौकड़ी न करें। अज्ञेय जी को ज़्यादा शोर-शराबा पसन्द नहीं है। पर मैंने तो कुछ और ही देखा–बच्चों से ज़्यादा धमा चौकड़ी और शोर तो ख़ुद भाई कर रहे थे! सात-आठ बरस की केका और तीन बरस के किंशुक के साथ खुली छत पर दौड़ा-दौड़ी और लुका-छिपी जिस तरह खेली जा रही थी, उसका वर्णन तो सूरदास भी न कर पाते, मैं किस खेत की मूली हूँ। दौड़ने-भागने के बाद तीनों वहीं ज़मीन पर बैठ कर गपिया रहे थे। दूर से मैंने देखा कि किंशुक उनकी गोद में बैठकर उनकी दाढ़ी पर हाथ फेर रहा है। मैंने सोचा अब इन बच्चों को भगाना होगा। वहाँ गयी तो भाई ने बताया कि इन्हें हमारी दाढ़ी बहुत पसन्द आ रही है, कहते हैं चुभती भी नहीं है और पूछ रहे हैं कि इसे कहाँ से लाया हूँ? मैंने बता दिया है कि एक मेले में ख़रीदी थी, अगली बार एक ले आऊँगा!

मैंने किंशुक को उनकी गोद से उठाते हुए कहा–अच्छा अब तुम दोनों अपने कमरे में जाकर खेलो, मैं वादा करती हूँ कल तुम्हारे लिए ठीक ऐसी मऊ-मऊ (कोमल) दाढ़ी ख़रीद लाऊँगी। तो किंशुक तपाक से बोला "अंकल ऐसा कीजिए, यह वाली दाढ़ी आप मुझे दीजिए, कल जो मम्मी लायेगी, उसे आप ले लीजियेगा।" तो भाई जिस तरह ठठा कर हँसे, उसकी कल्पना आप शायद नहीं कर सकेंगे। मेरे कानों में तो उस हँसी की घुँघरुओं जैसी छुन छुन छुन जब तब गूँज जाती

यों, उनके वात्सल्य का प्रसाद भारतीजी को तो कई बरस पहले मिल चुका था। कलकत्ते की चौरंगी में 'नीरा' नाम का एक रेस्तराँ था, जिसके पास किताबों

की एक छोटी-सी दुकान थी। उस दुकान पर दुनिया भर की नयी-से-नयी किताब सबसे पहले आ जाती थी। '*डॉक्टर जिवागो इलाहाबाद*' तब तक पहुँची नहीं थी। मैंने उसी दुकान से खरीद कर भारतीजी को वहाँ भेजी थी। वे चकित रह गये और बड़े ख़ुश हुए। कलकत्ता आने पर भारतीजी उस दुकान पर ज़रूर जाते थे। उस दिन हम उसी दुकान पर गये। भारतीजी दुकान के सामने खड़े एक पुस्तक हाथ में लिये बार-बार उलट-पलट रहे थे। कभी यह पृष्ठ देखें, कभी वह-किताब छोड़ने का मन नहीं हो रहा था। पर हताश थे। मन में अजीब-सी ऐंठन अनुभव कर रहे थे, क्योंकि हम दोनों के पास मिलाकर भी इतने पैसे नहीं थे कि वह–किताब ख़रीदी जा सके।

अकस्मात् देवदूत सरीखे प्रगट हुए भाई। यह दुकान उन्हें भी बहुत प्रिय थी। उन्होंने भारतीजी के हाथों में वह रेनिया मारिया रिल्के की सम्पूर्ण कविताओं का संग्रह देखा तो बोले, अरे इसी की खोज में तो मैं यहाँ आया हूँ! यह सुनना था कि भारतीजी ने किताब को कलेजे से लगाया और एक लम्बी साँस ली। भाई ने जिस दृष्टि से मेरी ओर देखा, उसमें हैरानी और प्रश्न थे। मैंने उन्हें बताया कि असल में भारतीजी बहुत ख़ुश हैं कि यह किताब आप ले लेंगे। विक्रेता के पास केवल एक ही यह प्रति बची है। तो भाई बोले, अरे ऐसी बात है तो आप लोग ले लीजिए, मैं फिर ले लूँगा। इस पर जब असली परेशानी की बात पता चली तो अज्ञेय जी के चेहरे पर जो वात्सल्य की चमक कौंधी, उसका वर्णन नहीं कर सकती। आप ख़ुद अनुमान लगाइए। बग़ैर एक शब्द बोले भाई ने वह किताब ख़रीदी, उस पर लिखा 'भारती के लिए सस्नेह–अज्ञेय' और किताब मेरे हाथों में थमा दी। बोले, "चलिए! 'नीरा' में कॉफी पीते हैं।"

मुझे और भारतीजी को उनके आशीर्वाद पहले से प्राप्त थे, पर आज तो आशीर्वादों से भरी पोटली साथ थी! बाद में जब मेरी लिखी प्रेमकथाएँ छपीं तो उस पुस्तक का नाम मैंने रिल्के और बेनवेनुटा के प्यार के आधार पर ही रखा था 'शुभागता'।

अनगिनत हैं यादें। फिलहाल अन्त में सिर्फ एक ख़त की बात और बताती हूँ। ख़त के अन्त में भाई ने लिखा था : "इसके बाद से आपके पत्र की प्रतीक्षा आरम्भ करता हूँ-ठीक उस बच्चे की तरह जो गुठली बोकर उसे एक गिलास पानी से सींचकर एक-टक खड़ा देखने लगता है कि कब आम फलेंगे!"

पत्र पढ़ते वक़्त मुझे लग रहा था, जैसे कोई कविता पढ़ रही हूँ।

ऐसे ही थे एक अबूझ पहेली जैसे भाई, अज्ञेय!

पं. विद्यानिवास मिश्र

(14 जनवरी 1926 - 14 फरवरी 2005)

मेरे जैसी एक निहायत मामूली नाचीज़ को लिखने के लिए इस तरह प्रेरित करना, इसरार करना, आदेश देना, यह उनकी कितनी बड़ी उदारता थी। कितना बड़ा अशीर्वाद था मेरे सिर पर। भारती के जाने के बाद मेरे प्रति वह

पं. विद्यानिवास मिश्र

हमारी गुनहगार हो तुम

पण्डितजी पर लिखने का आग्रह मिलने पर एक बड़े कालखण्ड के इतने-इतने सारे स्मृति-बिम्ब आँखों में घूमने लगे हैं कि कभी पढ़ी शंभुनाथ सिंह की 'समय की शिला' पर चित्र बनाने-मिटानेवाली बात दिमाग़ में कौंधने लगी है। सचमुच एक बहुत बड़ी समय की शिला पर बनते-मिटते अगणित चित्रों में से कोई एक-दो बिम्ब पकड़कर लिखना कितना कठिन लग रहा है, यह कैसे बताऊँ! आग्रह में इतनी आत्मीयता है कि उपेक्षा करने का साहस कर सकूँ, इतनी ढिठाई सीखी नहीं। अब करूँ तो क्या करूँ। केवल उन्हीं बिम्बों को शब्द देने की सोच रही हूँ, जो ख़ुद ही पहल करके मन पर दस्तक देंगे और लीजिए, सोचते ही कानों में गूँजने लगा है एक छतफोड़ ठहाका। बात शायद पच्चीस-तीस बरस पहले की होगी, क्योंकि तब मेरा बेटा किंशुक छोटा सा बालक था। रविवार की दोपहर थी, भारतीजी खाना खाकर सो गये थे। दरवाज़े की घण्टी बजी, प्रसन्न वदन पण्डितजी पधारे थे। द्वार खोल चरण-स्पर्श कर मैंने स्वागत किया और बेटे से यह कहकर कि पापा को जगा दो, मैं रसोई की ओर पण्डितजी के लिए जल लाने चली गयी। बच्चे ने समझा, अतिथि बाहरी बैठक में बैठ गये होंगे। उसने अपने पापा को उठाया, "पापा, पापा, उठिए, विद्याविनाश अंकल आये हैं।" पण्डितजी बैठक में न बैठकर अनौपचारिक ढंग से भारतीजी के कमरे की ओर ही बढ़ आये थे, सो उन्होंने यह वाक्य सुन लिया। परिणाम था वह छतफोड़ ठहाका, जो इस समय भी मेरे कानों में गूँज रहा है। किंशुक सकपकाकर सिमट गया, पर उन्होंने बड़े लाड़ से उसे अंक में भर लिया। हवाई जहाज़ से आ रहे थे, सो जेब में एयर होस्टेस की दी टॉफियाँ पड़ी थीं, निकालकर उसकी नन्ही हथेली भर दी और बोले, "इस दुष्ट भारती का बेटा ही ऐसा रूपान्तरण कर सकता है–विद्याविनाश अंकल! हा-हा-हा...शाबाश...आनन्द आ गया।" ऐसे निश्छल थे विद्यानिवासजी। पिघले सोने-सा उनका गौर वर्ण और खरे सोने-सा उनका मन।

लीजिए, ये तो फिर गीली हो गयीं मेरी आँखें। नहीं, रोना नहीं है, याद करनी है कोई मज़ेदार बात और याद आ रही हैं पण्डिताइन, हमारी भाभी। सीधी-सरल घरेलू महिला। वे न किसी से हँसी-मज़ाक़ करती थीं। न किसी की हिम्मत उनसे खिलंदड़पन करने की होती थी, पर भारती थे कि जिसे भाभी मानें, उसके साथ छेड़खानी का रिश्ता न निभाएँ, यह तो हो ही नहीं सकता था। सो वे तो अपनी इन पण्डिताइन भाभी से ख़ूब ठिठोली करते रहते थे। पण्डितजी अक्सर बताया करते थे कि मैं कभी नहीं समझ पाया कि आख़िर भारती को कैसे उन्होंने सिर चढ़ा रखा था, न केवल उनका हँसी-मज़ाक पसन्द करती थीं, बल्कि संग बराबर ख़ुद हँसती-खिलती भी रहती थीं। एकमात्र भारती के साथ ही उनके ये सम्बन्ध थे। पण्डितजी ने ही मुझे एक बार की बात बताई थी कि देवर-भाभी में हँसी-ठिठोली चल रही थी तो भारती ने ऐसा कुछ कहा कि बोलीं, "बहुत जवानी चढ़ी है तुम्हारे ऊपर।" भारती तपाक से बोले, "और नहीं तो क्या! लानत है ऐसी जवानी पर जो भाभी के गाल गुलाबी न कर दे।" और बस बेलन लेकर दौड़ीं, "आओ, हम करते हैं तुम्हारे गाल गुलाबी।" भारतीजी आगे-आगे भागे और भाभी पीछे-पीछे उन्हें पिछयाती फिरें। अचानक वहीं आँगन में पड़ी जिस खटिया पर पण्डितजी बैठे थे, उसके चारों ओर देवर-भाभी की दौड़ा-दौड़ी चलने लगी कि बीच-बचाव करने को हँसते हुए पण्डितजी जो उठे कि टन्न से बेलन उनके कन्धे से टकराया और 'हाय दइया' कहकर भाभी अपराधिनी-सी वहीं ज़मीन पर धप्प से बैठ गयीं। पण्डितजी ने इस दृश्य को रस ले-लेकर हमारे बच्चों को भी सुनाया था।

ऐसे गहरे मधुर पारिवारिक सम्बन्धों को जिया था इन दोनों मित्रों ने। तभी न कुछ वर्ष पहले जब महाराष्ट्र राज्य हिन्दी साहित्य अकादमी ने उन्हें सम्मानित किया था तो अपने भाषण में बोले थे, "भारती नहीं रहे। एक आम की गुठली को बारी-बारी से मिल-बाँटकर चूसकर खाने-खिलानेवाला अब कोई नहीं रहा मेरे पास।" और कहते-कहते उनका गला भर आया था। मुझे सदा से ही अपार ममता दी थी उन्होंने। बम्बई आने पर वे अक्सर हमारे घर पर ही ठहरते थे। बच्चे बड़े कौतुक और कौतूहल से देखते कि पण्डितजी के आते ही मेरा सारा समय रसोई में ही जाता, कूटू की पूरियाँ, सिंघाड़े का हलुवा, मखाने की खीर, बादाम का पाक और सेंधा नमक व काली मिर्च डालकर भूने आलू। बच्चों को जब बताया गया कि तमाम देश-परदेश घूमे ये अंकल बड़े नामी विद्वान हैं तो संभ्रम से उनकी शिखा और धोती को देखकर वे एक-दूसरे की ओर शरारत से देखकर मुसकराते, ऐसे ही शरारती भाव से वे आपस में इन्हें विद्याविनाश अंकल कहकर पुकारने लगे थे।

इधर ऐसा हुआ था कि स्वास्थ्य कमज़ोर पड़ जाने के कारण हमारे तीन मंज़िल पर बने घर की सीढ़ियाँ चढ़ना उनके लिए कठिन हो गया था, इसलिए घर पर तो नहीं आ पाते थे, लेकिन ग्राउंड फ्लोर पर रहनेवाले भारतीजी के मित्र शशिभूषण वाजपेयी के घर बुलाकर मिल लेते थे। कभी ऐसा नहीं हुआ कि पण्डितजी बम्बई आयें और बिना मिले चले जायें। भारतीजी के जाने के बाद एक अघोषित ज़िम्मेदारी का भाव मेरे लिए उनके मन में था। पत्रों द्वारा भी निरन्तर सम्पर्क बनाये रखते थे। पण्डितजी की कैसी तो टटकी थी भाषा-शैली। किसी भी विषय पर लिखें, उनका एप्रोच वही लालित्य लिये हुए होता था। वह उनकी अपनी अलग ही पहचान थी। केवल लेखन में ही नहीं, उनकी बातों में भी कितना लालित्य था, याद करती हूँ तो सिर्फ़ रुलाई आती है, अब कोई नहीं रह गया, जो मुझसे वैसी बातें करे। ...त्योरससाल की ही तो बात है, एक दिन बातों-ही-बातों में भारतीजी को याद करके मैं काफ़ी बिलबिलाकर रो पड़ी। पहले तो प्यार से समझाते रहे, पर रोना रुक नहीं पा रहा था तो ज़रा कड़े स्वर में डाँटते हुए बोले, "अब बस एकदम चुप हो जाओ और सुनो, तुम्हें एक कथा सुनाते हैं, ध्यान से सुनो।" और उन्होंने बताया कि एक बार राधा के मन में आया कि मथुरा जाकर कान्हा को देख आयें।

सन्देशा भेज दिया। अब महाराज कृष्ण की तो सिट्टी-पिट्टी गुम। कहीं कुछ ऐसा न हो जाये कि राधा किसी बात से आहत हो जायें, यहाँ कृष्ण उन्हें मना भी तो नहीं सकेंगे, बहुत सोच-समझकर उन्होंने स्वयं रुक्मिणी को पूरा ज़िम्मा दे दिया और कहा, आप ही अपनी देखरेख में राधा के सम्मान और सुविधा का ख़याल रखियेगा, कहीं कोई कोर-कसर न रहने पाये। राधा आयीं। रुक्मिणी ने सोचा, ग्वालन हैं, दूध-दही से ही उनका स्वागत होना चाहिए, सो उन्होंने स्वयं अपनी देखरेख में दूध को ख़ूब खौलवाया और लाल-लाल सोंधा-सोंधा ख़ूब मलाईदार गरम-गरम दूध स्वयं उनको देने गयीं। राधा ने भी उनका मान रखा और एकदम तत्ता गरम दूध एक साँस में पी गईं। सारे दिन ख़ूब गहमागहमी रही। रात को राधा लौट गयीं, तब थके-माँदे कृष्ण अपने शयनकक्ष में गये। हमेशा की तरह रुक्मिणी उनके पाँव दबाने लगीं। पाँव दबाते जब वह तलवों के पास तक आयीं तो कृष्ण ने अपने पाँव खींच लिये। रुक्मिणी ने सोचा, आख़िर ऐसा मैंने क्या कर दिया कि ये यों नाराज़गी दिखा रहे हैं। पूछने पर पता चला कि नाराज़गी की बात नहीं है, बात यह है कि कृष्ण के पैरों के तलवों में छाले पड़े हैं, दबाने पर दर्द होगा। छाले कैसे पड़ गये? पूछने पर पता चला कि राधा के हृदय में इन पैरों का अहर्निश निवास रहता है, दूध इतना गरम था कि एक साँस में पीने पर राधा की छाती जलने लगी और उन तलवों पर छाले पड़

गये।...कथा सुनाकर पण्डितजी बोले, "हम क्या जानते नहीं हैं कि कितनी प्राणप्रिया रही हो तुम भारती की। तुम रोओगी तो तुम्हारे इन आँसुओं में डूबकर उसकी आत्मा कितना छटपटायेगी, इसका कुछ अन्दाज़ है तुम्हें। ख़बरदार यों रो-रोकर भारती को कष्ट पहुँचाने का कोई हक़ नहीं है तुम्हें।" फिर बड़े दुलार से सिर पर हाथ फेरकर बोले, "पगली! जानता हूँ कि गीली लकड़ी की तरह धुँधआती हुई नहीं जल रही हो। तुम दीये की बत्ती की तरह जल रही हो, जिसके उजास में भारती की कीर्ति और उजली होकर चमक रही है। भारती की स्मृति संवर्धन के जिस काम में तुमने ख़ुद को खपा दिया है, रोना-धोना छोड़कर उसी काम में लगी रहो। काम में ही अवसाद और विषाद, दोनों बिसरते हैं।"

आज उन्हें श्रद्धांजलि अर्पित करते हुए यही आश्वासन देना चाहती हूँ कि चिन्ता मत कीजिएगा, भाई साहब! मैं अब रोती नहीं हूँ, रोऊँगी नहीं! पर कोई बताये, कैसे रोकूँ इन आँसुओं को, जो पण्डितजी से अपनी अन्तिम भेंट की याद कर-करके पलकों की क़ैद छोड़कर आज़ाद होने के लिए कँपकँपा रहे हैं। कुछ ही महीने पहले अक्तूबर, 2004 की बात है, बाजपेयीजी का फ़ोन आया कि पण्डित विद्यानिवासजी आये हैं, आपसे मिलना चाह रहे हैं, तुरन्त आ जाइए। इत्तफ़ाक की बात है कि उस समय मैं अमिताभ बच्चन के घर बैठी उनका इंटरव्यू ले रही थी। अमिताभ से समय निकलवा लेना बड़ा कठिन होता है, सो मैंने बाजपेयी से कहा–थोड़ी देर उन्हें रोके रहिए, मैं आती हूँ, पर अगले दस मिनटों में छह-सात बार जब मेरा मोबाइल बजता रहा तो आख़िर अमिताभ ने पूछा कि कोई ख़ास परेशानी तो नहीं है? मेरे बताने पर अमिताभ बोले, "अरे इतने वयोवृद्ध व्यक्ति को इस तरह प्रतीक्षा मत कराइए।" मैंने कहा, "तुम फिर पकड़ में भी तो नहीं आओगे।" तो उन्होंने आश्वासन दिया कि शीघ्र ही फिर समय ज़रूर निकाल लेंगे। ख़ैर, मैं आयी वहाँ से। घर तक पहुँचने में बीस मिनट तो लग ही गये होंगे। मैंने चरण-स्पर्श किए, उन्होंने सिर पर हाथ फेरा और उठ खड़े हुए। मैं अवाक्..."लगता है, नाराज़ हो गये हैं। मेरे चेहरे पर डर देखकर हँसते हुए बोले, "सचमुच बहुत ज़रूरी काम से जाना पड़ रहा है, तुमसे मिलने को ही तो बैठे थे। तुम आ गयीं, तुम्हें देख लिया, बस मन जुड़ा गया।" मैं बाहर तक छोड़ने आयी तो गाड़ी में बैठते-बैठते बोले, "तुम हमारी गुनहगार हो। कितना कहते हैं, हमारे लिए लिखा करो, तुम सुनतीं ही नहीं। अभी सुन लो कि तुम्हें दीवाली अंक के लिए कुछ-न-कुछ भेजना ही है।" हाय! मुझे क्या मालूम था कि पण्डितजी से मेरी यह अन्तिम भेंट थी।

उनका आदेश इतना हार्दिक था कि मैं लिखने बैठी, पर बात कुछ बनी नहीं। उनके आदेश का मान रखने की ख़ातिर मैंने अपने पुराने पत्रों में से भारतीजी के दो पत्र भेज दिये। पत्र भेजने के लिए जेरॉक्स कराते समय पण्डितजी के नाम लिखा मेरा पत्र भी दुकानवाले ने जेरॉक्स कर दिया, दैवयोग से हुई उस असावधानी का ही नतीजा है कि आज उनके नाम मेरा यह अन्तिम पत्र मेरे पास मौजूद है। मैंने लिखा था–पूज्य भाई साहब,

सादर चरण-स्पर्श।

कभी-कभी ऐसा होता है न, कि बड़ी-से-बड़ी बात कोई बोल दे, पर मन कहीं से भीगता ही नहीं और कभी-कभी कोई छोटा-सा वाक्यांश, छोटा-सा लमहा मन को भीतर तक छू जाता है और रह-रहकर अपने को दोहराता रहता है। मेरे साथ अभी उस दिन ऐसा ही हुआ। आपका कहा हुआ वाक्य, 'अच्छा अब चलते हैं– तुम्हें देख लिया, मन जुड़ा गया।' मेरे पिताजी के आठ बच्चे थे। मैं ही ऐसी थी, जो पहली बार उनसे दूर इलाहाबाद यूनिवर्सिटी में पढ़ने के लिए गयी थी। उनका मन हुड़कता रहता था। छुट्टियों में जब-जब घर जाती, वे स्टेशन लेने आते और मिलते ही कलेजे से लगाकर बोलते, 'आँखें जुड़ा गयीं बेटा।' पैंतालीस-छियालीस बरस पहले जब मैं कलकत्ता में पढ़ाती थी, तब इलाहाबाद आने पर भारतीजी भी यही वाक्यांश बोलते थे और तब उनमें मुझे अपने पिताजी नज़र आते थे। उस दिन जब आपने वैसी ही बात कही तो मुझे आपमें अपने पिताजी दिखाई दिये। मैं एक बार फिर वही बेफ़िक्र बेलौस चंचल छोकरी सी ख़ुद को महसूस करती रही, बड़ा अच्छा लगता रहा–'तुम हमारी गुनहगार हो' कही आपकी बात भी उस दिन से मेरे इर्द-गिर्द चक्कर लगा रही है। आपका आदेश पालन करने के लिए लिखने बैठी भी, रूपरेखा सोच ली थी। शीर्षक तक निश्चित कर लिया–'आत्म दीपो भव', पर बस कुछ-न-कुछ ऐसा होता चला गया कि सुचित होकर लिखने बैठ ही नहीं पायी, जो लिख सकी, वह ख़ुद को ही अच्छा नहीं लगा और फाड़ दिया।

दिमाग़ में यह भी घूम रहा है कि आपने दीवाली अंक के लिए रचना देने को कहाँ है तो जल्दी ही भेजना होगा। सोचते-सोचते एक बात दिमाग़ में आयी। कई बार मित्रों ने कहा है कि भारतीजी के अनेक ख़त जो तुम्हारे पास हैं, वे केवल तुम्हारी थाती ही नहीं है, साहित्य की निधि भी हैं, उन्हें छपाया जाना चाहिए, पर ख़तों को पढ़ना आपको तब अच्छा लगेगा, जब ये ख़त उस दौर की गवाही देंगे, जब भारतीजी के मन में 'कनुप्रिया' उमड़ती-घुमड़ती रहती थी। कालजयी कृतियों के लेखकों के भीतरी मन को, उस समय की उनकी भावभूमि को समझना-जानना

कितना रोमांचकारी अनुभव होता है, परदेशों में तो इस तरह का साहित्य ख़ूब मिलता है। हमारे यहाँ इस तरह की चीज़ों को सहेजने या Share करने की प्रवृत्ति है ही नहीं, भारतीजी के अन्दरूनी मन की उस रचना-प्रक्रिया को समझने के लिए, जिसके तहत उन्होंने 'कनुप्रिया' जैसी अद्‌भुत कृति की रचना की थी, ये खत बड़े साधक होंगे। आपको यदि ठीक लगे तो दोनों या कोई एक अपने दीवाली अंक में छापियेगा।

आपने गोक्षुरादि गुग्गुल गोलियाँ लीं? बहुत अच्छी दवा है। आपके पाँवों की सूजन देखकर चिन्ता हुई थी, ये गोलियाँ लेंगे तो आपको अच्छा लगेगा। भाभी को प्रणाम। अपने स्वास्थ्य का ख़याल रखिए।

सादर आपकी

पुष्पा!

'साहित्य अमृत' में यदि उनके कुछ पत्र सुरक्षित होंगे तो यह पत्र ज़रूर वहाँ पड़ा होगा, क्योंकि पत्र पाने पर उन्होंने फ़ोन करके कहा था, "तुम्हारा पत्र मिल गया। ख़त इतना अच्छा लगा है कि फाड़ा नहीं है, सुरक्षित रख लिया है। श्यामसुन्दरजी को भी पढ़ाया है। उनका भी यही कहना है कि तुम्हें 'साहित्य अमृत' के लिए लिखना चाहिए।"

मेरे जैसी एक निहायत मामूली नाचीज़ को लिखने के लिए इस तरह प्रेरित करना, इसरार करना, आदेश देना, यह उनकी कितनी बड़ी उदारता थी। कितना बड़ा अशीर्वाद था मेरे सिर पर। महज़ इसलिए न कि भारतीजी से नेह-छोह ऐसा था उनका कि भारती के जाने के बाद मेरे प्रति वह अपनी कोई अप्रत्यक्ष ज़िम्मेदारी जैसी अनुभव करते थे। दूर बैठे-ही-बैठे कैसे तो सहेज लिया था भाई साहब ने मुझे! कभी डाँटकर, कभी प्यार से समझाते रहते थे। अपने को अकेला क्यों महसूस करती हो, इस कदर तो भारतीमय हो चुकी हो कि हर समय भारती तुम्हारे साथ है। कैसे कहूँ आपसे भाई साहब, कि केवल भारतीजी ही नहीं, मुझे तो आप जैसे भाई के आशीर्वाद की छाँह भी चाहिए ही। अब कैसे जिऊँ मैं? आपकी डाँट भी चाहिए, आपका दुलार भी चाहिए। वरना...

कवि पण्डित प्रदीप

(6 फ़रवरी 1915 - 11 दिसम्बर 1998)

मिला रही है आज हिन्द की

मिट्टी नज़र सितारों से

एक बात कहनी है लेकिन

आज देश के प्यारों से

जनता से, नेताओं से, फ़ौजों

की खड़ी कतारों से

कहनी है एक बात हमें इस

देश के पहरेदारों से।

सँभल के रहना अपने घर में

छिपे हुए गद्दारों से

आती है आवाज़ यही मन्दिर

देशप्रेमी कवि पण्डित प्रदीप

याद आ रही है मुझे बीस-इक्कीस बरस पहले की बात है। जब महाराष्ट्र राज्य हिन्दी साहित्य अकादमी का पुनर्गठन हुआ था। श्री शशिभूषण बाजपेयी की अध्यक्षता में मुझे पुरस्कार समिति के संयोजन का दायित्व दिया गया था। मैंने जब पूर्व में दिये गये पुरस्कारों की सूची देखी तो बड़ा आश्चर्य हुआ कि महाराष्ट्र की अकादमी ने अभी तक महाराष्ट्र में रहकर आधी सदी से भी ज़्यादा समय से हिन्दी की सेवा करने वाले पं. प्रदीप को कोई पुरस्कार नहीं दिया है। फिर जब 96-97 के छत्रपति शिवाजी पुरस्कार के लिए मैंने पं. प्रदीप का नाम प्रस्तावित किया तो पूरी कार्यकारिणी ने निर्विरोध एकमत से स्वीकृति दे दी। पर उस समय यह भी पता चला कि साहित्य जगत छोड़कर फ़िल्मी दुनिया में आ जाने के कारण प्रदीप जी साहित्यिक पुरस्कार लेने में संकोच करते हैं। तो मुझी को यह दायित्व दिया गया कि उनकी स्वीकृति ले लूँ।

मैं विलेपार्ले स्थित उनके घर गयी। कुछ अस्वस्थ से चल रहे थे इसलिए अपने कमरे में पलंग पर गावतकिये का सहारा लिये उठँगे बैठकर बातें करने लगे मुझ से। भारती जी की, 'धर्मयुग' और साहित्य जगत की बातें करते रहे। बीच में जब भी मैं अकादमी के पुरस्कार की बात छेड़ूँ कि टाल जायें और कुछ दूसरी बात छेड़ दें। ऐसे ही पुरस्कार की बात टालने के लिए एक बार बोले–"अरे हाँ मुझे याद आया अभी कुछ महीनों पहले ही मैंने तुम्हारी लिखी–शुभागता पढ़ी। वाह-वाह क्या बात है, तुम्हारी भाषाशैली में बड़ा सम्मोहन है।" और कुछ कहें मैंने उसके पहले ही कहा–"प्रशंसा नहीं मुझे तो आशीर्वाद दीजिए। बीस बरस छोटी हूँ आपसे।" तो एकदम बच्चों की तरह ठुनककर बोले, अरे प्रशंसा ही नहीं मैं तो तुमसे बहुत ईर्ष्या भी करता हूँ।" हे भगवान! ऐसा क्यों कह रहे हैं आप?" कहकर मैंने अपने हाथों से अपने दोनों कान बन्द कर लिये। तो ख़ूब ज़ोर से हँसकर बोले–"अरे पूरी बात तो

सुनो भई, देखो राष्ट्रपति के हाथों से पुरस्कार मिले तो अच्छा लगता है न! मुझे भी अच्छा लगा था जब 1961 में संगीत नाटक अकादमी वाला पुरस्कार मुझे राष्ट्रपति राजेन्द्र प्रसाद जी ने दिया था। बीस बरस छोटी हो पर 1954 में ही तुम अपनी यूनिवर्सिटी में उनके हाथों से पुरस्कार ले चुक थीं–तो फिर क्यों न जलन हो मुझे!" मैं अवाक् कि उन्हें कैसे मालूम यह बात? पूछ ही बैठी तो बोले–"अरे भई, साहित्य जगत् से मैंने ख़ुद स्वयं को निष्कासित भले ही कर लिया हो, पर पूरी तरह दूर कभी कर नहीं पाया। धर्मवीर भारती के लिखे साहित्य को बड़े चाव से पढ़ता रहा हूँ। उनका 'धर्मयुग' तो प्रति सप्ताह नियमित रूप से पढ़ता हूँ। अपने अनुज की सहधर्मिणी के बारे में जानने का हक़ है मुझे भई!"

बस मैंने फटाक से 'हक़' शब्द को लपक लिया और कहा–"भाई साहब यह 'हक़' नाम की चीज़ कभी एकतरफ़ा नहीं होती। मुझे भी हक है कि अपनी बात आपसे मनवा लूँ। आप इतनी देर से दुनिया भर की बातें कर रहे हैं और मेरी बात को सिर्फ टालते जा रहे हैं। अब आप पहले महाराष्ट्र राज्य हिन्दी साहित्य अकादमी द्वारा दिये जाने वाले पुरस्कार को स्वीकार कर लीजिए। तभी मैं आपसे आपकी मनचाही ख़ूब सारी बातें करूँगी। साहित्य जगत् की ऐसी-ऐसी बातें बताऊँगी कि आपको किसी किताब या किसी पत्रिका में भी नहीं मिलेंगी।" तो अपनी बड़ी-बड़ी आँखों में और भी चमक भरकर मन्द-मन्द मुस्कुरा कर मेरे सिर पर एक चपत लगा कर बोले–"ठीक है ज़िद्दन! तेरी ज़िद पूरी हो गयी समझ।"

बस मुझे तो मन माँगी मुराद मिल गयी। फिर अकादमी ने 20 जून, 1998 को पद्मविभूषण डॉ. उषा मेहता की अध्यक्षता में बहुत समारोह किया था। बस दु:ख की बात यही रही कि अस्वस्थ होने के कारण वे स्वयं शामिल नहीं हो सके थे और उसी वर्ष दिसम्बर में उनका पार्थिव शरीर पंचतत्त्व में विलीन हो गया–

प्रदीप जी का जन्म तो मध्य प्रदेश के बड़नगर में हुआ था लेकिन उनकी वास्तविक शिक्षा दीक्षा इलाहाबाद और लखनऊ में हुई थी। महादेवी, पन्त और निराला की बृहत्-त्रयी वाला इलाहाबाद तब साहित्य का केन्द्र था। यहीं से प्रदीप जी को भी साहित्यिक संस्कार मिले थे। उन दिनों इलाहाबाद में अखिल भारतीय कवि-सम्मेलन और मुशायरे ख़ूब होते थे। उसके अलावा समस्यापूर्ति और बेतबाज़ी भी बहुत प्रचलित थीं। समस्या पूर्ति के लिए प्रतियोगियों को केवल एक पंक्ति दी जाती थी। उसी के आधार पर कोई दोहा, शेर या कविता लिखनी होती थी। केवल दस मिनट का समय दिया जाता था। स्कूली जीवन से ही प्रदीप जी इसमें ख़ूब माग लेते थे और बड़े-से-बड़े कवि देखते ही रह जाते थे और बहुत ही मधुर कण्ठवाला यह

बालक जीत जाता था। तब इस बालक का नाम हुआ करता था–रामचन्द्र नारायण जी द्विवेदी। वे सातवीं में पढ़ते थे तब–और फिर महज़ छह वर्ष इलाहबाद में और रहे। पर उन दिनों के सभी छोटे-बड़े साहित्यकारों और साहित्य प्रेमी जनता के हृदय में उनका एक विशिष्ट स्थान बन गया था।

इलाहाबाद से जब वे बी.ए. की पढ़ाई करने लखनऊ गये तो वहाँ भी उनकी शोहरत पहले ही पहुँच चुकी थी तब तक वह 'प्रदीप' नाम से पत्र-पत्रिकाओं में ख़ूब छपते रहते थे। कवि सम्मेलनों में भी 'प्रदीप' नाम ख़ूब जाना-पहचाना था। उन्हीं दिनों हिन्दी की एक प्रसिद्ध पत्रिका 'माधुरी' में निराला जी ने उन पर एक लेख लिखा था। शीर्षक था–'नवीन कवि प्रदीप' पहली ही पंक्ति थी, "आज जितने कवियों का प्रकाश हिन्दी में फैला हुआ है उनमें 'प्रदीप' का नाम अत्यन्त उज्ज्वल और स्निग्ध है। हिन्दी के हृदय से प्रदीप की दीपक रागिनी कोयल और पपीहे के स्वर को भी परास्त कर चुकी है। इधर तीन-चार साल से अनेक कवि सम्मेलन प्रदीप की रचना और रागिनी से उद्‌भासित हो चुके हैं।" किसी भी युवक के लिए महाकवि की ऐसी प्रशंसा से बढ़कर और कोई पुरस्कार हो ही नहीं सकता था। उसी दिन उन्होंने मन में अहंकार लाये बिना, निश्चय कर लिया था–जीवन-यापन के लिए अध्यापक बनूँगा और कविताई केवल शौक़िया नहीं अपितु गम्भीरता के साथ लिखकर देश और भाषा की सेवा करूँगा। सचमुच उन दिनों उन्होंने बहुत श्रेष्ठ काव्य की रचना की।

किन्तु विधि का विधान तो कुछ और ही था। एक गुजरती पत्रिका के सम्पादक और प्रसिद्ध चित्रकार श्री रविशंकर रावल के साथ वह बम्बई पहुँच गये। उनके साथ ही ठहरे थे। रावल जी अपनी मित्र मण्डली को प्रदीप के गीत बड़े चाव से सुनवाते थे। वहाँ से चार्चा होते होते उनकी प्रशंसा उस ज़माने के फ़िल्मी मुग़ल हिमांशु राय के कानों तक पहुँच गयी। बॉम्बे टाकीज़ से उनके पास निमन्त्रण गया। पहली ही मुलाक़ात में हिमांशु राय इतने प्रभावित हुए कि उस समय बनने वाली एक फ़िल्म की एक सिचुएशन बता कर कहा कि इसके लिए दो दिन में गीत लिखकर दिखायें। समस्या पूर्तियों के बेमूल्क बादशाह को भला दो दिन की क्या ज़रूरत होती। उन्होंने तभी वहीं आधे घण्टे के भीतर एक गीत लिखकर दे दिया। वाह-वाह कर उठे हिमांशु राय और बोले आज से ही मैं आपको अनुबंधित कर लेना चाहता हूँ। वेतन की बात चली तो प्रदीप जी बोले–"अनुबन्धित कर लेने के बाद अगर मैं फेल हो गया तो आपको लगेगा आपका पैसा डूब गया, और अगर मैं सफल हो गया तो मैं समझूँगा आपने मुझे कम वेतन देकर ढ़ग लिया। इसीलिए मैं नहीं–वेतन

का निर्णय आप स्वयं कीजिए।" ज़ोर से हँस पड़े हिमांशु राय। बोले, "अच्छा अगर मैं दो सौ रुपये महीने की दर से आपको पाँच महीने के प्रौबेशन पर रख लूँ—तो आपको स्वीकार है?"

उस ज़माने में अध्यापक को तो मुश्किल से सौ रुपये भी नहीं मिलते थे। प्रदीप जी ने सोचा, महीने की ही तो बात है—चलो प्रयोग करके देखें। और वे अनुबन्धित हो गये।

वह 1939 का ज़माना था, तब हिमांशु राय 'कंगन' नामक फ़िल्म बना रहे थे। उस समय के सबसे बड़े कलाकार अशोक कुमार और लीला चिटनिस उसमें काम कर रहे थे। 'कंगन' के लिए प्रदीप जी ने चार गीत लिखे। पहला गीत आरती था, "मैं तो आरती उतारूँ राधेश्याम की रे, मुक्तिधाम की रे" और इसे फ़िल्म में प्रदीप जी ने अन्य साथियों के साथ अपने स्वर में गाया था। दूसरा गीत अशोक कुमार ने गाया—"राधा राधा प्यारी राधा, राधा प्रेम अगाधा" और बाकी दोनों गीत लीला चिटनिस ने गाये थे—"सूनी पड़ी रे सितार मीरा के जीवन की, सूनी पड़ी रे सितार" और "हवा तुम धीरे बहो, मेरे आते होंगे चित चोर" कहने की ज़रूरत नहीं कि चारों गीत हिट हुए थे। देखते-देखते हज़ारों लोगों की ज़बान पर चढ़ गये थे ये गीत। और फिर तो 1940 में जब बॉम्बे टाकीज़ की 'बन्धन' नामक फ़िल्म का गीत "चल चल रे नौजवान, कहना मेरा मान, चल चल रे नौजवान" तो आँधी की तरह यहाँ से वहाँ उड़ता हुआ सारे भारत में घनघोर रूप से प्रसिद्ध हो गया था। उस समय इन्द्रिरा गांधी छोटी थीं और उन्होंने बालकों की वानर सेना बनायी हुई थी। उसमें यह गीत प्रतिदिन प्रभात फेरी की तरह गाया जाता था। पंजाब की यूथ लीग ने तो उसे अपना मार्चिंग सौंग ही बना लिया था। उन दिनों देश में सन् बयालीस का आन्दोलन ज़ोर पकड़ने लगा था। तब एक फ़िल्म बन रही थी 'किस्मत'। उसमें भी प्रदीप जी को रोमांटिक गाने लिखने थे। पर हृदय में देशसेवा की लगन बचपन से थी तो उनका मन तड़पता रहता था। कि काश मैं भी अपने देश की सेवा करता और कुछ नहीं तो अपनी क़ायम से ही देशसेवा कर लेता।

पुरज़ोर थी कि फ़िल्म रिवाइंड करके गाना फिर से सुनाया गया। ज़रा सोचकर देखिए हमारे स्वतन्त्रता आन्दोलन को कुचल डालने पर आमादा अंग्रेज़ों की हुकूमत के बरक्स खड़े इस दीवाने गीतकार में बलिदान और उत्सर्ग की भावना कितनी सशक्त रही होगी कि सिनेमा जैसे सशक्त माध्यम के द्वारा उसने अपनी आवाज़ यों उठायी होगी। निश्चित ही सिर पर कफ़न बाँधकर गीत लिखा होगा पं. प्रदीप ने। देश के लिए कुछ कर गुज़रने की कैसी आतुरता रही होगी, उनके दिलोदिमाग़ में।

स्वाभाविक था सरकार ने सेंसर बोर्ड को तलब किया। मित्रों ने प्रदीपजी को भूमिगत हो जाने की सलाह दी, पर प्रदीप तो पहले से ही सचेत थे। उन्होंने बोर्ड के सामने अपनी बात रखते हुए कहा कि यह गीत तो सरकार के हित में जाता है। हमारे देश पर भूतकाल में भी अनेक आक्रमण हो चुके हैं और हमने हर बार दुश्मन को ललकारा है। इसीलिए तो मैंने 'फिर' शब्द का प्रयोग किया है–'हमने फिर ललकारा है।' इस समय हमारे देश में अंग्रेज़ सरकार है और उससे ईर्ष्या करने वाली शक्तियाँ जब-तब सिर उठाती रहती हैं, मैंने साफ़ लिखा है, 'तुम न किसी के आगे झुकना, जर्मन हो या जापानी' यानी कि हमारी सरकार को जर्मनी और जापान के सामने झुकना नहीं है। प्रदीपजी का यह तर्क काम कर गया और गीत धड़ल्ले से सारे देश में बजता रहा। समझने वाले असली अर्थ समझते रहे और सरकार कुछ नहीं कर सकी।

इस बात पर मुझे याद आ रहे हैं दुष्यन्त कुमार। सन् 1975 में इमरजेंसी लगा दी गयी थी। जयप्रकाश नारायण का आन्दोलन कुचला जा रहा था। तब दुष्यन्त कुमार ने लिखा था–

"एक गुड़िया की कई कठपुतलियों में जान है, आज शायर यह तमाशा देखकर हैरान है। एक बूढ़ा आदमी है मुल्क में, या यों कहें–इस अँधेरी कोठरी में एक रोशनदान है।"

इंदिरा गांधी सरकार की ओर से तलब किया गया दुष्यन्त को और पूछा गया, 'एक बूढ़ा आदमी' से आप किसकी ओर इशारा कर रहे हैं। उन्होंने भी हाजिर जवाब होकर कहा, 'ज़ाहिर है भई। मैंने विनोबा भावे की ओर इशारा किया है। आख़िर उन्होंने ही तो रोशनी दिखाई है, यह कहकर कि आपात्काल को हमें अनुशासन पर्व के रूप में स्वीकार करना चाहिए।' आख़िर इस पर क्या आपत्ति करते प्रश्नकर्ता? समझने वाले समझते रहे कि असल मंतव्य तो जयप्रकाश ही थे। न प्रदीप जेल की सलाखों के पीछे गये, न दुष्यन्त। अपरंपार होती है, ऐसे कविजनों की महिमा।

उन्नत ललाट। सुतवाँ नाक, दिपदिप दमकती आँखें, दुबले, लम्बे, परम सौम्य और सुदर्शन व्यक्तित्व वाले प्रदीपजी की लेखनी फ़िल्मों में ऐसी चली कि निर्बाध गति से चलती ही रही। पचास वर्ष! पचहत्तर फ़िल्में और पाँच सौ भी अधिक गीत। इस...।

थे। तड़प इतनी तीव्र थी कि उन्हीं दिनों उन्होंने एक गीत लिखा और जब ख़ुद पढ़ा तो तमन्ना जाग गयी, काश यह गीत इस फ़िल्म में आ जाए और सारे हिन्दुस्तान की ज़ुबान बन जाये, पर प्रॉड्यूसर, डायरेक्टर तथा अन्य सम्बन्धित लोगों में से किसी की हिम्मत नहीं हो रही थी, क्योंकि ज़माना अंग्रेज़ सरकार

का था और उन दिनों अंग्रेज़ आन्दोलन को ख़त्म करने के लिए दमन की कार्रवाई ज़ोर-शोर से करने लगे थे और गीत था–"आज हिमालय की चोटी से फिर हमने ललकारा है, दूर हटो ऐ दुनियावालो हिन्दुस्तान हमारा है।" भला किसकी हिम्मत होती इस गीत को शामिल करने की? तो प्रदीपजी स्वयं फ़िल्म की पटकथा लेकर बैठे और उन्होंने कहानी में एक उपयुक्त स्थल चुन लिया, जहाँ गीत विवादास्पद न लगे। एहतियात के लिए गीत में दो लाइनें और जोड़ दीं–

शुरू हुआ है जंग तुम्हारा, जाग उठो हिन्दुस्तानी
तुम न किसी के आगे झुकना, जर्मन हो या जापानी
और यही पंक्तियाँ उनके काम आयीं।

जब फ़िल्म आयी तो पहले ही दिन दर्शकों ने गीत सुनते ही तालियों से सारा वातावरण गुँजा दिया और वंस मोर वंसमोर की आवाज़ें लगाने लगे। फरमाइश इतनी...

इस सरस्वती पुत्र की बाँह लक्ष्मी मैया ने भी थाम ली। ख़ूब धन और यश कमाया। पर किसने जाना होगा कि निराला जी का आशीर्वाद पाने के बाद देशसेवा के लिये अपनी क़लम समर्पित कर बड़ा कवि बनने के स्वप्न देखने वाला वह युवक जीवन के आख़िरी पहर तक भीतर-ही-भीतर एक घुटन भी महसूस करता रहा था।

उस दिन ख़ुद मुझ से बोले थे–"व्यर्थ मेरी प्रशंसा कर रही हो–अरे मैं कहाँ का कवि, मैं तो एक तुक्कड़ मात्र हूँ, बनी बनायी धुन के लिये दर्ज़ीगीरी करके कपड़ा सिल देता हूँ–बढ़ईगीरी कर रहा हूँ और तुम बेकार की तारीफ़ कर रही हो।" तो मैंने कहा, "आपने अपने मित्र पी.डी. टण्डन को जो पत्र लिखा था। वह उन्होंने मुझे दिखाया था।" तो चौक कर बोले "अरे तुम पी.डी., को जानती हो? किस ख़त की बात कर रही हो?" मैने बताया, "वहीं जिसमें आपने उन्हें कस्तूरी मृग बताया था–आप कहते हैं मैं झूठी प्रशंसा कर रही हूँ–इस समय मैं भी कस्तूरी की तो महक महसूस कर रही हूँ श्रीमान् कस्तूरी मृग महोदय!" तुरन्त समझ गये और आँखों में फिर वही चमक भरकर बोले–"हाँ भइया साहब श्री नारायण चतुर्वेदी जी ने भी मुझे एक पत्र में लिखा था–और उठ कर गये, एक फ़ाइल निकाल कर मुझे दिखाई–भइया साहब ने लिखा था–"साहित्य की क्षति तो तुमने की लेकिन जनता को जो सुरुचिपूर्ण और प्रेरणादायी गीत तुमने दिये, वैसा और कोई नहीं कर सका। इसका मुझे सन्तोष है।" पत्र पढ़कर मैंने कहा, हाँ भाई, सचमुच 'न भूतो न भविष्यति गीत' लिखे हैं आपने! तो ताड़ से बोले–पागल लड़की। 'सुनों' मेरी एक कविता–

कभी-कभी ख़ुद से बात करो, कभी-कभी ख़ुद से बोलो
अपनी नज़र में तुम क्या हो–ये मन की तराज़ू पर तोलो
कभी कभी ख़ुद से बात करो।
हरदम तुम बैठे न रहा। शोहरत की इमारत में
कभी-कभी ख़ुद को पेश करो आत्मा की अदालत में।
केवल अपनी कीर्ति न देखो, कमियों को भी टटोलो।
कभी कभी ख़ुद से बात करो
कभी कभी ख़ुद से बोलो।

भले ही मन -ही-मन कैसी भी घुटन महसूस करते हों पर प्रदीप जी जब क़लम लेकर बैठते थे तो पूजा भावना से ही लिखते थे। भाषा ऐसी सरल और जानदार कि सीधे मन में प्रवेश कर जाय–*इस मिट्टी से तिलक करो यह धरती है बलिदान की* कितनी सरल और कितनी बड़ी बात। राष्ट्रपिता बापू पर सैकड़ों कविताएँ लिखी गयी हैं लेकिन भला कोई पासंग भी बैठ सकेगी। *साबरमती के सन्त तूने कर दिया कमाल, दे दी हमें आज़ादी बिना खड्ग बिना ढाल* कौन भुला सकेगा भला इन अमर गीतों को!

ऐ मेरे वतन के लोगों ज़रा आँख में भर लो पानी, जो शहीद हुए हैं उनकी ज़रा याद करो कुर्बानी! प्रदीपजी का लिखा यह गीत जब दिल्ली के नेशनल स्टेडियम में लता मंगेश्कर ने गाया था तो पण्डित जवाहरलाल नेहरू मंच पर ही रो पड़े थे। यह बात तो आज तक सब याद करते हैं पर यह बात कम लोग जानते हैं कि जब साहित्य जगत छोड़कर प्रदीप जी ने फ़िल्मी दुनिया में क़दम रखे थे तो मारे ग्लानि के सोचा था कि यह भइया लक्ष्मी के आकर्षण ने मुझसे यह कराया है। मैं कसम खाता हूँ कि अब बिना पैसा लिये एक लाइन भी नहीं लिखूँगा। पर यह गीत उन्होंने मुफ़्त में दिया था, यही नहीं रिकॉर्ड बनाने वाली कम्पनी से यह करार भी करा लिया था कि असंख्यों में बिकने वाले इस रिकॉर्ड की रायल्टी देश के रक्षा विभाग के सैनिक कल्याण कोष में जमा कर दी जाय। उन्हें जीवन भर यह अफ़सोस रहा कि रिकार्ड कम्पनी ने अपना वायदा पूरा नहीं किया–सारा रुपया हजम कर लिया। पर धन्यवाद है उसके परिवार को कि लम्बी क़ानूनी लड़ाई लड़कर आख़िर उन्होंने पूरा दस लाख रुपया सैनिक कल्याण कोष में जमा कराया। ज़रूर प्रदीप जी की आत्मा को सन्तोष मिला होगा।

एक ओर इलाहाबाद का ठेठ साहित्यिक माहौल और दूसरी ओर महानगर बम्बई की मायानगरी बॉलीवुड! क्या कहने यहाँ के महौल के। यहाँ की चाल-ढाल,

कपड़े, हेयर स्टाइल आदि तमाम फ़ैशन की परम्पराएँ यहीं से सारे हिन्दुस्तान में फैलती रहती हैं। पर एक पण्डित प्रदीप ऐसे थे जिन्होंने रामचन्द्र द्विवेदी को कभी बदलने नहीं दिया। छात्र जीवन में 'समस्या पूर्ति' के मंच पर वे सफ़ेद कमीज़ और सफ़ेद धोती पहनते थे। युवा होने पर कवि सम्मेलनों के बड़े-बड़े समाराहों में भी वैसी ही कमीज़ और धोती। महानगरी की चकाचक दुनिया के बाशिन्दे बनकर भी वही, वैसी ही वेशभूषा, कभी ज़्यादा औपचारिकता निभानी हो तो धोती और कमीज़ के ऊपर एक सादा सूती-सफ़ेद कोट पहन लेते थे बस! बल्कि इलाहाबाद लखनऊ में थे, तब तो वे अपने सिर के बाल गर्दन तक लम्बे रखते थे–यहाँ आकर वह शौक़ भी छोड़ दिया और बाहरी रंग-ढंग ही नहीं अन्दरूनी रूप से भी उन्होंने स्वयं में कोई बदलाव नहीं आने दिया। न धज बदली, न मन बदला। यहाँ तो जिस देखों वह दूसरे के कन्धों की सीढ़ी का उपयोग अपने स्वार्थ के लिए करता–साथ चलते साथी को टंगड़ी मारकर गिरा देने में भी नहीं हिचकता–यह सब उन्हें कभी आया ही नहीं। स्वदेश प्रेम, स्वदेशी संस्कृति, स्वदेशी रहन-सहन और स्वदेशी विचार व स्वप्न उन्होंने कभी छोड़े ही नहीं। सचमुच कबीर की झीनीं बीनी चदरिया उन्होंने ज्यों की त्यों घर रखी थी!

मिलनसार इतने कि कभी किसी पर अपनी विशिष्टता का बोझ नहीं डाला, घुल मिल कर बातें करना, बीच-बीच में हास-पारिहास करना–ऐसे मिलना जैसे बरसों का नाता हो। पर उन्हीं के लिए कुछ लोग यह भी कहते कि, बाह रे प्रदीप तो बेहद अक्खड़ और घमण्ड़ी हैं अपने आगे किसी को कुछ समझते ही नहीं–हाँ वे ऐसे भी थे–पर उनके लिए जो उन्हें उनके सिद्धान्तों से डिगाना चाहते थे, उन्हें रुपयों की चकाचौंध दिखाकर पथभ्रष्ट करना चाहते थे–भारतेन्दु की लिखी पंक्ति–*निज भाषा उन्नति और सब उन्नति कौ मूल* यही उनका जीवन मंत्र था। यही उनकी क़लम का श्रृंगार था। किसी भी क़ीमत पर उन्होंने कभी भद्दे और चलताऊ गीत नहीं लिखे। अपनी भाषा और विचारों के साथ उन्होंने कभी कोई समझौता या व्यापार नहीं किया। लोग अक्खड़ और घमण्डी कहें तो कहते रहें–उन्हें परवाह नहीं थी। जिस ज़माने में शोले फ़िल्म ने सारे रिकॉर्ड तोड़ दिये थे–बहुत नाम और पैसा कमाया था–उन्हीं दिनों चुपचाप आयी थी प्रदीप जी की 'जय सन्तोषी माँ'। उसने शोले के रिकॉर्ड तोड़ दिये। कई सिनेमाघारों में कई साल तक इसमें शोज़ चलते रहे थे। बस फिर क्या था भेड़ चाल वाली फ़िल्मी दुनिया में धार्मिक फ़िल्मों का निर्माण होने लगा–तब यह बात मशहूर थी कि प्रदीप के लिखे गीत फ़िल्म के ख़ूब चलने की गारंटी होते हैं–तमाम प्रॉड्यूसर गीतों की फ़रमाइश लेकर आने लगे–प्रदीप जी की याददाश्त तो ग़ज़ब की थी ही वह उन्हें उन्हीं की फ़िल्मों के भद्दे गीत सुनाकर कहते–यही सब

आपके वश की बात है। यही बनाइए–मेरे पास ऐसे गीत कहाँ? ज़ाहिर है, उनके जैसे लोगों के लिए प्रदीप जी घमण्डी और अक्खड़ कहलाने लगे।

बहुत स्वाभिमानी, सिद्धान्तों के पक्के, शिष्ट और विनम्र तथा परम् मिलनसार प्रदीप जी को हमारे साहित्य मनीषियों और साहित्य के इतिहासकारों ने उपेक्षित किया है यह बात भी एक कड़ुवा सच है। ग़ुलाम भारत से लेकर आज़ादी मिलने के बाद तक भारत की जितनी सेवा प्रदीप जी ने अपने सिनेमाई गीतों के द्वारा की थी, उतनी प्रभावशाली भूमिका और किसी साहित्यकार ने उस तरह नहीं निभाई कि देश के बच्चे के मन में स्वदेश प्रेम बिना किसी...कोशिश में ही जाग जाये।

हमारी पीढ़ी के लोग राम-राम, जयराम जी की, प्रणाम, नमस्ते, नमस्कार या फिर आदाब अर्ज़-सलाम वाले कुछ जैसे शब्दों से एक-दूसरे को सम्बोधित करते थे–कई लोगों ने जयहिन्द सम्बोधन को भी ख़ूब प्रेम से अपनाया था, पर आज की हमारी युवा पीढ़ी के बीच हाय और हलो सम्बोधनों के साथ रिश्तों में भी कैसा अजीब परिवर्तन हो गया है। कोई 'भारत माता' भी होती है, यह बात तो उनकी सोच से बहुत परे की बात है। यों तो बात छोटी-सी और बेमानी लगती है, पर यह पक्की बात है हमें नयी आने वाली पीढ़ियों में अपनी संस्कृति, अपने देश और अपनी भाषा के प्रति प्रेम के संस्कार फिर जगाने हैं। ऐसा नहीं है कि शिक्षा विभाग आँखें मूँदे है, नहीं, जब देखिए तब पाठ्यक्रम बदल रहे हैं पुस्तकों की रूप रेखा बनायी जा रही हैं। एक बार तो यह आवाज़ भी उठी थी कि साहित्य पढ़ाते समय अब सूर, तुलसी, कबीर को कब तक दोहराते रहेंगे अब नये कवियों और लेखकों का शुमार करना चाहिए–बात ग़लत नहीं है, नये लोगों पर भी ध्यान दिया जाना होगा, लेकिन पुराने साहित्य और साहित्यकारों की अहमियत को भी नहीं नकारा जा सकता–साथ ही पं. प्रदीप जैसे कवियों पर ध्यान देना भी आवश्यक है। बच्चों का जिस उम्र में व्यक्तित्व बनना शुरू होता है, चरित्र निर्माण होने लगता है। उसी उम्र से यानी कम-से-कम कक्षा पाँच से लेकर कक्षा दसवीं तथा बारहवीं तक के पाठ्यक्रम में तो प्रदीप जी को ज़रूर शामिल किया जाना चाहिए। देश के हर वर्ग हर जाति के लोगों को प्रदीप ने ख़ूब प्रभावित किया था। एकदम सरल और सीधी भाषा में गहरी-से-गहरी बात जिस तरह हृदय तक पहुँचा देते थे प्रदीप जी कि बेमिसाल प्रभाव होता था। कैसी आसानी से कह दिया प्रदीप जी ने–

मन्दिर में हैं भगवान, वो मसजिद में ख़ुदा है,
किसने कहा हिन्दू से मुसलमान जुदा है।
बोलों हर हर महादेव, अल्ला हो अकबर।

प्रदीप जी चले गये हैं पर उनके गीत अभी बाक़ी हैं–

मिला रही है आज हिन्द की मिट्टी नज़र सितारों से
एक बात कहनी है लेकिन आज देश के प्यारों से
जनता से, नेताओं से, फ़ौजों की खड़ी कतारों से
कहनी है एक बात हमें इस देश के पहरेदारों से।
सँभल के रहना अपने घर में छिपे हुए गद्दारों से
आती है आवाज़ यही मन्दिर मसजिद गुरुद्वारों से
सँभल के रहना अपने घर में छिपे हुए गद्दारों से।

हमें अपनी पाठ्यपुस्तकों के माध्यम से प्रदीप जी के गीतों और बातों का सही ढंग से इस्तेमाल करके देश की नींव को दरकने से रोकना बहुत ज़रूरी है। करना बेमानी हो जायेगी अल्लाया इक़बाल की बात कि–"यूनानो मिस्र रोमो सब मिट गये जहाँ से, लेकिन अभी है बाकी नामोनिशाँ हमारा

कुछ बात है कि हस्ती मिटती नहीं हमारी, सदियों रहा है दुश्मन दौरे जहाँ हमारा"

बिन्दा करन्दीकर

(23 अगस्त 1918 - 14 मार्च 2010)

ूढ़, गमक-गात
मत्स्यावतार,
चट्टानों से टकराती,
सीमाएँ खोजती, कलेजा
मसोस डालनेवाली कसक
जैसी, पर, कसक से भी
अधिक कुछ मछली,
अमावस्या की अँधेरी रात
के मन में कौंधती चन्द्रकोर
जैसी, उसकी मींड़, उर्वशी
की भौंहों जैसी पर, भौंहों से
भी अधिक कुछ।

बिन्दा करन्दीकर

नक्षत्रों को देखती एक मछली

सुगठित देहयष्टि, लम्बा क़द, गेहुँआ रंग, उन्नत ललाट, सतत विद्रोह की मुद्रा अपनाये हुए केशराशि और सबसे महत्त्वपूर्ण उनकी आँखें। मुझे नहीं मालूम कि हमेशा से ये एक जोड़ी आँखें ऐसी ही थीं या अब उम्र के प्रभाव में ऐसी हो गयी हैं। अब इन आँखों में एक चौकन्नापन है–कुछ अधिक ही विस्फारित रहती हैं। ऋषियों-मुनियों वाले तेज़ से प्रदीप्त रहता है उनका चेहरा और उस चेहरे में दिपदिप करती बेधक आँखें किसी को भी प्रभावित करने की सामर्थ्य रखती हैं। यद्यपि बाहरी रहन-सहन, वेश-भूषा और चाल-ढाल बेहद सादा, बेहद आडम्बरहीन है। हमेशा सफ़ेद रंग के सादे मामूली से कपड़े का उठंगा पायजामा और आधी बाँह का जेब लगा बनियाननुमा कुरता पहने, हाथ में कपड़े का एक झोला लटकाए आपको यहाँ से वहाँ खरामा-खरामा जाते दिखेंगे। कभी-कभी सोचती हूँ, ये इतने महान साहित्यकार न बने होते और वही एक ग़रीब ब्राह्मण किसान के बेटे होते और बमुश्किल प्राइमरी कक्षा तक पढ़ पाये होते, आजीवन खेती-बारी करके किसी तरह अपनी गिरस्ती की गाड़ी खींच रहे होते तो भी तो ठीक ऐसी ही चाल-ढाल, ठीक ऐसी ही वेश-भूषा वाले होते न!

लीजिए मैंने यह तो बताया ही नहीं कि मैं किसकी बात कर रही हूँ। मैं बात कर रही हूँ मराठी भाषा के वर्तमान साहित्यकारों में सबसे मेधावी, सबसे प्रखर, सबसे महत्त्वपूर्ण कवि, निबन्धकार, चिन्तक, समीक्षक, अनुवादक और बाल-साहित्य के प्रणेता बिन्दा करन्दीकर की। माँ सरस्वती ने कृपा करके उन्हें जितने शीर्ष स्थान पर पहुँचाया, वहाँ ऐसा नहीं है कि लक्ष्मी मैया फटकी ही नहीं। वे भी आयीं और ख़ासी सज-धज के साथ आयीं। लाखों रुपये तो उन्हें पुरस्कारों के रूप में मिल चुके हैं। बिन्दा का कहना है कि अपने और अपने परिवार की आवश्यकताओं की पूर्ति के लिए हम पति-पत्नी ने मिलकर परिश्रम से अर्जित किया और वृद्धावस्था की विभिन्न आवश्यकताओं के लिए बचत भी कर ली है, तो यह जो अतिरिक्त धन मिलता है,

यह तो जनता का पैसा है। इसलिए इसे उनके लिए ही ख़र्च किया जाना चाहिए, जो ज़रूरतमन्द हैं। आदिवासियों के लिए, वेश्याओं के बालकों के पालन-पोषण के लिए, अन्धाधुन्ध बढ़ती आबादी की रोक-थाम जैसे राष्ट्रीय प्रश्नों के हल के लिए बिन्दा ने पुरस्कार से प्राप्त धन दान कर दिया। एक बार जब नासिक में उन्हें एक लाख की पुरस्कार राशि से सम्मानित किया गया तो मराठवाड़ा के भूकम्प पीड़ितों की सहायतार्थ वह सारी राशि उन्होंने तुरन्त दे दी थी। साहित्य को समाज की सेवा का पर्याय बना लेने का कैसा सुन्दर स्वरूप है यह।

बिन्दाजी का मूल नाम गोविन्द विनायक करन्दीकर है, जिसे वे गद्य लेखन और सामान्य जीवन के कार्यकलापों के लिए प्रयोग में लाते हैं। कविता वे बिन्दा करन्दीकर के नाम से ही करते हैं। महाराष्ट्र के कोंकण क्षेत्र में सिन्धु दुर्ग ज़िले के एक छोटे से गाँव धालवल में 23 अगस्त, 1918 को एक ग़रीब किसान के घर में जन्मे बिन्दा एक दिन अन्तरराष्ट्रीय ख्याति प्राप्त कर लेंगे, इसकी किसी को कल्पना भी नहीं थी, किन्तु दूसरों से कुछ अलग होने का संस्कार तो पिता से बीज रूप में मिल ही गया था। पिता बेहद ग़रीब थे, खेतों में ख़ुद हल चलाकर जो पैसा कमाते, वह गिरस्ती चलाने और पत्नी तथा बच्चों का पेट भरने के लिए कभी पर्याप्त न होता, घर में पैसों की किल्लत हमेशा बनी रहती, पर वे पढ़े-लिखे किसान अपने अन्य गाँववालों से बहुत अलग क़िस्म के थे। वीर सावरकर से प्रभावित होकर वे सुधारवादी बन गए थे। अपने गाँव में सामाजिक कुरीतियों को दूर करने की निरन्तर कोशिश करते, कहीं कोई बीमार हुआ कि तुरन्त पहुँच जाते, तीमारदारी करते, दवा का प्रबन्ध करते। बढ़ईगीरी का भी शौक़ था, ज़रूरत की चीज़ें मुफ़्त में ही बना देते। गाँव में उनके बड़े किस्से भी मशहूर थे कि कैसे वे शेर से भिड़ गये थे या किस तरह बाढ़ में हहराती नदी में कूदकर गाँव की एक औरत की जान बचा लाए थे। लोग उनसे डरते भी थे और उन्हें प्यार भी बहुत करते थे। उनकी दलितों के प्रति बहुत सहानुभूति थी, जिस कारण उन्हें जाति बाहर भी कुछ समय के लिए कर दिया गया था, पर उन्होंने अपनी लीक कभी नहीं छोड़ी। स्वाभाविक था कि यह सब बिन्दा को भी संस्कार रूप में प्राप्त हुआ होगा। बिन्दा ने अपने बचपन में दो चीज़ें भरपूर देखीं और भोगी थीं। एक तो अपने प्यारे गाँव की धरती का अछोर प्राकृतिक सौन्दर्य और दूसरा उसके बिल्कुल विपरीत-गाँव की बेइन्तिहा ग़रीबी, अन्धविश्वास और धार्मिक ढोंग। बिन्दा कहते हैं, तब मेरा मार्क्स को जानने का सवाल ही नहीं था, पर अपने गाँव को देखकर, जानकर बचपन से ही मेरे मन में जो विचार उठा करते थे, उन्हें याद करता हूँ तो पाता हूँ—अरे यही तो मार्क्सवाद है।

बिन्दा बचपन में बड़े खिलन्दड़े स्वभाव के थे। दिनभर पेड़ों पर चढ़कर उछल-कूद करना, दूर-दूर तक गाय-भैंस चराने जाना, छोटे-छोटे टीलों पर भाग-भागकर

चढ़ना-उतरना, ताल-तलैयों में कंकड़ फेंक-फेंककर लहरें उछालना, कभी-कभी खेतों पर भी काम करना, पर ज़्यादातर हमउम्र दोस्तों के साथ मौज़-मस्ती करना। ग़रीबी के दिन जैसे बीते हैं, वैसे ही दिन मज़े में बीत रहे थे कि एक दिन खेल-खेल में झगड़ा होने पर किसी साथी ने उन्हें चिढ़ाया कि तेरी एक माँ तो जेल में बन्द है। आहत मन बिन्दा रोते-रोते अपनी माँ के पास गये और हक़ीक़त पूछी, तो पता चला, हाँ बात सच है। पिता की पहली पत्नी के कोई सन्तान नहीं थी तो बच्चा पाने की लालसा में देवी को बलि चढ़ाने के लिए उसने पड़ोस के एक बच्चे को कुएँ में फेंक दिया था। ज़ुर्म साबित होने पर उसे कालेपानी की सज़ा देकर अण्डमान भेज दिया गया। संयोग से कुआँ सूखा था। उधर से गुज़रते एक चरवाहे ने बच्चे के रोने-चिल्लाने की आवाज़ सुनी, कुएँ में झाँककर देखा और बड़ी बहादुरी से उस बच्चे को निकाल लाया। भले ही उसकी जान बच गयी, पर माँ तो अपराधिनी थी ही, सुनकर बिन्दा के बालमन पर जो धक्का लगा, उससे वे बहुत वर्षों तक उबर नहीं पाये और गुमसुम रहने लगे। शायद कुरीतियों, अंधविश्वास और अज्ञान के ख़िलाफ़ आवाज़ उठाने का बीज तभी उनके अन्तर्मन में पड़ गया होगा, जो आगे चलकर बड़ी विस्फोटक कविताओं की शक्ल में सामने आया।

बच्चे की पढ़ने में रुचि थी, इसलिए पिता ने उन्हें एक दूर के रिश्तेदार के पास कोर्ले गाँव भेज दिया। वहाँ से एक पारिवारिक मित्र विठोबा रानाडे उन्हें कोल्हापुर ले गये। कोल्हापुर में विठोबा रसोइया का काम करते थे। उन्होंने एक वृद्ध अध्यापक साठे मास्टर के घर में बिन्दा को सिर पर छत दिला दी और खाने का प्रबन्ध हफ़्ते के सात दिनों के लिए सात अलग-अलग घरों में करा दिया। बिन्दा का कहना है कि इस तरह शिक्षायापन से विद्यार्जन करने में कभी कोई शर्म या संकोच नहीं रहा। उस समय के ब्राह्मण परिवारों के बालकों का इस प्रकार विद्या ग्रहण करना एक सामान्य बात थी।

साठे मास्टर के स्कूल में सन् 1932 में बिन्दा का नाम लिखा गया। उस स्कूल में संस्कृत के अध्यापक मराठी के कवि श्री नागेश थे। नागेशजी स्कूल की पत्रिका के सम्पादक भी थे। इस महान कवि बिन्दा करन्दीकर की पहली कविता प्रकाशित करने का श्रेय स्कूल की इसी पत्रिका को है। कविता लिखने की चाहत को हवा दी थी, इसी स्कूल में पढ़ने वाले उनके एक मित्र आर.डी. देवधर ने। देवधर स्वयं बड़ी अच्छी कविता लिखते थे और सावरकर के भक्त थे। उनके पास कई लोगों की अच्छी-अच्छी कविताओं की कतरनें थीं। बिन्दा को याद है कुसुमाग्रज की कविता उन्होंने पहली बार इन्हीं कतरनों में पढ़ी थी। स्कूल जीवन के इस सहपाठी के बाद कविता के संस्कारों को धार दी कॉलेज जीवन के मित्र मुरलीधर गोपाल देशपांडे ने। मुरलीधर को सब मित्र राजा के नाम से पुकारते थे। राजा ने बिन्दा का परिचय अंग्रेज़ी

साहित्य से कराया। उन्होंने ही बिन्दा को चेखव, दॉस्तोवस्की, टॉलस्टॉय आदि की पुस्तकें पढ़ने को दीं। ख़ूब-ख़ूब पढ़ते हुए इन मित्रों को एक बात में बड़ा मज़ा आने लगा कि हम लोग खोज-खोजकर इतना बढ़िया-बढ़िया पढ़ेंगे कि हमारे अध्यापकों ने भी इतना न पढ़ा होगा।

किन्तु बिन्दा के अध्यापकों में से एक ऐसे थे, जिन्हें याद करके आज भी बिन्दा अभिभूत हो उठते हैं। गद्गद स्वर में बताते नहीं अघाते कि उनके गुरु माधव जुलियन कितने विलक्षण प्रतिभावान व्यक्ति थे। कोल्हापुर के राजाराम कॉलेज में वे फ़ारसी के प्राध्यापक थे, किन्तु प्रथम तथा द्वितीय वर्ष के छात्रों को वे अंग्रेज़ी भी पढ़ाते थे। फ़ारसी और अंग्रेज़ी भाषा के गम्भीर ज्ञाता होने के साथ-साथ वे मराठी भाषा के भी पारंगत विद्वान थे।

जुलियन अध्यापन कला में भी अद्वितीय थे। बहुत अच्छा पढ़ाते थे। बिन्दा कहते हैं, उन्होंने हमें थामस हार्डी की 'रिटर्न ऑफ़ द नेटिव' पढ़ाई थी, उसका स्वाद आज तक मन पर बसा है। चूँकि जुलियन स्वयं रोमानी कवि थे, इसलिए जब गोल्डेन ट्रेजरी (भाग 4) में अन्य कवियों के साथ उन्होंने वड्र्सवर्थ, कीट्स, शैली और बायरन को पढ़ाया, तब तो वे कविताएँ जैसे सजीव हो उठीं। बिन्दा के भावुक मन पर उन कविताओं का नशा सा छा गया। रचनात्मक प्रतिभा और पाण्डित्य दोनों के मिले-जुले मुजस्सम रूप थे जुलियन। उन्होंने बिन्दा पर तो जैसे वशीकरण मन्त्र ही फूँक दिया था। उन्होंने बिन्दा को प्रेरित किया कि तुम्हें अपनी प्रतिभा का विकास करना है और अन्य देशों तथा भाषाओं से भी ज्ञान अर्जन करना है और उस ज्ञान का उपयोग अपनी मातृभाषा के साहित्य का विकास और संवर्धन के लिए करना है। स्वयं जुलियन ने फ़ारसी और अंग्रेज़ी का गहन अध्ययन किया था, किन्तु सृजनात्मक साहित्य वे मराठी में ही लिखते थे।

जुलियन की प्रेरणा से बिन्दा ने कॉलेज जीवन के दौरान ही ख़ूब लिखना शुरू कर दिया था, पर स्वयं विंदा का कहना है कि उन कविताओं में कोई विशेष मौलिकता नहीं थी। उस दौर के अपने लेखन को बिन्दा बहुत महत्त्व नहीं देते। थोड़ा-सा और सामान्य कोटि का लिखकर स्वयं को महत्त्वपूर्ण समझ लेने वाले लोगों के बारे में बिन्दा ने एक विरूपिका भी लिखी है–

जवानी में उसने एक बार समुद्र में पेशाब किया।
और अपना शेष जीवन उसके परिणामस्वरूप
समुद्र की ऊँचाई कितनी बढ़ गयी
यह नापने में ख़र्च किया

(अनु. चन्द्रकान्त बांदिवडेकर)

मराठी भाषा के प्रति पूरी निष्ठा और प्रेम होने के बावजूद बिन्दा ने अंग्रेज़ी भाषा का अध्ययन विशेष रूप से किया। बिन्दा के कन्धों पर बहनों और भाइयों का भार था और वे जल्द-से-जल्द अच्छी नौकरी पा जाना चाहते थे। यही सोचकर उन्होंने अंग्रेज़ी में डिग्री प्राप्त करने का निश्चय किया। सन् 1939 में बी.ए. की परीक्षा दी, विश्वास था कि अपने कॉलेज में प्रथम स्थान लाकर उत्तीर्ण होंगे और उन्हें ट्यूटर बना लिया जायेगा। डॉ. बालकृष्ण प्रिंसिपल का उन पर विशेष कृपा भाव भी था पर होनी को कुछ और ही मंज़ूर था। परीक्षा-परिणाम आने के पहले ही निजाम के अतितायी शासन के ख़िलाफ़ प्रसिद्ध भागनगर आन्दोलन में हिस्सा लेने के सिलसिले में वे गिरफ़्तार कर लिये गये। ग्यारह महीने की बामशक्कत सज़ा हुई। जिस लड़के को द्वितीय स्थान मिला था, उसे ट्यूटर बना दिया गया, किन्तु माधव जुलियन की सिफ़ारिश पर मनमाड के एक स्कूल में उन्हें पैंतालीस रुपये महीने की तनख़्वाह पर नौकरी मिल गयी, किन्तु जब डॉ. बालकृष्ण ने वायदा किया कि जैसे ही कहीं स्थान रिक्त होगा, वे उन्हें बुला लेंगे, इसलिए मनमाड के बजाय वे बम्बई के ओरिएंट हाई स्कूल में चले आये, क्योंकि इस स्कूल वालों को यह शर्त मंज़ूर थी कि जैसे ही डॉ। बालकृष्ण का बुलावा मिलेगा, यह नौकरी छोड़ी जा सकेगी। सब कुछ ठीक बैठ गया था, लेकिन भाग्य में अभी जटिल संघर्ष करना बदा था। एम.ए. की परीक्षा की तैयारियों में लगे थे, पर सारी मेहनत बेकार गयी, क्योंकि साइकिल दुर्घटना में अपना दाहिना हाथ ही बुरी तरह तोड़ बैठे। मिरज अस्पताल में बड़ा ऑपरेशन करना पड़ा।

कुछ समय बाद बिन्दा की नौकरी ताज गाँव में लगी। वहाँ उनका परिचय एक बड़े विलक्षण व्यक्ति से हुआ—ये थे गोरे मास्टर। बिन्दा का कहना है कि मैं तो उनके चरणों में बैठने लायक भी नहीं हूँ। गोरे मास्टर ने बिन्दा का दिमाग़ कई दिशाओं में खोला। उन्हीं के कहने से बिन्दा ने विनोबा भावे और महात्मा गांधी का साहित्य पढ़ा। गोरे मास्टर ने सस्ता साहित्य मंडल की दो पुस्तकें बिन्दा को पढ़ने को दीं। एक थी महापण्डित राहुल सांकृत्यायन की वोल्गा से गंगा। राहुलजी का दृष्टिकोण चूँकि साम्यवादी था, इसलिए भी बिन्दा ने बड़ी लगन से इस पुस्तक को पढ़ा और वैदिक युग आधुनिककाल तक भारतीय सभ्यता की पूरी पृष्ठभूमि और इतिहास को जाना। अपने जीवन में पढ़ी महत्त्वपूर्ण पुस्तकों में एक इसे मानते हैं बिन्दा। दूसरी जो किताब गोरे मास्टर ने दी थी, वह थी 'रोटी का सवाल'। इसका मूल लेखक रूस का एक फायर ब्रांड क्रान्तिकारी लेखक था—प्रिंस क्रोपॉटकिन। क्रोपॉटकिन को अराजकतावादी भी कह सकते हैं। वह मार्क्स का प्रशंसक तो था, किन्तु उसके अड़ियलपन के ख़िलाफ़ था। उसका कहना था कि मानव की मुक्ति के लिए केवल

मार्क्स पर्याप्त नहीं है। उसने यह किताब जितने तीखे और तार्किक विश्लेषण के साथ लिखी थी कि इसे भी बिन्दा आज तक नहीं भूले हैं।

गोरे मास्टर से मिलने के काफ़ी पहले बिन्दा जब भागनगर (हैदराबाद) की जेल में थे तो वहाँ उत्तर प्रदेश और पंजाब के कई सत्याग्रही भी साथ में क़ैदी थे। उनमें एक पं. मुक्तिराम थे, जिन्होंने बिन्दा को स्वामी दयानन्द की सत्यार्थ प्रकाश पढ़ने को दी थी। वे एक गुरुकुल के अध्यक्ष थे। उनसे बिन्दा ने वेदों और उपनिषदों के बारे में भी विस्तार से जाना था। इसी जेल प्रवास के दौराना बिन्दा आर्यसमाज के प्रति आकृष्ट हुए थे और हिन्दी भी सीखी थी। अब गोरे मास्टर ने कई दिशाओं से कई तरह के ज्ञान-विज्ञान की हवा आने देने के लिए बिन्दा के दिल और दिमाग़ की खिड़कियाँ खोल दी थीं। व्यक्तित्व में सादगी भी इतना घर कर चुकी थी कि गोरे मास्टर की प्रेरणा से बिन्दा ख़ुद चर्खा चलाकर जो सूत तैयार करते थे, केवल उसी के कपड़े पहनते थे। यही वे दिन थे, जब बिन्दा को संगीत का शौक़ भी जागा। तबला सीखा, स्वर-साधना भी की। बिन्दा कहते हैं बचपन में भी जब कभी किसी कारण से मन उदास होता था तो कुछ गुनगुना लेने से राहत मिल जाती थी। अब तो संगीत का ऐसा नशा चढ़ा कि घण्टों तबला बजाया करते, पर धीरे-धीरे साहित्य प्रमुख हो गया और संगीत गौण, लेकिन सुनने का शौक़ निरन्तर बना रहा। बाद में जब बम्बई में बस गये थे तो कॉलेज में पढ़ाने के बाद भी अगर कहीं अच्छा संगीत सम्मेलन होता तो डोंबीवली से मीलों लम्बा सफ़र तय करके शहर में संगीत सुनने पहुँच जाते थे। कभी-कभी तो ऐसा भी होता कि देर तक सुनते रह जाते और आख़िरी लोकल गाड़ी भी छूट जाती तो वहीं प्लेटफ़ॉर्म पर सो रहते और सुबह उठकर वहीं से कॉलेज पढ़ाने चले जाते।

बिन्दा को एक संगीत महफ़िल का दृश्य अच्छी तरह याद है, जब रविशंकर सितार बजा रहे थे और अल्ला रक्खा तबले पर संगत कर रहे थे। आज का मशहूर तबला वादक जाकिर हुसैन तब बहुत छोटा बच्चा था, पर वह वहीं अपने पिता के पास बैठा बड़े मनोयोगपूर्वक अपनी नन्ही-नन्ही उँगलियों की पोरों पर बराबर ताल की गिनती करता चल रहा था। संगीत का अजब समा बँधा था। सुरों में डूबते-उतराते बिन्दा को रविशंकर के सितार के तुम्बे पर उकेरा हुआ मछली का चित्र दिखाई दिया और उनके मन में एक कविता ने जन्म लिया। बिन्दा ने महसूस किया–उनके चारों ओर संगीत का समुद्र अछोर फैला हुआ है। यह मछली स्वयं रविशंकर हैं। इस मछली के रूप में रविशंकर यहाँ से वहाँ दौड़-दौड़कर समुद्र की थाह ले रहे हैं, सीमाएँ नाप रहे हैं और लहरों में डूबते-उतराते सारी सीमाएँ टूट गयी हैं। इस हद को पारकर संगीत पृथ्वी से आकाश तक अछोर फैलता चला जाता है और अनन्त रूपों में ब्रह्मानन्द

देने लगता है। बड़ी सशक्त भाषा और कसी हुई शैली में बिन्दा ने कविता के माध्यम से यह स्वर चित्र लिखा है–

मछली : एक स्वर चित्र
मछली जैसी, पर मछली से भी अधिक कुछ।
उसका वह आँसूभरा डबडब ओंकार नेत्र
नीचे से पानी की पर्त के पार
सौर मण्डल के नक्षत्रों को देखती हुई,
सुगंध से गमकते चंपक वृक्षों की सघन छाँह
से आवेष्टित गहरे जल में तैरती हुई,
महाप्रवाह के सुनहरे झंझावात में
से गुज़रकर, सम में समाने वाली,
पर सम से भी अधिक कुछ!
मछली, चंचल तरंगों की लय में किलोल करती
गूढ़, गमक-गात मत्स्यावतार,
चट्टानों से टकराती, सीमाएँ खोजती,
कलेजा मसोस डालनेवाली कसक जैसी,
पर, कसक से भी अधिक कुछ
मछली, अमावस्या की अँधेरी रात के मन में
कौंधती चन्द्रकोर जैसी,
उसकी मींड़, उर्वशी की भौंहों जैसी
पर, भौंहों से भी अधिक कुछ।
गाफ़िल इन्द्रियों को मोहित कर,
अनजान प्रदेश में ले जाने वाली, लय लचीली मींड़,
मींड़ आवेग में निर्वस्त्र, भग्न भोगी
वक्ष को सहलाती साड़ी की किनार जैसी
पर, किनार से भी अधिक कुछ।
मछली, खरज के सुरों के बीच तैरती, खरज से
भी अधिक कुछ
समुद्र जैसी अछोर, ओंकार तत्त्व के निकट
विकल्पविहीन, प्रलयानुगामी
असीम, संख्यातीत, अनन्त

पर, अनन्त से भी अधिक कुछ।
मछली, रविशंकर की,
पर, शंकर से भी अधिक कुछ।
मछली जैसी
पर, मछली से भी अधिक कुछ।
उसका वह आँसूभरा डबडब ओंकार नेत्र।

संगीत और साहित्य दोनों में रुचि तो बहुतों को होती है, लेकिन दोनों कलाओं को गहरे में डूबकर समझनेवाले कम होते हैं और संगीत को साहित्य के माध्यम से व्यक्त करने वाले तो बहुत ही कम होते हैं। बिन्दा कहते हैं–जिस तरह हर राग-रागिनी की अपनी निजी विशिष्ट प्रकृति होती है, एक अलग चरित्र होता है, उसी तरह हर ताल का भी अपना विशिष्ट स्वभाव और चरित्र होता है। स्वर और ताल का सौन्दर्य तो अमूर्त होता है, पर उसका आनन्द लेते हुए बिन्दा के मन में जो बिम्ब उभरते हैं, उन्हें वे कविता का रूप दे देते हैं। ऐसी कविताओं को उन्होंने 'स्वर चित्र' और 'ताल चित्र' नाम दिया है। बड़ी विलक्षण हैं ये कविताएँ। उनकी एक पुस्तक का तो नाम ही ध्रुपद है। रविशंकर के संगीत के अलावा कुमार गन्धर्व की बन्दिश पर भी बड़ा अच्छा स्वर चित्र है। ताल चित्र तो अनेक हैं–जैसे दीपचन्दी, झूमरा, रूपक, दादरा, आड़ा चौताल, आदिताल। झपताल पर तो जो कविता है, वह तो इतनी कोमल प्रेम कविता है कि पाठक को अनोखी प्रेमानुभूति से भर देती है।

निराली बातें करना और सोचना बिन्दा की फितरत ही है। सन् 1981 में बिन्दा ने घोषणा की कि अब मैं लिखना बन्द कर रहा हूँ, क्योंकि उनका यह मानना है कि यदि लेखक के पास कुछ नया कहने को नहीं होता तो वह स्वयं को दोहराने लगता है। ऐसा करना स्वयं अपने को व अपने पाठक को ठगना होता है। ऐसी बेईमानी करना उन्हें मंज़ूर नहीं, लेकिन साथ-ही-साथ यह भी कहा कि न लिखने का निश्चय करके मैं अपने लेखन का अधिकार त्याग नहीं रहा हूँ। जब मेरे पास कहने के लिए कोई नयी बात होगी और मेरा कवि मन उसे अभिव्यक्ति देने के लिए विवश होगा तो मैं अपनी उस अन्त: प्रेरणा और आन्तरिक ऊर्जा की रक्षा करूँगा यानी कि तभी कुछ लिखूँगा, जब मेरे पास कुछ नया कहने को होगा। पिछले बीस वर्षों के लेखन से इस बनवास के दौरान उन्होंने 'निर्वाणी चे गज़ल' शीर्षक से नौ कविताएँ लिखी हैं। कुछ अभंग भी लिखे हैं। उनकी इन नयी कविताओं को पाठकों ने ललककर ग्रहण किया है।

किन्तु अब अपना अधिकतर समय बिन्दा संगीत के बीच ही गुजारते हैं। बच्चों जैसी सरलता और उत्साह से सैकड़ों कैसेटों का अपना संग्रह दिखाते हैं। जब जैसा

मूड हुआ, उसके अनुसार संगीत सुना और परम आनन्द ले लिया। भीमसेन जोशी और कुमार गन्धर्व से तो आत्मीय मित्रता भी रही है, उनके प्रशंसक तो हैं ही, पर ओंकारनाथ ठाकुर, अमीर ख़ाँ और बड़े ग़ुलामअली ख़ाँ के तो जैसे भक्त ही हैं। किशोरी अमोनकर और पण्डित जसराज को भी बड़े प्रेम से सुनते हैं। केवल शास्त्रीय संगीत ही नहीं, उन्हें सुगम संगीत भी कभी-कभी सुनना अच्छा लगता है। मेंहदी हसन और ग़ुलाम अली की ग़ज़ल गायकी उन्हें बड़ी पसन्द है। बेगम अख़्तर और निर्मला अरुण के भी रसिया हैं।

कभी आप फ़ोन पर पूछें या मिलें और कहें, "कैसे हैं?" तो हमेशा एक ही उत्तर मिलेगा, "आनन्द है।" इस आनन्द है वाक्यांश का उच्चारण ही वह जिस विभोर भाव से करते हैं, वह बता देता है कि वह उसी अतीन्द्रिय आनन्द की गहरी अनुभूति में डूबे रहते होंगे, जिसमें सूर, तुलसी, कबीर, मीरा, रैदास जैसे लोग मगन मन डूबते-उतराते रहते थे। कविता की बुलन्द ऊँचाइयों को छू लेने के बाद अब वे नाद ब्रह्म से सुखानुभूति प्राप्त कर रहे हैं। शायद इसी दशा को पूर्णकाम की स्थिति कहते होंगे।

ख़ैर यह तो बहुत बाद की बात है, अभी तो मैं आपको बता रही थी बिन्दा के यौवन के दिनों की बात, जब एक ओर आजीविका अर्जन का संकट चालू था, दूसरी ओर कविताएँ लिखने का शौक़ जाग उठा था, तीसरी ओर दुर्घटना में टूटे दाहिने हाथ के कारण एम.ए. की परीक्षा नहीं दे पा रहे थे, चौथी ओर संगीत का नशा मन में समा गया था और लीजिए ऐसे में हो गया प्रेम। अपनी माँ के मायके की एक दूर की रिश्तेदार कुमारी येसू गोखले से। उस ज़माने में रजिस्टर्ड शादी की और घनघोर विरोध सहन किया। दलितों के प्रति सहानुभूति के कारण पिता को सामाजिक बहिष्कार झेलना पड़ा था, अब यह शादी बहाना बन गयी, पर इन सब बातों से न कभी पिता विचलित हुए थे, न बिन्दा, पर भाग्य की मार का क्या कहा जाए। थोड़े ही समय बाद प्रिय पत्नी की मृत्यु हो गयी। बिन्दा एकदम टूट गए। शान्ति की खोज में ही गांधी की ओर दौड़े थे, खूब चरखा चलाया था, राजनीतिक आन्दोलनों में भाग लिया था, रात-दिन संगीत में डूबे थे।

कुछ समय बाद वरिष्ठ मराठी कवि साधुदास से उनका परिचय हुआ। साधुदास ने बिन्दा की रुचि 'ज्ञानेश्वरी' में जगायी। ज्ञानेश्वर के 'अमृतानुभव' ने बिन्दा को बहुत झकझोरा। शायद यहीं बीज पड़ गया था बिन्दा की तीस-चालीस बरस बाद रची कविताओं का, जिनमें उन्होंने बड़े अनोखे ढंग से मध्यकालीन दुरूह और अतिसूक्ष्म आध्यात्मिक कविताओं का आधुनिकीकरण किया था। वे कविताएँ मराठी की बहुत बड़ी उपलब्धि मानी जाती हैं। ख़ैर, ये कविताएँ तो काफ़ी बाद में रची गयी, लेकिन उन दिनों यानी सन् 1943 में वे एक ओर 'ज्ञानेश्वरी' पढ़ रहे थे और दूसरी ओर

उनका ध्यान मार्क्स की ओर गया। इधर-उनका ध्यान उनके मित्र राजा करन्दीकर ने दिलाया। राजा ने बिन्दा को साम्यवाद पर उपलब्ध प्राय: सारा महत्त्वपूर्ण साहित्य पढ़ने को दिया। कम्युनिस्ट मैनीफैस्टो और मार्क्स का कैपीटल आदि तो सभी पढ़ते हैं। राजा ने उन्हें 'एंटी ड्यूरिंग' जैसी पुस्तक भी पढ़ने को दी, जो कम ही लोगों ने पढ़ी होगी। उसके बाद तो बिन्दा ने मार्क्सवाद का गहन अध्ययन किया, जहाँ से जो भी पुस्तक उपलब्ध कर पाते, पढ़ डालते। इस अध्ययन के बाद उनके बौद्धिक जीवन में ज्वार आ गया। बचपन में सावरकर से प्रभावित अपने पिता के प्रभाव से सामाजिक, आर्थिक और राजनीतिक विसंगतियों के प्रति बिन्दा सजग हो चुके थे। अब मार्क्स को पढ़ने के बाद तो उनके दिमाग़ में बहुत ही उथल-पुथल होने लगी और वे जीवन भर के लिए मार्क्सवादी हो गये, पर उस तरह के मार्क्सवादी नहीं, जैसे अक्सर साहित्य जगत् में देखने को मिलते हैं, जो केवल फ़ैशन के लिए तत्कालीन हवा में बहने के लिए या ख़ुद को बौद्धिक दिखाने के लिए बिना किसी गहरे अध्ययन या प्रतिबद्धता के ही स्वयं को मार्क्सवादी घोषित कर देते हैं।

बिन्दा के स्वयं की सोच को मार्क्सवाद ने और भी पुख्ता ज़मीन दी और बिन्दा की कविताओं पर मार्क्स का स्पष्ट प्रभाव दिखाई देने लगा, किन्तु उनकी समीक्षकीय प्रतिभा मार्क्स से आक्रांत नहीं रही, शायद इसलिए कि बिन्दा ने बर्ट्रेंड रसल और फ्रायड का भी खूब अध्ययन किया था। इसीलिए वे मार्क्सवाद के अड़ियलपने से बचे रहे। ज्ञान की निरन्तर प्यास के ही कारण सौन्दर्यशास्त्र, दर्शनशास्त्र और आधुनिक विज्ञान में भी बिन्दा की खूब पैठ थी, लेकिन मार्क्स ने बिन्दा के बचपन में अपने गाँव की ग़रीबी और धर्मांधता देखकर मन में पड़े सामाजिक न्याय के बीज को ख़ूब घने पौधे के रूप में विकसित कर दिया। बिन्दा की अपनी मौलिक सोच विकसित हुई। उनकी 'स्वेद गंगा' मार्क्स दर्शन और भारतीय प्रतीकात्मक दर्शन के मिले-जुले निचोड़ का सशक्त उदाहरण है। उनकी 'कीर्तन' नामक रचना तत्कालीन समाज की त्रासदी और परस्पर विरोधी स्थितियों को ज़ोरदार ढंग से व्यक्त करती है। बिन्दा ने केवल कथ्य में ही नहीं, अपनी शैली में बहुत मौलिक प्रयोग किये। उनकी 'रक्त समाधि' कविता तो उनके द्वारा रचित मुक्त छन्द की बिल्कुल अलग ही बौद्धिक तेवर की कविता है। जब हृदय और बुद्धि की गंगा-जमुना का एकदम सही-सही मेल हो जाता है तो कैसा अद्‌भुत संगम जन्म लेता है, इसे वही जान सकते हैं, जिन्होंने प्रयाग में वह स्थान देखा है, जहाँ गंगा और जमुना की श्वेत-श्याम धाराएँ एक साथ मिलती हैं। कैसी अनोखी नीलाभा होती है वहाँ। कैसी सुमधुर कलकल ध्वनि होती है उन तरंगों में और जब सम्मिलन की उस जगह पर दिन में सूर्य और रात में चन्द्रमा की किरणें अपना जादू बिखेरती हैं तो उस झिलमिल दृश्य को शब्द व्यक्त नहीं कर सकते। उसी तरह

बिन्दा की इस कविता में शरीर का जितना मांसल चित्रण है, उसे लिखने और पढ़ने दोनों के लिए ही एक ख़ास तरह का साहस होना चाहिए। मुक्त छन्द की इस कविता के भीतर समायी एक सुनिश्चित लय में गूँथकर जब वह नितान्त ऐन्द्रिक अनुभव व्यक्त होता है तो पाठक चकित रह जाता है, लेकिन जब धीरे-धीरे कविता आपको इन्द्रिय सुख में से निकालकर अतीन्द्रिय आनन्द की अनुभूति तक ले जाती है तो आप दंग रह जाते हैं कि यह मार्क्सवादी या फ्रायडवादी कवि है या अद्वैतवादी कोई ऋषि-मुनि।

सन् 1945 में वह सुयोग आया, जब वे गिरगाँव बम्बई में अपनी बहन के घर रहने आये। वहाँ अपने बहनोई की सलाह पर अंग्रेज़ी विभाग से एक लिपिक माँगा गया, जिसे बोलकर बिन्दा ने अपनी एम.ए. की परीक्षा दी। बिन्दा का विषय एंटायर अंग्रेज़ी था, जिसमें एक परचे में तो पुरातन अंग्रेज़ी के हिज्जों का प्रयोग होता है, उन्हें समझना बेचारे लिपिक के वश की बात थी ही नहीं। उसके अतिरिक्त भी सामान्य अंग्रेज़ी लिखने में भी हिज्जों की ग़लती सारा गुड़गोबर कर देती है। फिर भी सिवाय इस प्रयोग के कोई दूसरा रास्ता था ही नहीं। दाहिना हाथ वर्षों तक इस योग्य नहीं हो सका था कि उससे लिखा जा सके। अन्ततः सन् 1946 में बिन्दा ने अंग्रेज़ी में एम.ए. की डिग्री प्राप्त कर ही ली। इस दौरान आजीविका के लिए राशनिंग अफ़सर की नौकरी भी की। वहाँ द.न. गवानकर, अयर शेख और अन्ना भाऊ साठे जैसे कम्युनिस्ट दोस्त बने। उनके साथ बम्बई की झुग्गी-झोंपड़ियों की ग़रीबी और घोर कष्टों को बहुत नज़दीक से देखा और जाना। परित्राण के लिए मार्क्स के बताये रास्ते में से ही उपाय सोचते रहते। यही दिमाग़ी जद्दोजहद साहित्य लेखन के लिए ज़मीन को पुख़्ता करती रही।

एम.ए. करने के बाद डॉ. नन्दीमठ के बुलाने पर कर्नाटक में बागलकोट के बसेश्वर कॉलेज में प्रध्यापक नियुक्त हुए। वहाँ उनके विभागाध्यक्ष थे डॉ. श्रीनिवास आयंगर। उनके आदेश से बिन्दा ने 'सोशल वैलफेयर' नामक जर्नल में कई लेख लिखे, कविताएँ भी छपवायीं। यह सब कर तो रहे थे, पर धीरे-धीरे उनकी धारणा पक्की होती जा रही थी कि दूसरी भाषा में लिखना केवल शगल हो सकता है, वास्तविक सृजन तो केवल अपनी मातृभाषा में ही किया जा सकता है।

बिन्दा की ज़िन्दगी की गाड़ी को सही पटरी मिल गयी थी। सन् 1947 में उन्होंने विवाह किया। जिनसे विवाह किया, वे ज्योत्सना साने नामक एक विधवा थीं। ज्योत्सनाजी का पिता के घर का नाम कुसुम दामले था। कुसुम सुशिक्षित, संस्कारवान और सर्वगुणसंपन्न महिला थीं। करंदीकरजी से विवाह के बाद उन्हें सुमा करन्दीकर नाम मिला। गाँव वालों ने एक बार फिर बिन्दा के परिवार का विरोध किया, क्योंकि यह विधवा विवाह था, पर बिन्दा को इस प्रकार के विरोध की कोई परवाह नहीं थी। सुमाजी के शान्त और प्रेमपूर्ण स्वभाव के कारण उन्होंने अपने जीवन में बहुत थिराव

और शान्ति का अनुभव किया। सुमाजी के पिता अकोला में रहते थे, वे बहुत अच्छे कवि भी थे। स्वाभाविक था कि कवि को कविता की अहमियत अच्छी तरह ज्ञात थी। उन्होंने देखा कि बिन्दा के पास सौ के लगभग बहुत अच्छी कविताएँ हैं और जब यह जाना कि ऐसी बोल्ड और मौलिक कविताएँ छापने का जोखिम लेने के लिए कोई प्रकाशक तैयार नहीं तो साठ रुपये महीने की तनख्वाह पाने वाली सुमाजी ने रुपये बचाने शुरू किये और जब पाँच सौ रुपये बचा लिये तो अपने स्वयं के खर्च से किताब छपाने की ठानी तो सन् 1949 में जब पूना मराठी साहित्य सम्मेलन हुआ था, उस अवसर पर बिन्दा की पहली पुस्तक 'स्वेद गंगा' छपकर बाज़ार में आयी। इन्हीं दिनों 'अभिरुचि' और 'वांगमय शोभा' नामक पत्रिकाओं में उनकी दो कविताएँ भी छपीं और देखते-देखते लोगों की ज़ुबान पर एक नया नाम चढ़ गया–बिन्दा करन्दीकर।

बिन्दा का कहना है अपने नाम की चर्चा की बात सुनकर मेरे मन में कोई संवेदना जागी हो, ऐसा नहीं था, बल्कि मैंने तो यही सोचा चलो ये लोग इस योग्य तो हुए कि सही चीज़ सराहने और समझने की इन्हें बुद्धि आयी। अब पता नहीं, यह मेरा घमण्ड था या आत्मविश्वास, जो भी समझो, पर ऐसी ही थी, उस समय की मेरी भावना। बहुत कम लोग ऐसे होते हैं, जो पत्नी की सचमुच मुक्तकण्ठ से प्रशंसा करते हैं और कृतज्ञता अनुभव करते हैं। बिन्दा की पहली पुस्तक 'स्वेद गंगा' उनकी पत्नी के प्रयासों से छपी और लोगों ने उनके महत्त्व को समझा, इस बात के लिए वे अपनी पत्नी के चिर-कृतज्ञ हैं। दोनों ने जिन बच्चों को जन्म दिया, वे भी एक से एक बढ़कर तीक्ष्ण बुद्धि के और मेधावी हैं। बिन्दा का नाम मराठी के सर्वश्रेष्ठ बाल साहित्यकार के रूप में भी लिया जाता है, इसका श्रेय भी बिन्दा और सुमा के एक पुत्र को ही जाता है। हुआ यों कि उनके छोटे बेटे के मन में बचपन में डर की मनोग्रन्थि बैठ गयी। किसी दाढ़ी वाले को देखकर डर जाता, कभी किसी छाया को, कभी पेड़ की हिलती पत्तियों को, कभी जीने पर किसी की पगध्वनि सुनकर आदि-आदि बातों से वह डर जाता और कोने में छिप जाता या काँपने और रोने लगता। एक बार तो वह शौचालय के फ्लश से लटकती जंज़ीर को साँप समझ बैठा और इतना डर गया कि उसने शौचालय जाना ही छोड़ दिया और मल-मूत्र त्याग करने से घबराने लगा तो उसकी तबीयत बहुत बिगड़ गयी। बिन्दाजी को एक तरकीब सूझी उन्होंने एक अख़बार लिया और उसके काग़ज़ से कई नावें बनायीं, फिर कहानी-सी गढ़कर उसे सुनाते हुए दोनों पिता-पुत्र एक के ऊपर एक नाव कुदाते-सरकाते शौचालय के द्वार तक जा पहुँचे। नावों के खेल में बालक इतना डूब चुका था कि उसे पता ही नहीं चला कि पिता उसे उस शौचालय के द्वार तक ले आये हैं, जहाँ आने के नाम से ही वह डरने लगता था।

देखते-देखते नाव तो सरपट फ्लश की चेन तक चढ़ गयी और लो नाव ने चेन खींची कि यह तो पानी-ही-पानी था...ख़ूब-ख़ूब सारा पानी। बालक के मन से साँप का डर कब निकल गया, उसे पता भी नहीं चला। उसका पेट भी साफ़ हो गया, तबीयत भी ठीक रहने लगी। उत्साहित होकर बिन्दा बेटे के लिए प्रतिदिन एक नयी कविता लिखने लगे, क़िस्से, कहानी और कविताएँ सुना-सुनाकर वह उसका मन बहलाते, उसका मन ख़ुश रखते और डराने वाली चीज़ों की ओर से ध्यान हटाकर कविता की ओर लगाने लगे। धीरे-धीरे बच्चे की मनोग्रन्थि धुल गयी और वह ठीक हो गया। इस घटना से बिन्दा को बहुत प्रेरणा मिली कि जैसे मेरा बच्चा ठीक हुआ, वैसे ही बाल मनोविज्ञान को समझकर लिखी कविताएँ तमामोतमाम बच्चों का मन बहला सकेंगी और उन्होंने खूब-प्रेम से बाल-साहित्य की रचना की। ऐसा कहा जाता है कि इस क्षेत्र में भी बिन्दा अद्वितीय हैं। ग्यारह पुस्तकें बच्चों के लिए लिख चुके हैं। कैसा रोचक संयोग है कि बिन्दा की पहली कविता जब प्रकाशित हुई थी तो वे पाँचवीं कक्षा में पढ़ने वाले बच्चे थे। कविता का शीर्षक था 'नौका'।

बिन्दा करन्दीकर ने महाराष्ट्र के कई नामी कॉलेजों में अंग्रेज़ी पढ़ाई, परन्तु बिन्दा सबको यह सलाह देते हैं कि हम सबका कर्तव्य है कि कम-से-कम एक मास्टरपीस रचना का अनुवाद करके अपनी मातृभाषा को देना चाहिए। स्वयं बिन्दा ने अरस्तू का काव्यशास्त्र, शेक्सपीयर का किंग लियर, गोयथे का फाउस्ट मराठी भाषा को अनुवाद करके दिया है। बिन्दा अनुवादक भी बहुत अच्छे हैं। अपनी पहली परदेस यात्रा के दौरान शिकागो में बिन्दा की भेंट ए.के. रामानुजम से हुई थी, उनकी मदद से बिन्दा ने स्वयं अपनी कविताओं के अंग्रेज़ी अनुवाद किये थे। बिन्दा का कहना है, अनुवाद में वैसा जादू ला देने का काम हर किसी के वश की बात नहीं होती। अनुवाद के गुर उन्होंने रामानुजम से ही सीखे। एक प्रकाशन ने मराठी में पहली बार ऐसी पुस्तकें छापीं, जिनमें बिन्दा की मूल मराठी कविता एक पृष्ठ पर है और उसके सामने के दूसरे पृष्ठ पर उसका अंग्रेज़ी अनुवाद छपा है। बिन्दा की तीन पुस्तकें ऐसी छप चुकी हैं और ख़ूब लोकप्रिय हुई हैं। शिकागो, हावर्ड और इलीनोइस विश्वविद्यालयों में बिन्दा ने अंग्रेज़ी में अपनी अनूदित कविताओं के पाठ किये और ख़ूब प्रशंसा पायी। सन् 1970 में पुश्किन उत्सव के अवसर पर रूस में जब उन्होंने अपनी 'यन्त्रावतार' कविता सुनाई तो अभूतपूर्व प्रशंसा मिली। अध्यक्ष ने अपने भाषण में कहा कि हमारे रूसी कवियों को बिन्दा करन्दीकर से बहुत कुछ सीखना चाहिए। रूस में कई स्थानों पर बिन्दा के काव्य पाठ कराये गये और हर काव्य गोष्ठी के सबसे जाज्वल्यमान नक्षत्र की तरह उनका सम्मान हुआ। उनकी 'यन्त्रावतार' कविता की कुछ पंक्तियाँ देखिए–

आओ यन्त्र आओ
आओ तुम रचते सृष्टि को
आओ सुख देते कष्टों को
आओ बनकर ब्रह्मा विष्णु शंकर
उच्चारित करते आओ वेद नयी रचना के
आओ अपना चक्र सुदर्शन फिराते आओ
आओ युग प्रवर्तक ताण्डव करने आओ
आओ छोड़ते वाष्प के फूत्कार
आओ नेत्रों में बिजली कौंधाते आओ
आओ आओ तोड़ने बेड़ियाँ अणु-अणु की
शक्ति के सम्राट्/चिर शान्ति के भार
आओ खोजते छिपे यन्त्रों को आओ
दो मानव को उपहार मुक्ति का, ज्ञान मार्ग से आओ।
आओ, यन्त्र आओ।

(अनु.–चन्द्रकान्त बांदिवडेकर)

अपनी विदेश यात्राओं के बहुत तरह के संस्मरण बिन्दा के पास हैं, पर उनकी कविताएँ पढ़कर जो बात जानी है, वह ज़रूर बहुत मार्मिक है। बिन्दा की कविताएँ बताती हैं कि परदेस की धरती पर पैर रखने पर अपना देश अपने ख़ुद के अस्तित्व से और भी ज़्यादा जुड़ जाता है। जैसे देश की जड़ें ही शरीर का स्नायुतन्त्र हैं, देश की हवा ही साँस बनकर शरीर में समायी है, देश का पानी ही शरीर में चक्कर काटता ख़ून है, देश की मिट्टी से निर्मित इस तन में बसा मन सिर्फ़ देसी ही होता है। तभी न बिन्दा को परदेस में बहती हवा अपने देश के आम्रबौर की याद दिलाती है, वहाँ की बर्फ़ सतलज पार के हिरण्यगर्भ की याद दिलायेगी, मिसीसिपी में उन्हें गंगा दिखती है। आतिथेय के घर के सामने लगे गमलों में तुलसी वृन्दावन दीख पड़ता है, रात को डिस्को देखते हुए उन्हें कृष्ण और गोपियों की रासलीला दिखाई देती है, अतलान्तिक सागर को लाँघकर इतनी दूर चले आने पर भी मथुरा की पगडंडियाँ यहाँ-वहाँ दिखाई देती रहती हैं, यहाँ तक कि भारतीय दर्शन और संस्कृति उनके मन पर तारी हो जाती है और याद आते रहते हैं विवेकानन्द और रामकृष्ण परमहंस, साथ ही याद आती हैं अपने छोटे से घर में, छोटे से परिवार की छोटी-छोटी मध्यमवर्गीय बातें। 'कठिन होता है विदेश पहुँचना' शीर्षक की उनकी एक कविता की कुछ पंक्तियाँ देखें–

नहीं थी कल्पना कि चार हज़ार मील पार करके भी मैं आख़िर पहुँचूँगा सिर्फ़ अपने ही देश में, बहती होगी गंगा ही मिसीसिपी में, होंगे उसी के दो हाथ शस्त्र द्वीप को आलिंगन में कसनेवाले।

(अनु.–चन्द्रकान्त बान्दिवडेकर)

बिन्दा जितने गम्भीर हैं, उतने ही मौजी भी हैं। कभी-कभी ख़ूब टिंगल करते हैं। शिकागो गये थे, तब यूनिवर्सिटी के प्रेसीडेंट नोबेल पुरस्कार विजेता डॉ. बीडिल ने वहाँ आए हुए सब अन्तरराष्ट्रीय प्रतिनिधियों को दावत दी। उस दावत में एक अमरीकी सज्जन बिन्दा के पास आये। बातों के दौरान वे भारत की ख़ूब प्रशंसा करने लगे, बोले कैसे भाग्यवान् हैं आप कि आपके देश के पास अध्यात्म का उजाला है, योग है, अहिंसा है, करुणा है आदि-आदि। बिन्दा थोड़ी देर सुनते रहे, फिर मौज़ में आ गये। उन्हें टिंगल सूझा बोले, 'ऐसा है भइया कि हम अब इन सब चीज़ों से ऊब चुके हैं, थक गये हैं। ऐसा करो कि तुम यह सब ले लो और हमें अपने देश की धन-सम्पदा और सम्पन्नता का कुछ हिस्सा दे दो। सौदा दोनों को पट जाना चाहिए। नहीं मालूम सुनकर उस भलेमानस पर क्या बीती होगी, पर बिन्दा को जानने वाले जानते हैं कि स्वयं बिन्दा को बड़ा मज़ा आया होगा।'

चाहे कविता हो या गद्य, समीक्षा हो या निबन्ध, बाल-साहित्य हो या अनुवाद–हर क्षेत्र में बिन्दा शीर्ष स्थान पर पहुँच चुके हैं। प्रतिबद्धता, सादगी के साथ-साथ वक्रता, यथार्थवादिता, मौलिकता और विचार गम्भीर्य के साथ-साथ कहने के ढंग का निरालापन, अभिव्यक्ति का अनूठापन और शैली का कसाव उन्हें अद्वितीय बना देता है। उनकी कुछ कविताएँ विशेष रूप से उल्लेखनीय हैं, जैसे उनकी एक लम्बी प्रेम कविता है 'त्रिवेणी'। प्रेम मनुष्य जीवन का सबसे महत्त्वपूर्ण, सबसे रहस्यमय और सबसे अहम पक्ष होता है। सारे विश्व का साहित्य प्रेम के विभिन्न आयामों के इर्द-गिर्द ही चक्कर लगाता है। प्रेम की इस सँकरी गली में अपने-अपने तरीक़े से हर कवि, हर कलाकार ने प्रवेश किया और अपनी तरह से अभिव्यक्ति दी, लेकिन कम लोग ही यह कहने का साहस कर पाते हैं कि अजब लीला है इस प्रेम तत्त्व की, जो बचपन में ही नितान्त बचकाने ढंग से जीवन प्रवेश कर जाता है और जीवनभर अपनी स्थितियों को बदलता रहता है। जिस संवेदन को प्रेम का अनुभव मानकर जाना था, वह शून्य में परिणत हो जाता है। मराठी प्रेम साहित्य में अत्यन्त विशिष्ट स्थान रखने वाली इस लम्बी प्रेम कविता में बिन्दा ने प्रेम की तीन स्थितियों-शैशव का भोला प्रेम, यौवन का उद्दाम वेगवान ऐन्द्रिक प्रेम और प्रौढ़ मन का थिराया हुआ प्रेम, इस त्रिवेणी को दरशाया है। आत्मकथात्मक तत्त्व, गीति तत्त्व और वर्णनात्मकता की त्रिवेणी है यह कविता। प्रेम का हर नया अनुभव गुज़रकर भी गुज़रता नहीं, जब-तब

को अनेक रूपों में दोहराता रहता है, अनेक प्रकार के उतार-चढ़ाव के संवेदनों की संश्लिष्ट और जटिल स्थितियों में से गुज़रकर प्रेम अपनी सत्ता ही खो देता है और बिन्दा कह उठते हैं–

अब मिलने पर भी,
जैसे मिलते नहीं हम, दूर जाने पर भी
बिछोह की कोई भावना होती नहीं अनुभव,
अब हमारे आपसी सम्बन्धों की
रंगविहीन जंज़ीर, बुद्धि के सन्दर्भों से जुड़ी
क्षणों की अल्पना में अमूर्त स्थितियों के चित्र जैसी।
है, अभी भी है, एक प्रकार का ईमानदार, विरूप
परस्पर विरोधी दुःखातीत दुःख,
जो सब दुःखों के परे है।

(अनु.-पुष्पा भारती)

इस स्थिति को भी मेरा मन तो यों स्वीकार नहीं करता। मुझे तुलसीदास याद आते हैं। उनके राम कहते हैं–

तत्त्व प्रेम कर मम अरुतोरा। जानत प्रिया एकु मनु मोरा।
सो मनु सदा रहत तोहि पाहीं। जानु प्रीतिरखु एतने ही माहीं॥

शायद इतने ही तत्त्व को बिन्दा जीवन की कुरूप और कटु स्थितियों को जान-समझकर भी पाते ही हैं।

बिन्दा की दूसरी प्रतिनिधि कविता है 'ती जनता अमर आहे' इसमें बिन्दा की सामाजिक चेतना और सरोकार अपने उत्कृष्टतम रूप में प्रगट हुए हैं। उनके काव्य में मार्क्सवाद की जो अन्तरधारा प्रवाहित रहती है, इस कविता में उसका सशक्त और सुन्दर रूप प्रकट हुआ है। ऐसी ही एक और कविता है–'ढोंढ्यान्हावी' इसमें गाँव के ढोढ्या नामक नाई का बड़ा मार्मिक शब्द चित्र है। बिन्दा के काव्य का बिल्कुल अलग ही रूप 'हिमयोग' शीर्षक से लिखी उनकी नौ कविताओं में मिलेगा। ये बिन्दा द्वारा रचित सोनेट हैं, जिन्हें मुक्त सुनीत नाम दिया है। ये कविताएँ शिकागो प्रवास के दौरान लिखी गयी थीं। वहाँ की सर्दियों में बर्फ़ के माध्यम से जीवन के यथार्थ के साक्षात्कार का अनुभव व्यक्त हुआ है। दुनियावी सत्य या यों कहें कि पूरब और पश्चिम के मूल्यों के मिले-जुले अनुभव संवेदनों को अपनी भाषा के पूरे जादुई निखार के साथ व्यक्त किया है कवि ने। ये कविताएँ आध्यात्मिक बिन्दु तक पहुँचने में समर्थ हैं। बिन्दा की कुछ महत्त्वपूर्ण कविताएँ 'आतताई

अभंग' शीर्षक से भी आयी हैं। भारतीय संस्कृति के पुरातन मूल्यों, मान्यताओं और परम्पराओं को नई सामाजिक ज़रूरतों और आधुनिक विज्ञान की नयी सम्भावनाओं के परिप्रेक्ष्य में नए सिरे से जाँचा-परखा गया है। पुरानी धाराणाओं को नयी दृष्टि देकर जीवन के साथ जोड़ने का साहसिक प्रयोग किया है बिन्दा ने मराठी भाषा और साहित्य की ये कविताएँ बड़ी उपलब्धि मानी जाती हैं।

असल में जब सन् 1950 के लगभग बिन्दा का साहित्य पटल पर उदय हुआ था, उस समय मराठी कविता का संक्रान्तिकाल था। पुराने मूल्यों और शैली में तेज़ी से बदलाव आ रहा था। आधुनिक ढंग की कविता और साधारण पाठक का तालमेल बैठ नहीं पा रहा था। नये और पुराने के बीच की खाई को पाटने का काम बिन्दा ने बड़ी समझदारी के साथ किया। उन्होंने पूरे महाराष्ट्र में घूम-घूमकर सैकड़ों काव्य पाठ किये और जनता को नये प्रकार की कविता से जोड़ा। बिन्दा की निश्चित धारणा है कि साहित्य केवल स्वान्त:सुखाय ही नहीं लिखा जाता, उसका गन्तव्य पाठक ही होता है तो जनता का मन किसी दूसरी दिशा में जा रहा हो और कविता किसी दूसरी दिशा में जा रही हो, यह स्थिति अवांछित है। दोनों में सामंजस्य ही लेखन की पहली शर्त होनी चाहिए।

बिन्दा की किंचित् अधिक विस्फारित रहने वाली आँखें ऐसी लगती हैं, जैसे वह सबकुछ जान लेने, समझ लेने और ग्रहण कर लेने के लिए आकुल और आतुर रहती हैं। बाहरी आँखों की बनावट के बारे में तो नहीं जानती, किन्तु भीतरी आँखें उनकी ज़रूर आजीवन ऐसी ही खुली और फैली रही हैं, यह आपने ऊपर के आलेख से जान ही लिया है। सावरकर, आर्यसमाज, राष्ट्रीय स्वयं-सेवक संघ, विनोबा भावे, महात्मा गांधी, तुकाराम, ज्ञानेश्वर, बर्ट्रेंड रसल, अरस्तू, ब्राउनिंग, हौपकिंस, टी.एस. इलियट, आइंसटीन, फ्रायड और मार्क्स जैसी विश्वविख्यात विभूतियों से लेकर अपने निजी जीवन में आये मित्रों और परिचितों जैसे–आर.डी. देवधर, मुरलीधर देशपाण्डे, राजा करन्दीकर, डॉ. बालकृष्ण, डॉ. रामानुजम, गोरे मास्टर, केशवसुत, माधव जुलियन आदि अनेक लोगों से वे प्रभावित हुए, उनसे बहुत कुछ सीखा, पर यह भी सच है कि जहाँ जो कुछ मिला, उसे आँख मूँदकर ग्रहण नहीं किया, वरन् पहले उसका ख़ूब अध्ययन किया, विश्लेषण किया और फिर सार-सार ग्रहण कर लिया और आगे बढ़ गये।

मैंने जब उनसे कहा कि आपके सरीखे कट्टर मार्क्सवादी से यह तो पूछना बेकार ही होगा कि आपकी जाति, धर्म और ईश्वर सम्बन्धी मान्यताएँ क्या हैं, तो तुरन्त छूटते ही बोले, 'हाँ हाँ भले ही मैं हिन्दू के घर में पैदा हुआ हूँ, पर मैं हिन्दू वग़ैरह नहीं हूँ। बिल्कुल स्पष्ट बात है कि मैं जातीय और धार्मिक बोध से ग्रस्त नहीं हूँ, पर मैंने जब थोड़ी आत्मीय ढिठाई दिखाई और कहा कि पर भाई, आख़िर संस्कार जैसी कोई चीज़

भी होती ही है न। तो सहज मन से बोले, हाँ वह तो होते हैं, उनके गहरे प्रभाव भी छूट जाते हैं, पर देखो मेरे अपने अनुभव और मेरी अपनी बुद्धि उन्हें दूसरी ही दृष्टि से देखती और समझती रही है। एक उदाहरण देता हूँ कि भारतीय दर्शन में जो अद्वैत की धारणा है, वह मुझे बहुत आकृष्ट करती है। एक विलक्षण चमत्कार से भरी मान्यता लगती है यह धारणा। अद्वैत हमारे यहाँ केवल दर्शन तक ही सीमित नहीं रहा, उसकी अवधारणा अध्यात्म के स्तर तक जा पहुँची थी। तभी न हमारे पुरखे गा उठे थे–*सर्वे सुखिनः सन्तु सर्वे सन्तु निरामया। सर्वे भद्राणि पश्यन्तु मा कश्चितद्दुःखभाग् भवेत्॥* कैसा उदात्त भाव है। मैंने इसे अपने तरीक़े से दूसरे ही प्रकार से जाना और समझा कि हमने यह जो सर्वे सन्तु निरामया की बात कही है, वह हमारी कामना है, प्रार्थना है, इच्छा है, पर इस इच्छा की पूर्ति का ही तो रास्ता दिखाया है कार्लमार्क्स ने। उसे ही तो वास्तविकता बनाने का, कार्य रूप में परिणत करने का मार्ग दिखाया है मार्क्स ने। इसीलिए मुझे मार्क्स अधिक ग्राह्य है। तो भई मैं तो किसी धर्म में, किसी जाति में, किसी ईश्वर में विश्वास नहीं रखता। मैं तो सर्वेऽत्र सुखिनः सन्तुसर्वे सन्तु निरामया में विश्वास करता हूँ और इसी विश्वास ने मेरी कविता को नए-नए आयाम दिये हैं, विचार और स्वप्न दिये हैं।'

ठीक है, धर्म और ईश्वर को कितना भी नकारें बिन्दा, पर मेरा मन तो उनकी इन पंक्तियों में ईश्वर को ही पाता है, जब वे कहते हैं–

तथापि रहती नहीं मन में कोई चिन्ता
टिकती नहीं कोई निराशा, कोई पश्चात्ताप
इतना साक्ष्य जान लेना काफ़ी है–
मुझे अगर आँसू दिये हैं
तो पोंछने के लिए हाथ भी दिये हैं उसने।

(अनु.–पुष्पा भारती)

बिन्दा कहते हैं आँखों में आँसू हैं तो पोंछनेवाले हाथ भी हैं। कविता की इन पंक्तियों को सुनाते समय बिन्दा ने यह भी जोड़ा कि ये हाथ सदा मेरे ही नहीं थे, दूसरों के हाथ भी थे। मैं उनकी इस बात के आगे एक और बात जोड़ना चाहती हूँ कि ज़रूर ही ईश्वर के अदृश्य हाथों ने भी उन आँसुओं को पोंछा होगा। ईश्वर ने मुझे भी दिये हैं दो हाथ, उन दोनों हाथों को जोड़कर नतमस्तक हो, मैं इस कविर्मनीषी की अभ्यर्थना करती हूँ, प्रणाम करती हूँ।

श्रीलाल शुक्ल

(जन्म-31 दिसम्बर 1925 - निधन- 28 अक्टूबर 2011)

'राग दरबारी' में आजादी
के बाद के लोकतान्त्रिक
प्रहसन के संजीदा तन्त्र को
विनोदपूर्ण शैली में आदि
से अन्त तक उद्घाटित
किया गया है। आज़ादी के
बाद राजनीति, संस्कृति,
सभ्यता और जीवन मूल्यों
के गिरते हुए ग्राफ का
जीवन्त दस्तावेज़ है 'राग

श्रीलाल शुक्ल

'राग दरबारी' का पहला आलाप

मैंने जब पहली बार पुत्र को जन्म दिया तो लगा कि मुझे ईश्वर ने वरदान दिया है। मातृत्व की जो अभूतपूर्व अविस्मरणीय अनुभूति हुई थी, उसे शब्दों में व्यक्त किया ही नहीं जा सकता। भले ही अक्सर उसे गोद में लेकर सुभद्रा कुमारी चौहान की लाइनें याद कर लूँ कि 'मेरी गोदी की शोभा, सुख सुहाग की लाली' या उसे घुटनों के बल चलते देख पुलकित हो याद कर लूँ कि 'घुटुरन चलत रेनु तन मण्डित, मुख दधि लेप किये', पर आज तक उस सुख को शब्द नहीं दे सकी। उन दिनों हर पल उसी सुख को जीने में बीत रहा था। ऐसे में एक दिन लखनऊ से भारतीजी के पास उनके परमप्रिय मित्र श्रीलाल शुक्ल का फ़ोन आया कि "यहाँ सरकारी सूचना विभाग के निदेशक के रूप में हर समय सूट-बूट से लैस मैं सारे दिन जिस तरह व्यस्त रहता हूँ, उसकी भीषण यंत्रणा जिस तरह झेलता रहता हूँ, वह मैं ही जानता हूँ। ऐसे में मित्र, मुझे एक उपन्यास लिखने की सूझी है। उसके पात्र रात-दिन मेरा पीछा नहीं छोड़ रहे हैं, पर यहाँ के वातावरण में लिखना सम्भव नहीं। क्या कुछ दिन तुम्हारे घर आकर इसे लिखना शुरू कर सकता हूँ?" स्वाभाविक है कि भारतीजी ने कहा, "यह भी कुछ पूछने की बात है! तुम्हारा स्वागत है मित्र!"

और नवम्बर के आख़िरी दिनों में श्रीलाल शुक्ल हमारे घर आ गये। उन दिनों हम वार्डेन रोड के पास बोमन जी पोर्टर रोड पर छह मंज़िला 'सीतामहल' के टैरेस फ़्लैट में रहते थे। सुखद संयोग था कि दूसरी मंज़िल पर उर्दू के बहुत बड़े लेखक सरदार जाफरी रहते थे। उस घर की टैरेस तो बहुत बड़ी थी ही, घर का ड्रॉइंग रूम भी ख़ासा बड़ा था। एक दिन सरदार जाफरी ने कहा, "पुष्पा बीबी, बेटी की शादी करनी है और पता लगाया तो मालूम हुआ है कि शादी के लिए हॉल बेहद महँगे मिल रहे हैं। तो अपने प्यारे खाविंद से कहो कि बेटी की शादी हम तुम्हारे घर के हॉल में करेंगे, दावत तुम्हारी टैरेस पर हो जायेगी!"

ज़ाहिर है, 'न' का सवाल ही नहीं था। अच्छा भी लगा कि इसी बहाने उर्दू के तमाम नामी लेखक और कवि हमारे घर आयेंगे। ये दूसरी बात है कि दूसरे दिन माथा ठोक लिया, जब बड़े शौक़ से लगाये पच्चीसियों गमले उस फुलबगिया के पीकदान जैसे बने देखे। जिस टैरेस पर कभी पु.ल. देशपाण्डे का आठ-दस लेखक मित्रों के साथ 'कथाकथन' हुआ था। एक लेखक कोई कहानी शुरू कर देता और बारी-बारी से वहीं बैठे-बैठे दूसरा व्यक्ति उसे आगे बढ़ा देता, कई बार तरह-तरह के ट्विस्ट आते और कहानी आगे बढ़ती रहती। कितना आकर्षक और मज़ेदार था यह आयोजन! यह वही जानता है, जिसने ऐसा होते देखा और सुना हो। वहाँ बच्चन का शरद पूनो को रात में खुली छत पर चाँदनी में भीगते हुए भोर फूटने तक हुआ कविता पाठ श्रोताओं को दिव्य अनुभव दे गया।

संयुक्ता पाणिग्रही ने जिस दिन उस छत पर नृत्य किया था, वह अपने भीतर डूबी-डूबी-सी बहुत देर तक नाचती ही रहीं, बहुत-बहुत देर तक नाचीं और फिर प्रणाम करके वहीं आँखें मूँदकर बैठी रहीं। फिर खड़े होकर बोलीं, "बड़े-बड़े प्रेक्षागृहों में सैकड़ों-हज़ारों दर्शकों के सामने प्रोग्राम हुए हैं, पर विश्वास कीजिए कि आज स्वयं मुझे जो आनन्द मिला है, वह अनुभव पहले कभी नहीं मिला। मेरा हार्दिक प्रणाम है भारतीजी को।" मन्त्रमुग्ध से सभी दर्शक खड़े होकर करतल ध्वनि करते रहे।

यादों की भूलभुलैया में मैं भूल ही गयी कि मुझे तो श्रीलाल शुक्ल के कालजयी उपन्यास 'राग दरबारी' से जुड़े संस्मरण लिखना है तो लीजिए, इस भूलभुलैया से बाहर निकलने का रास्ता मिल गया। ख़ुद 'राग दरबारी' पर कुछ लिखूँ, इसके बजाय ओम निश्चल के लिखे एक विस्तृत लेख से कुछ पंक्तियाँ उधार लेकर आपका परिचय 'राग दरबारी' से करा देती हूँ। उन्होंने लिखा है : "हिन्दी के समृद्ध लेखकीय परिदृश्य में बहुत कम ऐसे लेखक होंगे, जिन्हें श्रीलाल शुक्ल जैसी ख्याति मिली हो। हिन्दी में उपन्यास भी बहुतेरे लिखे गये हैं, किन्तु 'राग दरबारी' अपने आप में अनूठा है। क़िस्सागोई की ऐसी विरल शैली किसी अन्य कथाकार के यहाँ देखने को नहीं मिलती। एक बड़े आख्यान को व्यंग्य की अटूट शैली में पेश करना आसान नहीं।

व्यंग्य के सिरमौर लेखक हरिशंकर परसाई के पास भी व्यंग्य, निबन्ध और कहानियाँ तो हैं, पर मौजूदा समाज, जड़ता से ग्रस्त ग्राम जीवन, अफ़सरशाही और राजनीति के गठजोड़ को इतनी पैनी व्यंग्यात्मकता से प्रस्तुत करने वाला कोई बड़ा आख्यान नहीं है। व्यंग्य को ही क़िस्सागोई की शैली में बरतने में माहिर ज्ञान चतुर्वेदी

के उपन्यास 'बारामासी' में भी वह बात नहीं, जो 'राग दरबारी' में श्रीलाल शुक्ल ने सम्भव की।

'राग दरबारी' में आजादी के बाद के लोकतान्त्रिक प्रहसन के संजीदा तन्त्र को विनोदपूर्ण शैली में आदि से अन्त तक उद्घाटित किया गया है। आज़ादी के बाद राजनीति, संस्कृति, सभ्यता और जीवन मूल्यों के गिरते हुए ग्राफ का जीवन्त दस्तावेज़ है 'राग दरबारी'। सच तो यह है कि हल्की-फुल्की समझी जाने वाली व्यंग्य विधा को परसाई के बाद श्रीलाल शुक्ल ने एक क्लासिक ऊँचाई दी है।"

पुस्तक में क्या है, इसकी झलक ओम निश्चल की लिखी पंक्तियों से बख़ूबी मिल ही गयी होगी। अब आइए, आपको उस एक घटना के बारे में बताती हूँ, जिसने श्रीलाल शुक्ल की सबसे विचित्र समस्या हल कर दी थी। अपने अनलिखे उपन्यास का ताना-बाना तो वे मन-ही-मन बन चुके थे, लेकिन कई नामी पुस्तकों के लेखक इस उपन्यास को शुरू कैसे करे, यह सोच और समझ ही नहीं पा रहे थे। ख़ुद अपने आप से आजिज होकर वे भारतीजी के पास उनके घर आये थे कि यहाँ के वातावरण में ज़रूर मुझे उपन्यास की शुरुआत कैसे करूँ, यह सूझ जायेगा और बस एक बार शुरू हो जाये तो पूरा होने में देर नहीं लगेगी।

उन्होंने जो भी सोचा हो, पर मैं देखती तो यह थी कि वे घर की चारदीवारी में ही पड़े रहते थे। कभी घण्टों बड़ी-सी टैरेस पर घूमते रहते, कभी छत की मुँडेर से सटे कुछ ही दूरी पर लहराते ब्रीच कैंडी के समुद्र को देखते रहते। अपने कमरे में रखी मेज़ पर काग़ज़-क़लम लिये मुझे कभी एक पल को भी उनके दर्शन नहीं हुए। अपने मातृत्व के प्रति निहाल मैं बेटे के लालन-पालन में कुछ अनचाहे व्यवधानों से परेशानी भी अनुभव करने लगी थी।

ये कैसे अतिथि मिले हैं मुझे, जब पूछूँ, "भाईसाहब, खाना लगाऊँ?" तो कहते, "तुम्हारे घर खाना खाने आया हूँ क्या? अरे पुष्पा, मैं यहाँ उपन्यास शुरू करने आया हूँ!"

कभी कहते, "जब भूख लगेगी, खा लूँगा। अभी नहीं।"

सुबह पूछूँ, "चाय लाऊँ!" वही जवाब, "यहाँ चाय पीने आया हूँ क्या? उपन्यास शुरू करना है मुझे।"

उन्हें छाछ पसन्द थी। शाम को जब पूछूँ, "चाय लेंगे या छाछ!" तो उत्तर मिलता, "चाय, छाछ, शर्बत ही नहीं, लम्बी लिस्ट सुना दो भई! मैं यहाँ यह सब पीने नहीं आया, मैं 'राग दरबारी' का पहला आलाप खोजने आया हूँ। ऐसी स्थिति धीरे-धीरे मुझे नागवार गुजरने लगी थी तो तंग आकर भारतीजी से सारी स्थिति बतायी और

कहा, "छोटे बच्चे के साथ अकेले ऐसा बेढब आतिथ्य झेलना अब ज़रा मुश्किल लग रहा है। कभी समय पर कुछ नहीं करते और दिन भर कभी कुछ, कभी कुछ फरमाइशें करते रहते हैं।" भारतीजी सुनते रहे। फिर बड़ी सहजता से बोले, "अरे, आप बिल्कुल परेशान मत होइए! बड़ा अनोखा और प्यारा इन्सान है यह। कल ही कह रहा था, 'यहाँ इतनी बड़ी छत मिली है, टहल-टहलकर सोचते रहो। ऐसा सुन्दर लहरों पर पछाड़ खाता समन्दर घर बैठे देखने को मिल रहा है। ऐसा दिव्य आनन्द मुझे और कहाँ मिलेगा?' और यह भी कह रहा था कि 'बहुत सुगढ़ गृहिणी हो तुम, चुपचाप मेरी सुविधाओं का ख़याल करती रहती है। मेरा कमरा, मेरे कपड़े, सब साफ़-सुथरे कर देती है। मुझे कोई तकलीफ़ होने ही नहीं देती। बड़े बेलौस आनन्द में मैं 'राग दरबारी' की दुनिया में घुसने की हिम्मत ही नहीं जुटा पा रहा हूँ।' देखो, आप ऐसा करो कि पूछो मत कुछ, चुपचाप सुबह की चाय और नाश्ता उसकी मेज़ पर रख आओ। विश्वास करो, जब चाय पीनी होगी तो देखेगा भी नहीं कि ठण्डी हो गयी है, वह मज़े में पी लेगा। ऐसा हो खाने के साथ करना, जब उसे भूख लगेगी, खा लेगा। बड़ा मलंग है मेरा यार, ख़ातिरदारियों के लफड़े में नहीं पड़ता। एक बार उसे समझ लेंगी आप तो परेशान नहीं होंगी। निश्चिन्त रहिए, वह बहुत ख़ुश है यहाँ। बस, उसे अपने उपन्यास की चिन्ता है, कुछ संशय है, कुछ उलझनें हैं, वह निपट जाएँ और उपन्यास की शुरुआत कैसे हो, इसके सूत्र उसे मिल जायें और उसके शब्दों में 'खुल जा सिमसिम' हो जाये तो काग़ज़-क़लम हाथ में लेकर सामान्य जीवन जीने लगेगा तो सहज-सरल आदमी बन जायेगा। थोड़ा-सा सब्र कर लीजिए आप!"

भारतीजी की बात सहीं थी। मैं सचमुच इस परिप्रेक्ष्य में उनके अटपटेपन को समझ नहीं पायी थी। धीरे-धीरे वे बड़े अच्छे और अनोखे लगने लगे।

और लीजिए, एक दिन वह भी आ गया, जब 'राग दरबारी' जैसे चमत्कारी उपन्यास के लेखन के पहले अध्याय की शुरुआत की शुभ घड़ी भी आ पहुँची। दस दिन से भारतीजी रोज़ कहते थे, "जब से आये हो, घर की चारदीवारी में ही घुसे हुए हो, हज़ार बार कहा कि चलो, बम्बई दिखाकर लायें, चलो, खाली ड्राइव पर ही चलें।" पर उन्होंने कभी नहीं सुना। फिर एक दिन ख़ुद ही बोले, "तुम्हारी छत की मुँडेर से टिके-टिके जिस समुद्र की ऐसी मनोहारी छटा देखता रहता हूँ, चलो, उसे निकट से देखने चलते हैं।"

अन्धा क्या चाहे, दो आँखें! भारतीजी मित्र के साथ सहर्ष निकल लिये। हमारे घर की सड़क को पार कर बोमन जी अस्पताल से लगी हुई एक पतली सी गली थी, जिसे पार कर समुद्र आ जाता था। इसी शॉर्टकट से भारतीजी अपने मित्र को पास से

समुद्र दिखाने ले गये। श्रीलाल बहुत पुलकित थे, तट पर घूम-घूमकर देख रहे थे। एक ओर किनारे पर छोटी-सी चट्टान दिखाई दी। दोनों वहीं बैठ गये और बतियाने लगे। थोड़ी देर में देखा कि एक आदमी सिर पर टोकरी रखे हाँक लगा रहा है–हाऽ पुऽऽ स ले लो, हापुस...श्रीलाल कुछ समझ ही नहीं पाये। बोले, "क्या कह रहा है यह?" भारतीजी ने बताया, "आम बेच रहा है।"

"आम? ये तो कुछ और ही कह रहा है!"

"हाँ, यह हापुस आम बेच रहा है। यहाँ अलफांजो आम को हापुस कहते हैं।" श्रीलाल बोले, "तो बुलाओ उसे, देखें, बम्बई का हापुस क्या शै है!" हापुस वाला आया। आम तोलकर प्लास्टिक की थैली में डालकर दे दिये। भारतीजी ने थैली को पास में रख लिया और फिर बतियाना शुरू कर दिया। इलाहाबाद विश्वविद्यालय में पढ़ते थे, तब की बातों का सिलसिला चल रहा था, पर श्रीलाल का ध्यान हापुस आम की ओर था। बोले, "क्या यार, आम यों बग़ल में रखने के लिए ख़रीदे हैं क्या? दो इधर, हम तो यहीं खायेंगे तुम्हारे ये हाऽपुऽऽस।"

भारतीजी बोले, "अरे नहीं, ये आम काटकर खाये जाते हैं। घर चलकर खाएँगे।"

"काटकर खायेंगे? डॉक्टर ने बोला है काटकर खाने को? दो हमें, हम तो अभी खाएँगे।" और एक हापुस को उलट-पुलटकर देखा और आराम से उसे मसल-मसलकर पिलपिला कर दिया और चेंपी उँगलियों से पकड़कर मज़े-मज़े से आम चूसते रहे।

"हाँ, वाकई है तो मीठा, बढ़िया हैं", कहकर छिलका हटाकर उसकी गुठली निकाली और बोले, "तुमने नहीं खाया, वरना अभी हम दोनों छिछली खेलते और मैं शर्तिया जीत जाता! पर चलो, अकेला ही छिछली खेलकर दिखाता हूँ।" कहकर खड़े हो गये और समुद्र तट पर किनारे-किनारे पानी में पैर जमा दिये और हाथ-पैर साधकर पूरा ज़ोर लगाकर आम की गुठली को निशाना साधकर फेंका। और जब वह लहरों पर उछलती-उछलती दूर चली गयी और आँखों से ओझल हो गयी तो भारतीजी की पीठ पर प्यारा-सा धौल जमाकर बोले, धत् तेरे की तुम्हारी बम्बई की... चलो, अब घर चलते हैं। पुष्पा मेज़ पर खाना सजाये हमारी राह देख रही होगी।"

लौटते समय भारतीजी ने सोचा कि इतने दिन हो गये, इसे यहाँ आए हुये और ये एक दिन भी घर से बाहर नहीं निकला। शॉर्टकट वाली गली से न निकलकर सड़कों पर निकलकर ज़रा यहाँ की रौनक दिखाते हुए चला जाये। श्रीलाल भी ख़ुशी-ख़ुशी खरामा-खरामा सड़क के दोनों ओर देखते हुए फ़ुटपाथ पर चलते चले आ रहे थे

कि भारतीजी ने अचानक देखा कि वह एक जगह खड़े होकर सामने की इमारत को घूरकर देख रहे हैं–भौंहें तनी हुईं और नथुने फूले हुए। भारतीजी बोले, "क्यों, थक गये क्या?" श्रीलाल भन्नाई आवाज़ में बोले, "हाँ, थक गया हूँ! तुम्हारे जैसे लोगों की दुर्दशा देखकर थक गया हूँ।" भारतीजी को कुछ समझ में नहीं आ रहा था। भौचक से बोले, "अरे, क्या हुआ है मेरी दशा को, जो दुर्दशा हो गयी?" दन्न से उनका जवाब आया, "दुर्दशा नहीं तो क्या है यह! इतने बड़े साप्ताहिक 'धर्मयुग' के सम्पादक हो। देश में चारों ओर अनगिनत पाठक हैं तुम्हारे। मैंने सुन रखा है कि बड़े-बड़े मिनिस्टर और नेता लोग भी तुम्हारे हाथ जोड़ते हैं, सम्मान करते हैं तुम्हारा। यह मत समझना कि मैं तुम्हारी लल्लो-चप्पो कर रहा हूँ! नहीं, असलियत से वाक़िफ़ हूँ कि तुम्हारी यहाँ क्या हैसियत बन गयी है, पर तुम हो कि तुमने ख़ुद अपनी दुर्दशा कर रखी है। यह देखो, सामने क्या है?"

कुछ झल्लाये से भारतीजी बोले, "क्या है भई! अरे कोई ऐतिहासिक मॉन्यूमेंट नहीं है। अंग्रेज़ों का बनाया एक क्लब है, बस़!" जिस टोन में भारतीजी बोले, उसी की नक़ल करते हुए श्रीलाल बोले, "एक क्लब है, बस्स...अरे, इसी दुर्दशा की बात कही थी मैंने। थक गया हूँ मैं! हाँ, थक गया हूँ। आँख के अन्धे हो क्या। तुम्हारी दुर्दशा नहीं तो क्या है यह कि तुम्हें दिखाई ही नहीं देता कि सामने क्या लिखा है! दीदे फाड़कर देखो–लिखा है 'डॉग्स एंड इंडियंस आर नॉट एलाउड'। आज़ाद हैं हम, सत्रह बरस की जवान हो गयी है हमारी आज़ादी और अभी तक यह जिल्लत झेल रहे हैं हम! सरकारी तन्त्र अन्धा है, बस, वोट की जोड़-तोड़ में लगा रहता है। न कुशासन है, न सुशासन, बस, लफ़्फ़ाजी चलती रहती है राजनीति के नाम पर! तुम तो ऐसे नहीं थे! तुमने अपनी क़ाबिलियत प्रूव भी कर दी है। क्या तुम एक बार भी अपने प्रधानमन्त्री या मुख्यमन्त्री की आँख नहीं खोल सकते कि यह गलीज बोर्ड ही यहाँ से हटवा दें!" और बड़बड़ाते हुए श्रीलाल ने चारों ओर देखा। कुछ दिखाई नहीं दिया तो सामने रखे गमले से मिट्टी उठाई और बोर्ड पर पोत दी और ऊपर से थूक दिया, बोले, "घर चलो, सिर चकरा रहा है।" भारतीजी चुपचाप चल दिये। फ़ुटपाथ पर दोनों साथ चल रहे थे, लेकिन श्रीलाल अकस्मात् भारतीजी की चाल से ज़्यादा तेज़ चलने लगे और आगे निकल गये। दूर से भारतीजी ने देखा कि उन्हें ये रास्ते तो मालूम नहीं थे। सो, ग़लत मोड़ पर मुड़ गये हैं। फ़ुटपाथ पर लगभग दौड़कर भारतीजी ने उन्हें पकड़ा और बोले, "अब क्या तुम्हारा हाथ पकड़कर चलना पड़ेगा! माफ कर दो यार, ग़लती हो गई मुझसे! कुछ करना था मुझे, पर दोस्त! भला अकेला चना भाड़ फोड़ सकता है क्या ?"

"वाह-वाह, क्या कहने आपके!" बोले श्रीलाल, "'अन्धा युग' और 'मुनादी' का लेखक कह रहा है यह! वाह, वाह!"

"ठीक है यार, अब देखना, मैं जो लिखने जा रहा हूँ, वह अकेला चना भाड़ फोड़ तो नहीं सकेगा, पर उसमें इतनी दरारें ज़रूर डाल देगा कि प्रबुद्ध लोग सोचने को मजबूर हो जायेंगे, चूलें कुछ तो हिलेंगी।"

बस, फिर सामान्य चाल से चलकर वे लोग घर पहुँच गये। छठी मंज़िल पर घर था हमारा। भारतीजी लिफ़्ट की ओर बढ़े तो श्रीलाल बोले, "तुम लिफ्ट से जाओ। मैं सीढ़ियाँ चढ़कर पहुँच जाऊँगा।" बहस करना बेकार था। भारतीजी ऊपर पहुँचकर बोले, "पुष्पाजी, झटपट दो प्याले गरमागरम चाय बना दीजिए, वह दो मिनट में आ जायेगा।" पर कुछ ही देर बाद श्रीलाल आ पहुँचे और लगभग हाँफते हुए बोले, "पुष्पा, तुम जैसी छाछ बनाती हो न, वो पुदीने वाली, झट से बना दो प्लीज! आज तुम्हारी बम्बई देखी हमने, क्या कहने महानगर के, वाह-वाह, क्या कहने! अब ज़रा छाछ पी लें तो ठण्ड पड़े।" कहकर अपने कमरे की ओर चले गये, पर ज़रा देर में ही लौट पड़े और बोले, "अरे, ऐसा तो नहीं है कि दही-वही न हो और लिहाज़ में तुम नीचे बाज़ार से दही लाने दौड़ पड़ो। ख़बरदार, जो इस समय गयी।"

मैं बोली, "दही-वही सब है, आपका प्रिय पुदीना भी है।" तो आश्वस्त होकर गुनगुनाते हुए अपने कमरे में चले गए।

इत्तफ़ाक की बात थी कि दही तो घर में सचमुच नहीं था। मैंने सोचा, कोई बात नहीं। मैं नीचे बाज़ार से लाने जा सकती हूँ, क्योंकि दोनों इतनी देर बाद घूम-घामकर लौटे हैं तो ज़रूर थक गये होंगे। एक तो आते ही बाथरूम में घुस गये हैं और दूसरे भी ज़रूर अपने कमरे में घुस जायेंगे और पैंट-शर्ट उतारकर लुंगी-बनियान पहनकर तरोताज़ा हो जायेंगे। उसमें देर तो लगेगी ही, तब तक मैं वापस भी आ जाऊँगी और अतिथि देव की फ़रमाइश पूरी कर दूँगी। वही हुआ...और मैं लस्सी का गिलास लेकर पहुँची तो यह क्या? देखती हूँ कि कैसी लुंगी, कैसी बनियान और कैसी बाथरूम की शावर की फुहार! उन्होंने तो जूते तक नहीं उतारे थे और दत्तचित्त मेज पर कुहनी टिकाये और हथेली पर सिर धरे काग़ज़ों पर सर्र-सर्र लिखे जा रहे थे! हाय! इन्हीं क्षणों का तो इन्तज़ार था मुझे! सोचा, चुपचाप लौट जाऊँ, पर लस्सी तो देनी चाहिए ना! सो, चुपचाप गिलास आगे कर दिया। मेरी ओर एक क्षण चुपचाप देखकर बोले, "अरे मुक्ता राजे जी 'सत्यकथा' तो यह है कि मैंने तो चाय माँगी थी और आप 'रोमांचक' लस्सी ले आयीं।" मैं समझ तो गयी थी, पर उन्हें डिस्टर्ब करना ठीक नहीं होगा, इसलिए सॉरी बोलकर चुपचाप चली आयी

और झटपट अदरक डालकर चाय बना लायी। और बिना कुछ बोले चाय मेज पर रखकर जाने लगी तो बोले, "अरे सुगढ़ गृहिणी जी, अपनी एक झलक दिखाकर कहाँ चलीं, थैंक यू तो ले लें!"

और बिना मेरी ओर देखे 'थैंक यू' कहा और उसी गति से लिखते रहे, जिस तरह अब तक लिख रहे थे। मैंने भी उसी तरह 'वेलकम' कहा और चली आयी, पर कमरे से बाहर आकर धड़ाम से ड्रॉइंग रूम में रखे सोफा में धँस गयी और घण्टों बैठी सोचती रह गयी कि मुझसे बीच-बीच में इतनी बातें करते रहे थे, पर उनकी लेखनी तो पल भर के लिए भी कभी रुकी नहीं। ऐसा अजूबा न मैंने कभी किया था, न देखा था। वैसे मैंने भारतीजी को कहानी लिखते समय कभी-कभी आँसू पोंछते या मुस्कराते या हँसते ज़रूर देखा था या कभी कविता लिखते समय कुछ गुनगुनाते भी देखा था, पर ऐसा करते हुए उनकी क़लम नहीं चलती थी। श्रीलाल भाई साहब का बतियाने और साथ-साथ लिखते रहने का ऐसा करिश्मा ज़िन्दगी में पहली बार देखा।

एक लेखक जो हर समय सूट-बूट पहने सरकारी दन्द-मन्द के कामों में लगे रहने की यन्त्रणा से तंग आकर अपने मित्र के घर के शान्त घरेलू वातावरण में बैठकर उपन्यास लिखने की कामना लेकर आया था, पर यहाँ घर पर तो वह टैरेस पर घण्टों टहलता रहता था या छत की मुँडेर से टिके-टिके बड़ी देर-देर तक समुद्र को देखता रहता था। न कभी नियमित सामान्य रूप से खाते-पीते, उठते-बैठते देखा था। कभी कुछ हाल-चाल पूछने या बात करने की जुर्रत करो तो ऊल-जलूल जवाब सुनने पड़ते। थक-हारकर उनके हाल पर उन्हें छोड़ दिया था मैंने। मुझे क्या मालूम था कि धन्य भाग्य थे मेरे कि मैंने 'राग दरबारी' के सुर, तान और ताल को यों सुर साधते देखा और सुना।

वह 'राग दरबारी', जो सन् 1968 में छपा और अगले ही बरस उसे साहित्य अकादेमी पुरस्कार से नवाज़ा गया। फिर तो झड़ी लग गयी पुरस्कारों और सम्मानों की—पद्मभूषण, साहित्य भूषण, लोहिया अति विशिष्ट सम्मान, व्यास सम्मान और मैथिलीशरण गुप्त सम्मान आदि-आदि से लेकर भारत का नोबेल पुरस्कार कहे जाने वाले भारतीय ज्ञानपीठ सम्मान से भी उन्हें अलंकृत किया गया।

व्यंग्य लेखन का मानक और मील का पत्थर बना उपन्यास कहा है 'राग दरबारी' को सूर्यबाला ने। इस पर मिले सम्मान पुरस्कार अभिनन्दनों और प्रशस्तियों के बारे में कुछ कहने को सूर्यबाला ने गहरे कुतूहल के साथ जब उनसे पूछा तो उनका जवाब एकदम छोटा-सा था। बोले, 'पुस्तक का भाग्य' यानी कि सारे यश, प्रसिद्धि और लोकप्रियता से निस्पृह यह सरस्वती पुत्र सारा का सारा श्रेय भाग्य को

दे देता है। वह भी अपने भाग्य को नहीं, पुस्तक के भाग्य को।

मन होता है कि सूर्यबाला से पूछें, "क्या ऐसे ही वाक्यों को ब्रह्म वाक्य कहते हैं? क्या यही होते हैं : 'देखन में छोटे लगें, घाव करें गम्भीर'!"

और यह भी पूछूँ कि क्या कहोगी मेरे भाग्य को, जिसने 'राग दरबारी' के पहले आलाप को अपने कानों से सुना ही नहीं, देखा भी। छठी मंज़िल पर बने मेरे घर की बड़ी-सी छत पर टहल-टहलकर जिस उपन्यास का ताना-बाना बुना जाता रहा। छत की मुँडेर पर टिके-टिके दूर तक फैले ब्रीच कैंडी के विशाल समुद्र को अपलक एकटक देखते हुए जिस उपन्यास के चरित्रों को गढ़ा गया और अन्ततः एक दिन उस समुद्र की उत्ताल तरंगों के निकट बैठकर हापुस आम चूसकर उसकी गुठली से छिछली खेली और उसका वंदन किया यह कहकर कि 'धत् तेरे की, तुम्हारी बम्बई की!'

और फिर उस दिन यशस्वी लेखक श्रीलाल शुक्ल ने हमारे घर के कमरे में बैठकर 'राग दरबारी' की पहली पंक्ति लिखी : "शहर का किनारा। उसे छोड़ते ही भारतीय देहात का महासागर शुरू हो जाता था।" और इस तरह हो गयी थी 'राग दरबारी' की अथ कथा!

श्रीलाल शुक्ल जी की समस्या ही यह थी कि उपन्यास का ताना बुना तो दिमाग़ में बुन लिया था पर उसे शुरू कैसे करें यह उन्हें समझ में ही नहीं आ रहा था। उसी शुरुआत की खोज में वे आये थे हमारे घर।

धर्मवीर भारती

(25 दिसम्बर, 1926 - 4 सितम्बर, 1997)

'साहित्य अमृत' से आये आदेश का पालन करने के लिए क़लम उठाई है। लिखना तो होगा ही, क्योंकि यह पत्रिका भारतीजी की भी प्रिय थी और मुझे तो भाई विद्यानिवासजी के समय से ही इस पत्रिका से आत्मीय मोह रहा है।

धर्मवीर भारती

कथा एक कविता के जन्म की...

मुझे याद है, बचपन में मैं एक ख़ास सपना अक्सर देखा करती थी। मैं देखती कि रेलगाड़ी में सफ़र कर रही हूँ। दूर-दूर तक पीली सुनहली सरसों के खेत फैले हैं। आसमान ललछौंहा हो रहा है। कभी कमल के फूलों से भरे मनभावन तालाब दिखाई देते, कभी हल चलाते किसान दिखाई देते। देखती कि गाय, बकरी चराते छोकरे अपने पालतू जानवरों की फ़िक्र छोड़कर अपनी लकुटी थामे, एक हाथ हवा में हिलाते हुए रेलगाड़ी को तब तक देखते रहते, जब तक वह आँख से ओझल न हो जाती। मैं खिड़की से टिककर बैठी हूँ, मेरे रूखे बाल हवा के निरन्तर झोंकों से ख़ूब उड़ रहे हैं। बड़ा मज़ा आ रहा है। रेल एक पुल से गुज़र रही है, नीचे ख़ूब चौड़ी नदी बह रही है। अचानक एक ज़बरदस्त झटका लगता है–पुल टूट जाता है। अब रेलगाड़ी आधी तो पुल के ऊपर है और आधी नीचे नदी की ओर झूल रही है। और बस, मेरी नींद खुल जाती है। नींद खुलने पर पाती हूँ कि मेरे हाथ की मुट्ठियाँ भिंची हुई हैं, जबड़े कसे हैं, माथे और नाक पर पसीना-ही-पसीना है और दिल धक-धक धड़क रहा है।

मुझे नहीं पता था कि नन्हे बचपन में बन्द उम्र के इस आख़िरी पड़ाव में फिर वैसे ही मुट्ठियाँ भिंचेंगी, पसीना छूटेगा और दिल धक-धक करेगा। जी हाँ, यही हो रहा है मेरे साथ। मैंने भारतीजी पर कभी कुछ नहीं लिखा। अब 'साहित्य अमृत' से आये आदेश का पालन करने के लिए क़लम उठाई है। लिखना तो होगा ही, क्योंकि यह पत्रिका भारतीजी की भी प्रिय थी और मुझे तो भाई विद्यानिवासजी के समय से ही इस पत्रिका से आत्मीय मोह रहा है। प्रभातजी को मुझसे भारतीजी पर कोई लेख या संस्मरण चाहिए। अब इन्हें कैसे समझाऊँ कि विधाता ने धर्मवीर भारती नाम के जीव की रचना की होगी तो या तो विधाता का स्वयं का गणित ही गड़बड़ा गया होगा या वे भूल गये होंगे कि इस व्यक्ति को वे क्या बनाना चाहते हैं। या यह भी हो

सकता है कि यह महोदय स्वयं ही आमादा हो गये होंगे कि ख़ुदा की ख़ुदाई में भी अपनी ओर से इजाफ़ा करके ही रहेंगे।

इसलिए अब भला मैं आपको क्या बताऊँ? आप ख़ुद ही जानते हैं, डॉ. धर्मवीर भारती अखिल भारतीय स्तर के एक बहुत बड़े कवि, लेखक, कहानीकार, नाटककार, उपन्यासकार, यात्रा-विवरण और संस्मरण लेखक—सभी कुछ थे। बहुत सुलझे हुए चिन्तक और मनीषी थे। या यों कह लीजिए कि कला, साहित्य, धर्म, दर्शन, इतिहास और संस्कृति के चलते-फिरते एनसाइक्लोपीडिया कहें तो ज़रा भी अतिशयोक्ति न होगी। और याददाश्त! बाप रे! उनके तो कोई ख़ासुलख़ास सेल्स डाल दिये होंगे बन्दापरवर ने इनके दिमाग़ी खोल में। आपको किसी किताब में लिखी कोई बात ठीक से याद नहीं आ रही और आप उनसे पूछें तो यदि किताब उनकी पढ़ी हुई है तो अपनी स्टडी की हज़ारों किताबों से अँटी पड़ी दीवार के बीच से महाशय वह किताब बिना किसी खोजाखाजी के फटाक से निकाल लेंगे, दो-चार बार सफ़े इधर-उधर सरकाएँगे, अलटेंगे, पलटेंगे और लीजिए उँगली धर देंगे उसी अंश पर जिसे आप जानना चाहेंगे। गोया किस किताब के किस पृष्ठ पर कौन सी बात लिखी है—सब कुछ श्रीमानजी की याददाश्त में फ़ोटोग्राफ़ की तरह अंकित हो चुकी है। कभी-कभी तो लगता था, खुल जा सिम-सिम जैसा कोई मंतर इन्हें ज़रूर आता होगा!

पर ख़ैर, यह सब मैं जो आपको बता रही हूँ, वह कोई बताने की बात नहीं हुई। हर परिचित मित्र कायल है जनाब की याददाश्त और लियाक़त का। लेकिन बताने की बात तो यह है कि यही क़ाबिलेतारीफ़ श्रीमान जब दशहरा, दीवाली की पूजा करने बैठते थे तो इनके साथ जिये चालीस बरसों में हर साल इन्हें हमें नये सिरे से बताना पड़ता था, अब तिलक करो, अब अक्षत लगाओ, अब फूल चढ़ाओ, अब मिष्टान्न अर्पित करो, अब अर्घ्य दो आदि-आदि...। है न चमत्कारी याददाश्त! धन्य हैं प्रभु, आपकी लीला अपरम्पार थी!

तो ऐसे लीलापुरुष की कथा आपको किस अध्याय से सुनानी प्रारम्भ करूँ, यह नहीं समझ पा रही हूँ। अथ से सुनाने लगूँगी तो इति प्रलय से पहले हो नहीं सकेगी। हरि अनन्त, हरि कथा अनन्ता! पतिदेव के संस्मरण अनेक हैं, फ़िलहाल आपको केवल एक सुनाती हूँ, बाक़ी फिर कभी!

उन दिनों यानी 1967 में हम ब्रीच कैंडी के पास बोमनजी पेटिट रोड पर रहते थे। हाजी अली के पास लोटस नाम का एक सिनेमाघर था, वहाँ से रात के शो की पिक्चर देखकर हम लोग लौट रहे थे। बड़ी बेटी केका और बेटा किंशुक हमारे साथ थे, छोटी बेटी गुड़िया को नौकरानी के पास घर पर छोड़ा हुआ था। जल्दी लौटने

की फ़िक्र में मैं बहुत तेज़ गाड़ी चला रही थी। रास्ते में एक जगह देखा, कुछ भीड़ इकट्ठी थी और मारामारी हो रही थी। रात के बारह बज चुके थे, चारों ओर सन्नाटा था। भीड़ तो काफ़ी थी, मगर सभी जैसे साँस रोके खड़े थे और एक आदमी को ज़मीन पर गिराकर तीन लोग मिलकर मार रहे थे। कयामत..."कि न मार खानेवाला चीख-चिल्ला रहा था, न मारनेवाले गाली-गलौज कर रहे थे। केवल मार-पीट और उठा-पटक की आवाज़ें आ रही थीं। घातक मार खाता वह आदमी हाथ जोड़े सिर्फ़ तड़प रहा था–मुँह से एक शब्द नहीं–बिल्कुल मूक जानवर की तरह! दृश्य सचमुच दर्दनाक था।

भारतीजी बोले, "गाड़ी ज़रा रोको तो!" पर मुझे बेटी के पास पहुँचने की जल्दी थी, सो चलाते-चलाते हुए ही बोली, "मेरा तो पिक्चर में भी मन नहीं लग रहा था। गुड़िया इस समय उठ जाती है, रो रही होगी।" तो ज़रा तेज़ और तल्ख आवाज़ में बोले, "जानता हूँ। लेकिन मैं कह रहा हूँ न, गाड़ी रोकिए!" आवाज़ की तल्खी और बोलने की टोन मुझे अच्छी नहीं लगी, इसलिए कुछ जवाब नहीं दिया और एक झटके से ब्रेक लगा दिया। गाड़ी रुक गयी। बिना कुछ बोले मैंने प्रश्नवाचक मुद्रा में उनकी ओर देखा, तो बोले, "तुम लोग जाओ। मैं थोड़ी देर में आता हूँ।" मैंने पूछा, "कहाँ जाना है?" तो बोले, "देखता हूँ, वहाँ क्या हो रहा है?" मैं हँसी और दुबारा गाड़ी स्टार्ट करके रिवर्स गीयर में डाली और लड़ाई वाले स्थल के सामनेवाले फ़ुटपाथ के पास गाड़ी रोक दी और कहा, "लीजिए, देखिए!" खीजकर बोले, "मुझे गाड़ी में बैठकर तमाशा नहीं देखना है। मैं उन लोगों को रोकना चाहता हूँ– कैसा अमानुषिक अत्याचार कर रहे हैं। मैं उस बेजुबान आदमी को बचाना चाहता हूँ।"

मैंने कहा, "भारतीजी, ख़याल आपका बड़ा नेक है, लेकिन यह बम्बई है। यहाँ मारपीट, लड़ाई-झगड़े होते ही रहते हैं। आप दखलन्दाज़ी करेंगे तो जो पिट रहा है और जो पीट रहे हैं, वे सब मिलकर आपको ही पीटने लगेंगे। यहाँ कोई किसी के फटे में पैर नहीं अड़ाता है। देख नहीं रहे हैं, इतने लोग खड़े हैं, पर कोई बीच-बचाव नहीं कर रहा है।" मेरी बात का कोई जवाब नहीं दिया–केवल मेरी ओर आग्नेय दृष्टि से देखा और खोला हुआ अपना दरवाज़ा एक झटके से बन्द किया और बोले, "चलिए घर।" मैं गाड़ी चलाकर घर ले आयी। अपनी ओर का शीशा चढ़ाने लगी तो बोले, "बन्द मत कीजिए, चाभी मुझे दीजिए, आप लोग ऊपर चलिए। मैं थोड़ी देर में आता हूँ।" मैं समझ गयी कि झगड़े में उलझे बिना ये माननेवाले नहीं हैं। मैंने कहा, "ठीक है। चलिए आप झगड़िए उन लोगों से। जो मन में आ रहा है ज़रूर कीजिए, लेकिन मैं वैसी हालत में घर जाकर सो नहीं सकती। मैं भी आपके साथ

चलती हूँ।" इतना सुनना था कि बिना कुछ बोले तड़ाक से गाड़ी से उतर गये और पैर पटकते हुए बिल्डिंग की ओर चल दिये। मैंने दोनों अधसोए बच्चों को उठाया, गाड़ी पार्क की और लिफ़्ट से ऊपर गयी। श्रीमानजी सीढ़ियों की राह पहले ही ऊपर पहुँच चुके थे। टैरेस फ्लैट था, छठी मंज़िल पर रहते थे हम। इतनी सारी सीढ़ियाँ एक साँस में चढ़कर आये होंगे–शायद कुछ ग़ुस्सा ठण्डा पड़ गया होगा। सोचकर मैं मन-ही-मन आश्वस्त हुई। छोटी बिटिया को सँभाला, दोनों बड़े बच्चों को मंजन करवाया और सोने भेजा। यह सब करते-करते आधा घण्टा तो बीत ही गया होगा।

उनके कमरे में गयी तो देखती क्या हूँ कि तख्त पर औंधे लेटे गावतकिए में मुँह गड़ाये सुबक-सुबककर रो रहे हैं। पास जाकर चेहरा जो उठाया तो देखा, आँखें लाल हो चुकी हैं, ओठ काँप रहे हैं, आँसू बह रहे हैं! हे परमात्मा! यह क्या? बड़े-से-बड़े संकट में मैंने इस आदमी को हमेशा धीर-गम्भीर, शान्त पाया है। रोते तो आज तक कभी देखा ही नहीं था। यह इन्हें क्या हो गया? "क्या हुआ?" पूछने पर बार-बार वही जवाब, "कुछ नहीं, तुम जाओ, सो जाओ। रात बहुत हो गयी है।" फिर मैंने भी ज़रा तेज़ी से कहा, "अरे हद हो गयी भई, कैसे सो जाऊँ? पत्नी हूँ तुम्हारी। मुझे हक है जानने का कि ऐसी क्या बात हो गयी है कि तुम इस क़दर बेहाल हुए जा रहे हो?"

मुझे बिगड़ते देखकर शान्त थिराए स्वर में बोले, "तुमने मुझे वहाँ जाने क्यों नहीं दिया। मुझे क्यों रोका? तुम्हारी दी इस सुरक्षा की जेल में मैं एक दिन घुटकर ख़त्म हो जाऊँगा।" मैंने भी उसी शान्ति से कहा, "भारतीजी, आप देश के हित में, किसी महान काम के लिए मार खायें, यहाँ तक कि शहीद भी हो जायें तो सच मानिए, मुझे कोई ग़म नहीं होगा। लेकिन कुछ गुण्डों की लड़ाई में आप अपने हाथ-पाँव तुड़वायें, यह भला कौन चाहेगा? ख़ैर, वहाँ आपका जाना इतना ही महत्त्वपूर्ण है तो आप हुकुम करिए, मैं अभी वहाँ आपको छोड़ आऊँगी। मना तो मैंने तब भी नहीं किया था, केवल यही कहा था कि मैं साथ रहूँगी। आप मुझे साथ नहीं चाहते तो चलिए, आपको छोड़कर मैं वापस आ जाऊँगी। लड़ाई अभी ख़त्म थोड़े ही हो गयी होगी।" तो बोले, "नहीं अब नहीं जाना।" बात वहीं ख़त्म हो गयी।

लेकिन अगले दो दिन तक आलम यह कि न किसी से बात कर रहे हैं, न ठीक से खा-पी रहे हैं। बस अपने कमरे में इधर-से-उधर टहल रहे हैं! जब यह दमघोंटू चुप्पी अधिक नहीं सही गयी तो मैं वहाँ उस स्थल पर गयी और आसपास के लोगों से पूछा कि परसों रात को यहाँ क्या लफड़ा हो रहा था। पता चला कि एक बदमाश ने एक गर्भवती महिला के साथ बलात्कार किया था। उसे पकड़कर जो लोग मार रहे थे, वे थे उस महिला के पति, भाई और पिता।

मैं मुदित मन घर आयी कि श्रीमानजी माजरा जानकर कुछ तो आश्वस्त हो सकेंगे। पर वे तो बोले, "हाँ, मैंने देखा था, तीन लोग ही उसे मार रहे थे।" मैं बोली, "ठीक ही तो मार रहे थे, उसने मार खाने लायक ही काम किया था।" इस पर बोले, "मैं यह नहीं कहता कि वह सब ग़लत था या सही। मेरा तो यह कहना है कि वह आदमी हाथ जोड़े ख़ामोश तड़प रहा था–पश्चात्ताप हो रहा होगा उसे, फिर भी तीन-तीन लोग उस पर पिले पड़े थे। एक अकेला तीन से पिट रहा था, और कोई उसे बचा नहीं रहा था-कहीं से किसी भी प्रकार की कोई मदद नहीं। यह सरासर अन्याय है। कितने संवेदनशून्य होते जा रहे हैं हम! अरे, अगर उसने अपराध किया था तो उसकी सज़ा देने के लिए देश का संविधान है, पुलिस है, न्यायालय है, थाने हैं, जेल है, क़ानून है। क़ानून सज़ा देगा। आप तीन लोग मिलकर एक अकेले को पीट नहीं सकते, यह अन्याय है। और आँखों देखे अन्याय को सहन कर लेना तथा तटस्थ रहना यह सबसे बड़ी कायरता है। तुमने उस दिन मुझे कायर बना दिया। इस तरह तो मेरे अन्दर की मानवीयता मर जायेगी।"

ख़ैर साहब, अपने इस अद्भुत अपराध की हमने माफ़ी माँग ली और कहा, "भविष्य में ऐसा नहीं होगा।" फिर भी श्रीमानजी सहज नहीं हुए। चुप्पी का आलम बरकरार रहा। हमने मन में कहा, 'छोड़ो, बहुत हुआ, अब हम भी ख़ुशामद नहीं करेंगे। और भी ग़म हैं ज़माने में मोहब्बत के सिवा।'

पर यह क्या? दूसरे दिन सुबह सुना क्या कि श्रीमानजी बाथरूम में नहाते समय गुनगुना रहे हैं, इत्र-फुलेल लगाये गये हैं, घुँघराली, मतवाली लटों में ठीक से रुचकर कंघी की गयी है, टैरेस पर लगे गमलों के फूल-पत्तों की सँवार भी की गयी है, नाश्ता भी बड़े प्रेम से डटकर किया गया है– और यह भी कि हमने अपने लिए वही बेपनाह मोहब्बत भी देखी उनकी आँखों में! वही मधुराई दृष्टि! वही भारतीजी, जिनके साथ शायद कई जनमों से जीती आयी हूँ। पिछले दो-तीन दिनों से कहाँ खो गये थे वे! मन-ही-मन हैरान थी, पर पूछा कुछ नहीं। दफ़्तर चले गये तो रोज़ की तरह उनका कमरा झाड़-पोंछकर ठीक करने लगी। देखा, मेज़ पर क़लम-काग़ज़ों के बीच एक ताज़ा लिखी कविता रखी थी। कविता का शीर्षक था–'अन्दरूनी मौत के लिए!' ओह! तो यह बात थी। कविता लिखकर हलके हो लिये थे मेरे कोबियाल! या शायद अपने अन्दर और बाहर के सच को समझने के लिए कविता एक दृष्टि देकर उन्हें सहज बना गयी थी।

मैंने कहा था न कि क़लम उठाने के पहले मेरी मुट्ठियाँ भिंच गयी थीं, पसीना

छूट रहा था और दिल धड़कने लगा था और यह सोचकर कि अब ज़िन्दगी के चौथे पहर पर दस्तक दे रही हूँ मैं तो बेकार में कोई ख़तरा क्यों मोल लूँ–यह लेख लिख डाला। अब मैं भी एकदम सुचित्त और सहज हो गयी हूँ। लीजिए, आप भी पढ़िए यह कविता–

धीरे-धीरे अन्दरूनी मौत

ज़रूरी नहीं कि कोई दर्दनाक वाक़या घटे
कोई जवान मौत, कोई विस्फोटक दुखान्त
चट्टान से किसी जहाज़ की टकराहट
ज़रूरी नहीं

होने को
यह कभी भी हो सकता है यहाँ
किसी अँधेरे मोड़ पर गला घोंटकर मारे
जाते हुए
किसी राहगीर की घिघियाती अमानुषिक चीख़
भरी ट्रक के सामने आता हुआ बच्चा
...ओ ऽऽऽ

ज़रूरी नहीं कि तुम बेचैन हो
या सोचो कि...यानी कि
सोचो ही नहीं
यह सब महज़ गाड़ी के शीशे के पार का
एक काँपता हुआ बेमानी दृश्य

अकस्मात् पहिये के नीचे
कुचल जाये एक कबूतर...और ख़ून और पंख
पहिये के साथ घूमते हुए लगातार
एक बार
या बार-बार और तुम सोचो...
यानी कि कुछ सोचो ही नहीं

मुमकिन है!

ज़रूरी नहीं कि कोई दर्दनाक वाक़या घटे

बस यूँ ही किसी बम्बइया बरसात की दोपहर
तुम अनमने बैठे हो
ख़ाली दिमाग़ खिड़की के पार समुद्र
देखते हुए
और चौखट से झूलती
एक अकेली बूँद
ख़ामोश चू पड़ने के पहले
भरसक थमे, रुके, फिर गिरे
और शीशे पर एक लकीर बनती चली जाये

और तुम अकस्मात् पाओ कि
समन्दर दो फाँक हो गया है
और एक लकीर उभर आयी है तुम्हारे अन्दर
अकस्मात् सन्नाटा चीरकर फिर चीख़ उठा है वही
अँधेरे मोड़ पर मारा जाता हुआ आदमी
ट्रक के सामने आता हुआ बच्चा
और तुम सब छोड़-छाड़ कूद पड़े हो
"डरो मत! मैं हूँ! मैं हूँ!"

और बेखौफ़ तुमने हाथ दे दिया है
पहिये और डरे हुए कबूतर के बीच

या कि...
ज़रूरी नहीं यह भी
कि तुम्हें याद आये...
सिवा एक रोज़–रोज़मर्रा की मद्धिम मौत
शीशे पर धीरे-धीरे फिसलती हुई चारों ओर

तुम्हारे लिए!

ज़रूरी नहीं कि कोई दर्दनाक वाक़या घटे
कोई विस्फोटक दुखान्त...

कमलेश्वर

(6 जनवरी 1932 - 27 जनवरी 2007)

सारा दिन जैसे उसी हँसी-ख़ुशी के साये में गुज़रता था। बहुत दिनों तक पीछे छूट गयी ख़ामोशी सबको बहुत खलती रही थी। सबको आदत पड़ चुकी थी कमलेश्वरजी के साथ हँसने-खेलने की। अब तो हमेशा के लिए ख़ामोशी हो गयी है।

कमलेश्वर

यादों के चिराग़

उम्र के उस दौर से गुज़र रही हूँ, जब ख़ुद अपने साथ जीने की इच्छा भी होती है, फ़ुरसत भी और सहूलियत भी। चारों ओर सूनी शान्ति पसरी हो या जगर-मगर चौलर हो, पर जब पुरानी यादें घेर लेती हैं तो कुछ भी आड़े नहीं आता। इस समय मेरा मन है कि यादों की जुगाली कर रहा है। आँखें आधी खुलीं, आधी मुँदीं और सब कुछ भूल-भालकर सारा ध्यान टिक गया है एक चेहरे के इर्द-गिर्द। चेहरा ऐसा कि आपको कभी तो लगे कि इस चेहरे के पीछे छिपा है एक ऐसा इन्सान, जो बहुत मासूम, सीधा, सरल और निहायत कोमल है और कभी लगे उफ़ रे किस क़दर चुप्पा, शरारती, तिकड़मी और बला का तेज़ और ज़हीन है यह शख्स और उस चेहरे पर चमकती वे एक जोड़ी बड़ी-बड़ी आँखें। वे आँखें ऐसी हैं, जो आपको अपने भीतर झाँकने की इजाज़त नहीं देतीं। जो आकर्षित तो करती हैं, पर निमन्त्रण देती सी नहीं लगतीं। हमउम्र लोगों के लिए वे रहस्यमयी हैं, बड़ों के लिए पलकों के भीतर विनम्रता से दुबकी नीचे झुकी-झुकी और अपने से छोटों के लिए नेह-छोह से भरी पनियारी, पर कभी आपने उन्हें नन्हे शिशुओं के बीच देखा होगा तो जानते होंगे कि वे आँखें जिस तरह की दूधिया हँसी से खिलखिलाती और चमकती हैं कि अनजाने ही पलक झपकते आपका ख़ुद का मन उनके प्रति ममता से भर जाता है। मैंने उन्हें अपने बच्चों के बीच जब-जब देखा, तब- तब जादू की उस छड़ी को भी महसूस किया, जिसके छूते ही कमलेश्वर ख़ुद चारों ओर से सिकुड़, सिमटकर बच्चा बने दिखाई देते थे और तब, उन पर बहुत लाड़ आता था, दुलार आता था। कितनी अजीब थी वह भावना, जो मैंने सिर्फ़ कमलेश्वरजी के साथ महसूस की थी। अपने बच्चों के बीच वे भी मुझे अपने बच्चे जैसे ही लगते थे और मैं भूल जाती थी कि वे मुझसे बड़े हैं और उन कुछ पलों के लिए मेरा सारा वजूद सिर्फ़ एक माँ बन जाता था।

चलिए वह बात बाद में, फ़िलहाल अचानक मेरा मन एकदम से भाग गया है, आधी सदी से भी ज़्यादा पीछे की ओर। समय था पचास के दशक का। सन् 1951

में सोलह बरस की थी मैं। प्रयाग विश्वविद्यालय में बी.ए. की कक्षा में दाख़िला लिया था। उस ज़माने में बी.ए. की कक्षाएँ लड़कियों और लड़कों के लिए अलग-अलग इमारतों में लगती थीं। लड़कों को इस इमारत में आने की इजाज़त नहीं थी, पर लड़कियाँ खरामा-खरामा उस इमारत में आ-जा सकती थीं। हम कुछ सहेलियों ने जब सुना कि उधर अंग्रेज़ी विभाग में उर्दू के बेमिसाल शायर रघुपति सहाय फिराक पढ़ाते हैं और उसी विभाग में 'मधुशाला' के कवि हरिवंशराय बच्चन भी पढ़ाते हैं और तो और हिन्दी विभाग में तो 'गुनाहों का देवता' के लेखक धर्मवीर भारती पढ़ाते हैं। बड़ा रश्क हुआ हमें लड़कों के भाग्य से। अक्सर हम गुट बनाकर उधर के चक्कर लगाते–इस फ़िराक में कि कभी इन तीनों में से किसी के दर्शन हो जायें।

पर सन् 1953 में जब एम.ए. में पहुँचे तो पता चला कि लड़कियों की भी एम. ए. की पढ़ाई उसी इमारत में होती है, तो हम सबकी तो मुँहमाँगी मुराद ही पूरी हो गयी। यह ज़रूर था कि कक्षा में लड़के-ही-लड़के थे, लड़कियाँ मुश्किल से इतनी कि दरवाज़े के बाँयीं ओर पड़े कुछ डेस्कों में समा जाती थीं। लड़के हो-हल्ला करते शान से क्लास में आते और लड़कियाँ नज़रें झुकाये सिमटी-सिकुड़ी-सी अपनी-अपनी जगह चुपचाप बैठ जातीं। वैसे माहौल में गोरे, दुबले, लम्बे और आकर्षक से व्यक्तित्व वाले एक लड़के को दिखाकर सहेलियों ने बताया था कि इस लड़के से बचकर रहना। इसे कुछ काम-धाम नहीं है सिवाय इसके कि लड़कियों पर लाइन मारता रहता है। कभी इधर खड़े होकर घूरेगा, कभी उधर से ताक-झाँक करेगा।

पता चला वह हमसे एक साल सीनियर है यानी एम.ए. फाइनल में पढ़ता है–नाम है दुष्यन्त कुमार त्यागी। लड़कियों के कॉमन रूम में अक्सर उसी की चर्चा होती रहती थी। उन्हीं चर्चाओं में सुना कि इनकी एक तिकड़ी है। तीनों बड़े पक्के दोस्त हैं–दुष्यन्त, कमलेश्वर और मार्कण्डेय। हम लोगों ने देखा सिर्फ़ दुष्यन्त को था, पर अंग्रेज़ी कहावत के 'बड्र्स ऑफ़ सेम फ़ैदर' को मानकर हम लोगों ने दुष्यन्त के साथ-साथ उन दोनों को भी खारिज कर दिया था। उस ज़माने में 'साहित्य सन्देश' और 'कल्पना' ये दो ऐसी पत्रिकाएँ थीं, जिन्हें पढ़ने वाले परिष्कृत साहित्यिक समझ वाले समझे जाते थे। हमारे घर के पिछवाड़े एक वयोवृद्ध साहित्यकार 'बालसखा' के पूर्व सम्पादक लल्ली प्रसाद पाण्डे रहते थे, उनसे ये पत्रिकाएँ लाकर अपनी किताबों के साथ इस तरह पकड़कर चलती थी मैं कि देखने वाले समझें कि मैं इनकी नियमित पाठक हूँ। कच्ची-कच्ची उम्र थी, शान बघारने का एक तरीक़ा ही तो था यह, पर एक दिन पता चला इस पत्रिका में मार्कण्डेय लिखता है तो लगा अरे सेम फ़ैदर वाली हमारी धारणा तो शायद ग़लत है, ऐसी प्रतिष्ठित पत्रिका में लिखनेवाला आवारा या शोहदा नहीं हो सकता तो पता लगाया गया कि तिकड़ी का

तीसरा कमलेश्वर क्या चीज़ है? एक साल सीनियर थे ये लोग, सो कब आते थे, कब जाते थे, पता नहीं चल पाता था, मगर सुना कि इन तीनों में कमलेश्वर थोड़ा अलग है। ज़रा पॉलिटिकल क़िस्म का है, कम्युनिस्टों के इर्दगिर्द बना रहता है। रेडियो से भी जुड़ा हुआ है। हिन्दी में एम.ए. कर रहा है, पर बी.एससी. करके आया है। ज़ाहिर है हिन्दी-प्रेमी होगा और शायद कुछ लिखता–विखता भी होगा। इलाहाबाद की ज़मीन उन दिनों साहित्य प्रसूता उर्वरा भूमि थी। चारों खूँट एक-से-एक बढ़कर जाज्वल्यमान साहित्यिक नक्षत्र नज़र आते थे वहाँ। ये भी चर्चे सुने कि लोग कहते हैं कि एक दिन ये तीनों भी साहित्य में नाम पैदा करेंगे, पर दुष्यन्त की हरक़तें ऐसी थीं कि तिकड़ी पर विश्वास जमने नहीं देती थीं। इसीलिए साहित्यिक रुचि और समझ होते हुए भी, एक ही विभाग में साथ-साथ पढ़ते हुए भी कभी इन लोगों के निकट जाने की मन में ललक नहीं उठी। उन दिनों विभाग से निकलने वाली 'डेस्टीनेशन' नाम की वालपेपर मैग्जीन की सहसम्पादक थी मैं और मैंने कमलेश्वर की कहानी वापस कर दी थी; यह सोचकर कि ऐसे लड़कों से दूर रहना ही ठीक है। फिर वही हुआ कि विश्वविद्यालय छूटा और वह सिलसिला ख़त्म हुआ। वहाँ की यादों के दायरे में भी इन तीनों के नामों का कोई ख़ास महत्त्व नहीं रह गया था।

देखते-देखते दो-चार बरस बीत गये, इस बीच मैं कलकत्ता के एक प्रतिष्ठित कॉलेज में लेक्चरर नियुक्त होकर चली गयी। कलकत्ते का साहित्यिक माहौल बड़ा अच्छा था। वहाँ हिन्दी के साहित्य जगत् की सारी जानकारियाँ मिलती रहती थीं, पता चल गया था कि जिस तिकड़ी को हमने चार हाथ की दूरी पर रखा था, वह धीरे-धीरे साहित्य के महत्त्वपूर्ण हस्ताक्षरों के रूप में उभरकर आ रही है। दुष्यन्त कवि सम्मेलनों के मंच पर लोकप्रिय होने लगे थे, मार्कण्डेय सम्पादक और कहानीकार के रूप में जाने जा रहे थे, सबसे ज़्यादा ध्यान खींचा था कमलेश्वर की कहानियों ने। उनकी प्रतिभा का सूर्य एक दिन मार्तण्ड बनकर चमकेगा, यह स्थापित हो चुका था।

एक दिन वह भी आया, जब साहित्य, संस्कृति और राजनीति तथा कलाओं को एक साथ समेटकर प्रति सप्ताह बहुत बड़े पैमाने पर जनसमुदाय को प्रभावित कर रहा था 'धर्मयुग' और साहित्य में कहानी की विधा को पूरे जलवे के साथ प्रस्तुत कर रही थी कमलेश्वर के सम्पादन में 'नयी कहानियाँ' नाम की पत्रिका। भारतीजी अपने 'धर्मयुग' के कामों में अहर्निश आकण्ठ डूबे रहते थे। ख़ुद का लेखन कर सकें, इतना समय ही नहीं निकाल पाते थे। वह तो कमलेश्वरजी ही थे, जिनके मनुहारभरे तकाज़ों ने भारतीजी से 'बन्द गली का आख़िरी मकान' जैसी सशक्त कहानी 'नयी कहानियाँ' के लिए लिखवा ली थी।

फिर कब और कैसे उन्होंने 'नयी कहानियाँ' छोड़ी और कितनी सड़कों की कितनी गलियाँ फ़तह कीं, वह जाना-पहचाना इतिहास है। विद्यार्थी जीवन में कमलेश्वर न सोच पाता, "मान गये आपके बेटे को।" हमारे परिवार का हर सदस्य आज तक इस किस्से को याद कर लेता है और उनके प्रति स्नेह से भर जाता है। वह किंशुक आज अमरीका में बड़ा इंजीनियर है, उस दिन फ़ोन पर कमलेश्वरजी के निधन का समाचार सुनकर फूट-फूटकर रो पड़ा।

नन्ही गुड़िया आज प्रज्ञा भारती नाम से पत्रकार बन चुकी है, पर कभी नहीं भूलती कि छुटपन में अंकिल उसे मस्तराम कहकर पुकारते थे और पापा के निधन पर जब दिल्ली से पहली फ़्लाइट पकड़कर तुरन्त आ गये थे, उनका ख़ुद का चेहरा आँसुओं से तर था, पर गुड़िया को बरज़ रहे थे, "मस्तराम तुम्हें रोना नहीं है, मेरे दिये नाम की ज़िन्दगीभर लाज रखनी है। मैं हूँ न बेटा, रोना मत तुम।"

हमारे तीनों बच्चों की यादों की पिटारी में अनेक क़िस्से हैं अपने अंकिल की यादों के। केका एक किस्सा कभी नहीं भूलती। तीनों बच्चों में वह सबसे बड़ी है। मैं किचिन में चाय बनाती तो केका के हाथों कमलेश्वरजी के लिए चाय का प्याला भेज देती। रोज़ ही वे कहते, अरे वाह केका बेटा के हाथ की लायी चाय तो ख़ूब मीठी होती है, मज़ा आ जाता है। केका को एक दिन टिंगल सूझी, बोली मम्मी आज अंकल की चाय में शक्कर मत डालना। एक घूँट पीकर कमलेश्वरजी ने अपना वही वाक्य दोहराया और इत्मीनान से सारी चाय पी गये। केकारानी का तो सारा प्लान चौपट हो गया। ख़ैर दूसरे दिन फिर जब चाय लेकर वह गयी तो कमलेश्वरजी उसके गाल पर चुटकी काटकर बोले, "छिपकली कहीं की। आज शक्कर डाली है या नहीं?" केका शरम से लाल और हम सब खिलखिलाकर हँस पड़े।

फिर एक दिन सुना कमलेश्वरजी के घर भी गाड़ी आ गयी है, वे सब तो ख़ुश थे, मगर हमारे तीनों बच्चे उदास हो गये थे यानी अब अंकल सुबह नहीं आया करेंगे। उदासी लाज़मी थी, एक लम्बे अरसे से घर की ईंट-ईंट सुबह-सुबह से ही हँसती-खेलती थी। सारा दिन जैसे उसी हँसी-ख़ुशी के साये में गुज़रता था। बहुत दिनों तक पीछे छूट गयी ख़ामोशी सबको बहुत खलती रही थी। सबको आदत पड़ चुकी थी कमलेश्वरजी के साथ हँसने-खेलने की।

अब तो हमेशा के लिए ख़ामोश हो गयी है। पारिवारिक नेह-छोह से लबालब भरी वह आवाज़, पर उनकी वत्सल यादों के चिराग यों ही जलते रहेंगे और उनकी दुआएँ मेरे बच्चों की राह रौशन करती रहेंगी। सच कमलेश्वर भाई! आपका यह परिवार आपको कभी भुला नहीं पायेगा।

दुष्यन्त कुमार

(27 सितंबर 1931-30 दिसंबर 1975)

ख़ैर साहब, धड़कते दिल लिये, किसी अनर्थ की आशंका से ग्रस्त बाक़ी तीनों आगे बढ़ लिये। ज़रा-ज़रा देर में गरदन घुमाकर पीछे देखते भी जा रहे थे कि अचानक देखा अपनी शरारती आँखों में बिजली चमकाते, सफ़ेद चमचम चमकते दाँत निपोरे श्री दुष्यन्त कुमार लपके चले

दुष्यन्त कुमार

सब शरीके जुर्म हैं

कैसे तो अजीब होते हैं वृद्धावस्था के ये दिन। कल-परसों की, यहाँ तक कि आज सुबह की भी तमाम बातें याद ही नहीं रहतीं, पर पचासियों बरस पहले की बातें सिनेमा की रील की तरह आँखों के सामने प्रत्यक्ष ज्यों की त्यों घूम जाती हैं। उम्र के नवासी वर्ष पूरे कर चुकी हूँ–गंगा दशहरा के दिन मेरा जन्म हुआ था। आज अचानक गंगाजी की याद आ गयी, वह भी अपने इलाहाबाद की गंगाजी! पूरे बासठ बरस पहले की सुबह याद आ रही है। उस दिन गंगा दशहरा था और मेरी बी.ए. की परीक्षा समाप्त हो चुकी थी। पिताजी बोले, "चल बेटा आज तुझे गंगास्नान करा लायें। अगले बरस तू पता नहीं कहाँ होगी, जहाँ होगी वहाँ गंगाजी होंगी भी या नहीं।" यह बात इसलिए कही गयी थी, क्योंकि मैं बी.ए. के बाद इसी विश्वविद्यालय से एम. ए. करना चाहती थी और माँ चाहती थीं कि पढ़ाई बहुत हो गयी, अब शादी-ब्याह कर दिया जाये।

मुझे ख़ूब याद है, उस दिन मैं गंगाजी में डुबकियाँ लगा-लगाकर गंगा मइया से प्रार्थना कर रही थी माँ, मुझे आगे पढ़ाई करने दो। हम संगम पर स्नान कर रहे थे। अचानक मैंने देखा–अरे! एकदम साफ़ दिख रहा है सामने शुद्ध धवल-धौत गंगा का जल और लहराता, बलखाता नीला-नीला जमुना का जल कैसे आपस में घुलमिल रहे हैं–पार्थक्य रेखा स्पष्ट दीख रही थी। मैं एकदम चहक उठी और ख़ूब ऊँची आवाज़ में लगभग चिल्लाकर बोली, "अम्मा! देखो तो मेरा एक पाँव गंगा में है, दूसरा जमुना में। आहा, बड़ा मज़ा आ रहा है।" इत्तफ़ाक से वहीं निकट ही जो व्यक्ति स्नान कर रहा था, उसने भी मेरा चहकना और पुलकित होना सिहाते हुए देखा और पिताजी से बोला, "बिटिया कितनी ख़ुश हो रही है। मैं मल्लाह हूँ, वह रही मेरी नाव। चलिए बीच धार में बिटिया को ले चलते हैं, वहाँ गंगा-जमुना के अलग-अलग रंग एकदम स्पष्ट दिखाई देंगे। बिटिया और भी ख़ुश हो जायेंगी।" और सचमुच हम लोग उसकी नाव में भीतर दूर तक चले गये। मेरे आनन्द की कोई सीमा नहीं थी। पगलाये से मन

से मैं नाव के एक ओर से एक हाथ की अँजुरी में गंगाजी का जल भरती और दूसरी ओर से दूसरी अँजुरी जमुना के जल से भर लेती, पर पास से देखती तो अरे दोनों के रंग में कुछ फ़र्क़ ही नहीं दिखाई दे रहा, दो-तीन बार यही प्रक्रिया दोहराकर देखी, पर जब वही परिणाम दिखाई दिया तो माँ से मरे-मरे मन से पूछा, "अम्मा देखो पानी एक जैसा ही है या मेरी अँजुरियाँ ही मैली हैं।" पिताजी हँस पड़े और बोले, "बेटा याद कर, तूने ज़रूर पढ़ा होगा, 'गिरा अरथ जल बीचि सम कहियत भिन्न न भिन्न।' शब्द और अर्थ में कोई अन्तर नहीं होता और जल और लहर एक ही होते हैं।" पिताजी की हमेशा की आदत थी कि वह बातों-बातों में कभी भी किसी भी उक्ति की व्याख्या इस तरह कर देते थे कि वह तात्कालिक बात की पुष्टि करती दीखती, पर ख़ैर, उस समय तो क्या समझा, क्या नहीं समझा, यह याद नहीं, पर यह ज़रूर याद है कि मैंने पिताजी से उस समय कहा था, "पिताजी आपकी तरह मैं भी और गहरे में उतरकर साहित्य के मर्म को समझना चाहती हूँ। मुझे भी हिन्दी साहित्य में एम.ए. करने दीजिए न! अभी मुझे शादी नहीं करनी।" उस समय तो अम्मा-पिताजी दोनों एक-दूसरे की ओर देखकर हँस पड़े थे, लेकिन पता नहीं संगम की गंगा-जमुना ने आशीर्वाद दे दिया था या भाग्य ने विधि के विधान में मेरी मनोकामना पूरी करने की रेखा खींच दी थी। बाद में मुझे आगे पढ़ने की अनुमति मिल गयी और यह भी लीला है भगवान की कि मुझे जीवनसाथी भी उसी गंगा किनारे का छोरा मिला। उनके साथ जीवन जीकर 'गिरा, अरथ, जल, बीचि' का मर्म और भी गहराई से जान लिया।

गंगा किनारे के हर व्यक्ति यानी आपके प्रिय रचनाकार धर्मवीर भारती ने इलाहाबाद की गंगा और उससे भी ज़्यादा इलाहाबाद की जमुना को बहुत-बहुत प्यार किया था। चाँदनी रातों में गंगा किनारे की रेत पर बैठे या औंधे लेटे-लेटे कितनी तो कहानियों के ताने-बाने बुन लेते थे वे। साँवली-सलोनी जमुना के किनारे-किनारे घण्टों बेमतलब साइकिल चलाते-चलाते कितनी तो कविताएँ उग आती थीं उनके मन में और कुम्भ के मेले के दिनों में तो निरुद्‌देश्य भीड़ में भटकने का अजब खुमारभरा नशा मिलता था उन्हें। ख़रीददारी भी क्या की जाती थी—चुटीले, आलता, टिकुली, बिंदी या चूड़ियाँ जैसी चीज़ें।

उसी निरुद्‌देश्य भटकने का सुख लेते हुए एक दिन वे कुम्भ के मेले में घूम रहे थे कि सामने से आते कमलेश्वर, दुष्यन्त और मार्कण्डेय की तिकड़ी ने उन्हें नमस्कार किया और कहा, "अरे अकेले घूम रहे हैं आप डॉक्टर साहब?" भारतीजी बोले, "चारों तरफ़ बेशुमार लोग-ही-लोग हैं और तुम मुझे अकेला कह रहे हो।"

लड़के समझ गये डॉक्टर साहब का मूड अच्छा है। यूनिवर्सिटी में तो वे अध्यापक थे और ये तीनों विद्यार्थी, पर यहाँ तो यहाँ की भीड़ के अंग वह भी हैं और हम भी। सो हिम्मत बढ़ गयी और दुष्यन्त बोले, "बात कमाल की बोली आपने डॉक्टर साहब, इसी बात पर चलिए आज हमारे साथ भी घूमिए। चलिए आपको बढ़िया चाय पिलाते हैं।" डॉक्टर भारती अपने ख़ास अध्यापकी लहजे में बोले, "तुम लोगों को ख़ूब अच्छी तरह समझता हूँ मैं। देखो मेरे पास के सब पैसे ख़त्म हो चुके हैं। जेब में केवल छह आने बचे हैं और वह वापसी के लिए रिक्शावाले को देने के लिए हैं।" तो दुष्यन्त चरण छूने की मुद्रा में नीचे झुककर बोले, "डॉक्टर साहब कैसी बात कर रहे हैं आप। अरे, हम क्या आपके पैसे ख़र्च करने की बात सोच रहे हैं। नहीं-नहीं, हम सचमुच आपको चाय पिलाना और आपके साथ बैठकर चाय पीना चाह रहे हैं। हमें निराश मत करिए, प्लीज़!" और लगभग ज़बर्दस्ती वे लोग उन्हें अपने साथ ले गये। कुछ दूर पर एक हलवाई की दुकान थी, ख़ासी भीड़ थी वहाँ। सामने कुछ कुरसियाँ और छोटी-छोटी मेज़ें भी रखी थीं। तीनों लोग गये एक गोल सी डगर-मगर हिलती मेज़ उठाई और चारों ओर चार कुरसियाँ लगाकर अड्डा जमाया। इधर-उधर की लंतरानियाँ चलने लगीं और कमलेश्वर बीच में से उठकर चाय ले आए। दुष्यन्त बोले, "अरे, ख़ाली चाय? यहाँ तो इसलिए आये हैं न, कि इस दुकान के समोसे और जलेबी बहुत मशहूर हैं, लाता हूँ।" कहकर वह गये और आनन-फानन एक छुटके से लड़के के साथ समोसा-जलेबी के दोने लेकर प्रगट हो गए। जमकर बढ़िया चाय-नाश्ते का आनन्द उठाया गया। जब पैसे देने की बारी आयी तो तीनों ने अपनी-अपनी जेबों से पैसे निकालकर मेज़ पर रख दिये, पर पाया यह गया कि बाप रे! केवल इतने से नोट और इतनी सी रेज़गारी। इससे तो पूरा नहीं पड़नेवाला। तीनों विस्फारित आँखों से एक-दूसरे की ओर देखने लगे तो तीनों के सरताज श्री दुष्यन्त कुमार त्यागी 'परदेसी' बोले, "तुम दोनों डॉक्टर साहब के साथ आगे बढ़ जाओ, मैं बिल चुकाकर आता हूँ।" डॉ. भारती समेत सबकी आँखों में सवाल-ही-सवाल तैरने लगे। दुष्यन्त बोले, "सवाल-जवाब का समय नहीं है, आप लोग आगे चलिए, मैं आता हूँ और अपने तीनों की वह सम्पत्ति अपनी जेब के हवाले कर पीछे मुड़ लिये।

ख़ैर साहब, धड़कते दिल लिये, किसी अनर्थ की आशंका से ग्रस्त बाक़ी तीनों आगे बढ़ लिये। ज़रा-ज़रा देर में गरदन घुमाकर पीछे देखते भी जा रहे थे कि अचानक देखा अपनी शरारती आँखों में बिजली चमकाते, सफ़ेद चमचम चमकते दाँत निपोरे श्री दुष्यन्त कुमार लपके चले आ रहे हैं। आशंकित मन ने जब निश्चित

कर लिया कि उनके पीछे-पीछे कोई मारने के लिए दौड़ता नहीं आ रहा तो वहीं ठिठककर खड़े हो गये तीनों। बिना एक भी शब्द बोले, केवल नज़रों से दाग दिये गये हज़ारहा सवाल दुष्यन्त की ओर। सवाल मूल में एक ही था कि कैसे, क्या हुआ?

दुष्यन्त बोले, "हे भगवान्! एक साथ इतने सवाल! जवाब यही है कि देख लीजिए। अच्छी तरह देख लीजिए, न मेरे शरीर पर कोई खरोंच है, न मेरी कमीज़ फटी है, न गालियाँ सुन-सुनकर मेरे कान लाल हुए हैं। मैं उसका हिसाब साफ़ करके सही-सलामत आपके सामने हूँ।"

बहुत पूछने के बाद इस सही-सलामती का रहस्य उन्होंने उद्घाटित किया कि उसकी दुकान बहुत मशहूर तो है ही। भीड़ बहुत थी। एक ओर जहाँ सबसे ज़्यादा लोग जमा थे, वहाँ घुसकर लोगों के पीछे से अपना हाथ आगे निकालकर कहा, "भइया इतनी देर से खड़ा हूँ, मेरे पैसे वापस करो।" तमाम लोगों से पैसे के लेन-देन में व्यस्त दुकानदार ने पूछा, "कैसे पैसे भइया?" दुष्यन्तजी ने तमककर कहा, "अरे वाह! कमाल है भई। पूछते हो कैसे पैसे, लेते वक़्त तो नहीं पूछा था कैसे पैसे? देखो तुम्हारा बिल है बारह रुपये दस आने का, ज़रा ही तो देर पहले अभी मैंने पन्द्रह रुपये दिये हैं। अब जब बाक़ी के दो रुपये छह आने लौटाने की बारी है तो जनाबजी पूछ रहे हैं-कैसे पैसे? देखा भाइयो श्रीमानजी चाहते हैं कि अपने बाक़ी के पैसे लेने के लिए मैं सुबह तक योंही हाथ फैलाये खड़ा रहूँ। अजीब अन्धेरगर्दी है।" उनका लगातार बड़बड़ाना काम कर गया, दुकानदार बोला, "माफ़ करो भइया, ध्यान नहीं रहा होगा। यह लो अपने दो रुपये छह आने।"

पूरा वाक़या बयान किया और हथेली में रखे दो रुपए छह आने दिखाकर श्रीमान् दुष्यन्त कुमार त्यागी बोले, "चलिए डॉ. साहब, अब आपको बढ़िया मगही पान खिलाते हैं।"

तब भला कहाँ अन्दाज़ भी होगा डॉ. भारती को कि यह छात्र एक दिन हिन्दी जगत् में अपना झण्डा गाड़ देगा और हिन्दी ग़ज़ल को उन ऊँचाइयों पर पहुँचा देगा, जहाँ पहुँचना सबके वश की बात नहीं। महज़ बयालीस वर्ष की उम्र में असामयिक मृत्यु न हो गयी होती तो इस ग़ज़लगो ने बड़े-बड़े करिश्मे कर दिये होते। इतनी सी उम्र में ही वह हमें रास्ते दिखा गया, हमारी आँखें खोल गया। हमें आगाह करा गया, समझा गया।

"हो गयी है पीर पर्बत सी, पिघलनी चाहिए,
इस हिमालय से कोई गंगा निकलनी चाहिए।"

कितनी सच्चाई थी उनके मन की खलबली में–

मेरे सीने में नहीं तो तेरे सीने में सही,
हो कहीं भी आग, लेकिन आग जलनी चाहिए।

हमें आज़ादी मिली, नये स्वप्न नयी आकांक्षा में नये अरमान जागे, पर देखते-ही-देखते देश के तमाम लेखकों और कवियों का मोहभंग हो गया। भारतीजी ने भी तब लिखा था–

हम सबके दामन पर दाग़
हम सबकी आत्मा में झूठ
हम सबके माथे पर शर्म
हम सबके हाथों में टूटी तलवारों की मूठ।
हम सब थे सैनिक अपराजेय
पर हम थे बेबस लाचार
यह था कठपुतलों का खेल
ऊपर थी कलई, पर लकड़ी के थे सब हथियार।

दुष्यन्त ने तो एक क़दम आगे बढ़कर कहा–

दुकानदार तो मेले में लुट गये यारो
तमाशबीन दुकानें लगाकर बैठ गये।

यह कहने में भी नहीं हिचके कि–

हर सड़क पर कीचड़ बिछी है
हर किसी का पाँव घुटनों तक सना है।

सोचिए कितनी घुटन होगी शायर के मन में उसने जब लिखा होगा–

कल नुमाइश में मिला वो चीथड़े पहने हुए,
मैंने पूछा नाम, तो बोला हिन्दुस्तान है।

पर देखिए, रोज़-रोज़ नयी-नयी शरारतें करनेवाला मस्तमौला खुराफ़ाती छोकरा एक दिन ऐसा संजीदा और गहरा शायर बनकर निकला कि भीतरी घुटन के बावजूद हौसला देते हुए बोला–

आह !
वातावरण में बेहद घुटन है
सब अँधेरे में सिमट आओ

और सट जाओ
और जितने आ सको, उतने निकट आओ
हम यहाँ से राह खोजेंगे।

इतना ही नहीं, हमें झकझोरकर कह गये दुष्यन्त अपनी अमर पंक्तियाँ–

कैसे आकाश में सूराख़ नहीं हो सकता
एक पत्थर तो तबीयत से उछालो यारो।

क्या खोज सकेंगे हम वह पत्थर, जो आकाश में सूराख़ कर दे? क्या बना सकेंगे हम अपनी वैसी 'तबीयत' जो अल्लामा इक़बाल की बात साबित करवा दे। कहा था इक़बाल ने–

यूनानो मिस्त्र, रोमाँ सब मिट गये जहाँ से
लेकिन अभी है बाक़ी नामोनिशाँ हमारा
कुछ बात है ऐसी कि हस्ती मिटती नहीं हमारी
सदियों रहा है दुश्मन दौरे जहाँ हमारा।

वरना तो हमें आईना दिखा ही गये हैं दुष्यन्त–

अब किसी को भी नज़र आती नहीं कोई दरार,
घर की दीवार पर चिपके हैं इतने इश्तिहार।
इस सिरे से उस सिरे तक सब शरीके जुर्म हैं,
आदमी या तो जमानत पर रिहा है या फ़रार।

फ़िल्म

लता मंगेशकर

(28 सितम्बर 1929 – 6 फ़रवरी 2022)

वे मेरे गाने सुनकर मेरी
कल्पना किसी ख़ूबसूरत
हीरोइन जैसी करती रही
होंगी मैं क्यों फ़िज़ूल में
उनका भ्रम तोड़ती? उन्हें
इसी भ्रम में रहने दीजिए
कि लता मंगेशकर एक
सुन्दर औरत है।" इतना
कहकर दीदी फिर से
खिलखिलाने लगीं।

भारत रत्न स्वर सम्राज्ञी लता मंगेशकर से एक अविस्मरणीय मुलाक़ात

मुझे याद आ रही है—बरसों पहले की वह शाम जब लताजी अपनी प्रिय सखी पद्मा सचदेव के घर आयीं।

मैं पहले ही पद्मा के घर आ चुकी थी। मुझे देखकर लताजी बोली, "अरे वाह भाभी, अच्छा हुआ आप भी यहीं मिल गयीं। आइए आज मैं आप दोनों को एक जादू दिखाऊँगी।" फिर मेरी ओर देखकर बोलीं—"भाभी आप यहाँ मेरे पास नहीं, मेरे सामने बैठिए—फिर देखियेगा मेरा जादू!" फिर उन्होंने अपने पर्स में से एक कैमरा निकालकर दिखाया।

पद्मा बोलीं—"ये क्या दीदी? खोदा पहाड़ और निकली चुहिया। इसमें क्या जादू हुआ? 'दीदी बोलीं' "अरे ज़रा सब्र करो ना।" मुझे अपने सामने बैठा ही चुकी थीं—सो बिना किसी से कुछ कहे—सामने बैठी ही थी मैं सो झट से उन्होंने मेरी फ़ोटो खींच ली।

और लीजिए सचमुच पद्मा की और मेरी—दोनों की आँखें फटी की फटी रह गयीं—जब हमने देखा कि न किसी स्टूडियो में फ़िल्म साफ़ कराने गये, ने किसी निगेटिव का झंझट! और इधर एक क्लिक और उधर आपके हाथ में, आपकी फ़ोटो! हम दोनों अवाक् रह गये और बोले—हाँ "यह तो सचमुच जादू हो गया।"

असल में उस समय तक हमने कभी फैलोराइड कैमरे को देखना तो दूर, नाम तक नहीं सुना था। और दीदी थीं कि उन्होंने वैसा कैमरा ख़रीद भी लिया था और हमें उस कैमरे का जादू उसी समय दिखा भी दिया था।

उस कैमरे का चमत्कार देखकर हमें यों चमत्कृत और हैरान देखकर उन्हें बहुत मज़ा आ रहा था।

इस मज़े की बात छोड़िए—और सुनिए दीदी से जुड़ी और एक मज़ेदार बात!

एक दिन शाम को अचानक मेरे फ़ोन की घण्टी बजी। उधर से आवाज़ दीदी की थी। पर वह बोल कुछ नहीं रही थीं। सिर्फ उनकी खिलखिलाहट की आवाज़ आ रही थी।

मैंने कहा दीदी नमस्ते–तो वह बिना कुछ बोले बस हँसे जा रही थीं। सिर्फ उनकी खिलखिलाहट की आवाज़ आ रही थी। मैंने दुबारा कहा-नमस्ते दीदी। तो फिर वही खिलखिलाती मीठी हँसी!

और हँसते-हँसते केवल यह बोलीं–"भाभी आज बड़ा मज़ा आया!" और फिर वही खिल-खिल हँसी!

हार कर मैं बोली–"एक सैकिंड दीदी!" रसोई में गैस पर कुछ चढ़ा है, उसे बन्द कर आऊँ–तब तक अपनी हँसी का कोटा पूरा कर लीजिए और बताइए कि क्या मज़ा आया। पर उनकी मीठी-मीठी हँसी चालू ही थी–मैंने जब फिर दुबारा उनसे कहा–हलो दीदी!... तो बमुश्किल अपनी हँसी रोककर बोलीं–

ऐसा हुआ भाभी, कि मैं खण्डाला से आ रही थी, तो देखा कि आगे की ढलान पर दो लड़कियाँ–एक-दूसरे को सँभालते हुई डरी-डरी नीचे उतर रही थीं। मुझे तरस आ गया–मैंने ड्राइवर से कहा इनके क़रीब जाकर गाड़ी रोककर पूछो कि अगर ढलान से उतरने से डर रही हो, तो हमारी मैडम कह रही हैं कि आप दोनों हमारी गाड़ी में बैठ जाओ।

और बस वह दोनों तो ख़ुशी-ख़ुशी गाड़ी में बैठ गयीं। एक आगे की सीट पर ड्राइवर के पास और दूसरी पीछे मेरे पास।

थोड़ी सी देर में दोनों ज़ोर-ज़ोर से आपस में बातें करने लगीं। मैं मन-ही-मन घबरा गयी कि ये क्या मुसीबत मोल ले ली मैंने। पर अब कर भी क्या सकती थी।

लेकिन, अचानक मैंने देखा दोनों अपनी बातें बीच में छोड़कर एकदम चुप हो गयीं। मुझे अटपटा सा लगा, तो पूछ लिया कि अरे भई अभी तक चटर-पटर कर रही थीं–एकदम से चुप कैसे हो गयीं? तो अपने मुँह पर उँगली रखकर और आँखें तरेरकर मुझे चुप रहने का इशारा करने लगीं।

मैं फिर से कुछ बोलने वाली थी कि उसके पहले ही उन्होंने चुपचाप हाथ जोड़कर मुझे बोलने से रोका। मुझे समझ ही नहीं आ रहा था कि माजरा क्या है।

कुछ देर बाद वे ख़ुद आपस में बातें करनी लगीं, तो मैंने पूछा कि यह क्या हिमाकत है भई?–मुझे तो चुप रहने को कहती रहीं, और अब ख़ुद शोर कर रही हो। मेरे पास बैठी लड़की तो सकपकाकर डर गयी।

ड्राइवर के पास बैअी लड़की बोली सॉरी, सॉरी, आँटी! हम हिमाकत नहीं कर

रहे थे। हम तो बार-बार आपसे रिक्वैस्ट इसलिए कर रहे थे कि उस समय आपकी कार में लगे रेडियो पर लता मंगेशकर का गाना बज रहा था। हम वही सुन रहे थे। लता जी का गाना सुनते समय हमें कोई भी शोर अच्छा नहीं लगता। हम डूब कर सुनते ही रहना चाहते हैं उनका गाना। हमारी तो जान ही बसती है उनके गाये हर गाने में।

अब हैरान होने की मेरी बारी थी। वैसे मैं यह तो समझ गयी थी कि उन दोनों ने मुझे पहचाना नहीं है। सो मैं भी बतियाने के मूड में आ गयी। मैंने कहा कि अच्छा, इतना बढ़िया लगता है तुम्हें लता जी का गाना?

तो एक लड़की दूसरी की ओर हैरानी से देखकर बोली कि–"लता जी का गाना इतना अच्छा लगता है हमें? ये कैसा सवाल है मैडम! अरे दुनिया में कौन ऐसा होगा जिसे लताजी का गाना अच्छा नहीं लगता होगा। यह भी नहीं मालूम आपको कि पाकिस्तान कहता है–झगड़ा झंझट छोड़ो और ले लो अपना पूरा कश्मीर और बस अपनी एक लता मंगेशकर हमें दे दो। और आप हमसे पूछ रही हैं कि हमें लता जी इतनी पसन्द क्यों हैं?

लताजी को भी मज़ा आ रहा था। वह बताने लगीं कि मैंने लड़कियों से पूछा तुम्हें इतनी पसन्द हैं तो क्या तुमने कभी उनकी फ़ोटो भी नहीं देंखी। तो वह बोलीं अरे उनकी फ़ोटो का क्या करना? हमें तो उनकी मीठी आवाज़ से, उनके स्वरों से प्यार है–बस। तो मैंने पूछा कि कभी उनसे मिलीं भी नहीं, उन्हें देखा भी नहीं! तो वे बोलीं, अरे हमारी क्या हैसियत है भला कि उनसे मुलाक़ात कर सकें! लताजी बोलीं कि मुझे बड़ा मज़ा आ रहा था। तो मैंने उनसे पूछा, अच्छा अगर मैं यह मुमकिन करा दूँ तो? तो मेरे पास बैठी लड़की मेरे पैर दबाने लगी और सामने की सीट पर बैठी लड़की अपनी सीट पर पलटकर खड़ी हो गयी। आँखें फ़ाड़कर मेरी ओर देखकर चमककर बोली, आंटी क्या सच बोल रही हैं आप? बताइए ना, कि कैसे, कहाँ और कब? उसकी इतनी आतुर बेताबी पर आख़िर मैं बोल पड़ी–भई मैं ही लता मंगेशकर हूँ। और मुझे यह बताकर लताजी की मीठी खिलखिलाहट फिर शुरू हो गयी। बमुश्किल अटक-अटककर उन्होंने मुझसे कहा, "भाभी इतना सुनना था कि मेरे पास बैठी लड़की उठंगी खड़ी हो गयी और बेतहाशा हँसती अपनी सहेली के हाथ पर हाथ मारकर बोली, यह मुँह और मसूर की दाल!! ये लता मंगेशकर हैं!!"

मैं तो अवाक् रह गयी और वह लड़की तो ढीठ की तरह हँसती ही रही। और मेरी ओर देखकर बोली–मैडम अब इतना भी मूर्ख न समझिए हमें कि आपके झाँसे में आ जायेंगे हम! आपका शुक्रिया कि आपने हमें लिफ़्ट दी। अब ढलान भी खत्म

होने वाली है। कार रोकिए और हमें उतार दीजिए। हम चले जायेंगे। तो मैंने कहा कुछ ही दूर है मेरा घर वहाँ गाड़ी रुकेगी ही वहीं उतर जाना। और सचमुच जब गाड़ी रुकी और ड्राइवर ने उतरकर मेरे लिए दरवाज़ा खोला, तो उन्होंने शायद मेरे घर को पहचान लिया। दोनों एक-दूसरे को ऐसे देखने लगीं, जैसे कि पत्थर की मूरत हों।

मुझे उतारकर ड्राइवर गाड़ी रिवर्स करने लगा तो मैंने देखा कि दोनों बेचारी वैसे ही बुत बनी खड़ी रहीं।

मैंने दीदी से पूछा–"दीदी जब आप समझ गयीं कि उन्होंने आपको पहचाना नहीं था तो अन्त में बुत बनी उन लड़कियों को आपने हक़ीक़त बता क्यों नहीं दीं? तो उसी तरह खिलखिलाकर वह बोलीं–"क्यों बताती उन्हें? वे मेरे गाने सुनकर मेरी कल्पना किसी ख़ूबसूरत हीरोइन जैसी करती रही होंगी मैं क्यों फ़िज़ूल में उनका भ्रम तोड़ती? उन्हें इसी भ्रम में रहने दीजिए कि लता मंगेशकर एक सुन्दर औरत है।"

इतना कहकर दीदी फिर से खिलखिलाने लगीं। और कहा–सचमुच आज बहुत मज़ा आया भाभी! देखा आपने ऐसी सीधी सरल थीं हमारी विश्व प्रसिद्ध स्वर सम्राज्ञी भारत रत्न, भारत कोकिला लता मंगेशकर!!

अब यह भी बता दूँ आपको कि ऊपर जो मेरी फ़ोटो देख रहे हैं आप सब यह वहीं है जिसे अपने कैमरे में लता दीदी ने खींचकर हमें तथाकथित 'जादू' दिखाया था।

अमिताभ बच्चन

रंगमंच की दुनिया एकदम अलग तरह की निराली ही होती है–अजब नशा होता है उसका। मैंने भी शेक्सपियर के कुछ नाटकों में काम किया था–अन्धा युग देखने के बाद इच्छा हुई थी कि कभी इस नाटक में काम करने का मौक़ा मिला तो ज़रूर करूँगा।

कालजयी कृति अन्धा युग के मंचन के अवसर पर–अमिताभ!

इस सभागार में उपस्थित देवियो और सज्जनो–मैं अमिताभ बच्चन आप सभी को सादर नमन करता हूँ। आज आप सबके बीच आना बहुत अच्छा लग रहा है–इसलिए कि जानता हूँ आप डॉ. धर्मवीर भारती के जन्मदिन पर इकट्ठे मिलकर उन्हें याद करने और अपनी श्रद्धा अर्पित करने आये हैं। ज़ाहिर है आप सब लिखने पढ़ने वाली बिरादरी से सम्बन्ध रखते हैं। मैं इसे अपना बड़ा सौभाग्य मानता हूँ कि मैं भी इस बिरादरी का एक छोटा-सा सदस्य हूँ। मेरा तो अमिताभ नाम ही हिन्दी के एक बड़े कवि श्री सुमित्रानन्दन पन्त का दिया हुआ है। मेरे बाबूजी, स्वनामधन्य डॉ. हरिवंशराय बच्चन का साहित्यिक परिवार बहुत बड़ा रहा है। उसी परिवार के बीच पला बढ़ा हूँ–वहीं से संस्कार पाये हैं मैंने बाबूजी के उस परिवार के कुछ बड़े नज़दीकी सदस्यों में से एक थे–भारतीजी। बाबूजी ने सदा उन्हें अपने छोटे भाई की तरह माना। भारतीजी जब भी हमारे घर आते या हम उनके घर जाते–भारतीजी हमेशा बाबूजी के चरण-स्पर्श कर आशीर्वाद लेते और दोनों घण्टों बतियाते रहते। भारतीजी और माँजी के बीच देवर-भाभी का रिश्ता, उन बातों के दौरान मधुर खिलखिलाहटों की मिसरी घोलता रहता था। आज यहाँ आकर उन दिनों की तमामों तमाम ख़ूबसूरत यादें मन में कौंध रही हैं। उन यादों को प्रणाम करते हुए मैं भारतीजी की पावन स्मृति का अभिनन्दन करता हूँ–उन्हें श्रद्धांजलि अर्पित करता हूँ।

उन पुराने दिनों की यादों में सें एक शाम या कहूँ एक रात की बात अभी-अभी अचानक याद आ रही है। मैं बम्बई आया ही आया था–मन पूरी तरह लग नहीं पा रहा था–घर का माहौल बहुत याद आया करता था। यद्यपि बीच-बीच में कभी माँ कभी बाबूजी मेरे साथ कई-कई दिन तक रहकर जाते थे–पर मन था कि उखड़ा-उखड़ा सा ही रहता था। उन दिनों भारतीजी धर्मयुग के सम्पादक के रूप में काम करते थे और वार्डेन रोड–या शायद, बामन जी पेटिट रोड, के एक बड़े से टैरेस फ़्लैट में रहते थे।

टैटेस ख़ासी लम्बी-चौड़ी थी और उसकी सबसे ख़ास बात यह थी कि उसके छज्जे के पास खड़े होकर सामने दूर-दूर तक फैला बीच कैंडी का समन्दर देखना बहुत अच्छा लगता था। उसी टैरेस पर उस दिन भारतीजी के कई मित्र इकट्ठा थे–कुछ पत्रकार, कुछ कवि और लेखक, कुछ अध्यापक, कुछ कलाकार वग़ैरा–क़रीब सौ सवा सौ लोग रहे होंगे। शरद पूर्णिमा की रात थी पूरा माहौल चाँदनी में डूबा हुआ था–ख़ूब बड़ी-सी दरी बिछी थी–उसी पर सब बैठ गये और सामने एक छोटे-से तख़्त पर गावतकियों के सहारे बाबूजी बैठे थे–तख़्त की पाटी से टिके ज़मीन पर भारतीजी थे–पास में थीं बाबूजी की लिखी आठ-दस किताबें! किताबों में से काग़ज़ों की चिटों के कई झण्डे झाँक रहे थे–यानी कि भारतीजी की तैयारी पूरी तरह चाक चौबंद थी। थोड़ी सी अनौपचारिक बातचीतों के बाद कविताएँ को दौर शुरू हुआ। पहले बाबूजी ने स्वयं अपने मन से कुछ कवितायें सुनायीं। उसके बाद तो भारतीजी एक-एक किताब खोलते, काग़ज़ की चिट हटाते और पन्ना खोलकर बाबूजीके सामने कर देते। बाबूजी कभी मुस्कुराते, कभी गम्भीर हो जाते–कभी यों ही पढ़कर–कभी गाकर कविताएँ सुनाते रहे। अजब माहौल बन गया था–न तो फ़रमाइशें पेश करने वाला थक रहा था–न सुनाने वाला थकता नज़र आ रहा था–और सुनने वालों का तो ख़ैर थकने का सवाल ही नहीं था–वह तो कविता और चाँदनी के जादू में नहा रहे थे। घण्टों चला था वह कविताओं का दौर। मुझे आज भी याद है उस दिन बाबूजी ने जो आख़िरी कविता सुनायी थी उसकी अन्तिम पंक्तियाँ थीं–

दे रही कितना दिलासा,
आ झरोखे से ज़रा-सा
चाँदनी पिछले पहर की–पास में जो सो गयी है।
रात आधी हो गयी है।

आज आपको सच बताऊँ–उस दिन के बाद से मुझे बम्बई अच्छी लगने लगी थी–यह तो बहुत बाद में पता चला था कि कविताओं की वह शाम बाबूजी और भारतीजी ने मुझे बिना बताये arrange ही इसलिए की थी कि मेरा उखड़ा मन किसी तरह थिरा जाय। फिर तो वह शुरुआती दौर गुज़र जाने के बाद भी कई शामें भारतीजी के घर पर या बाबूजी और पुष्पाजी के साथ कविताओं का पाठ करते कभी बाबूजी के लिखे बड़े प्यारे-प्यारे लोकगीत उनके साथ सुर से सुर मिलाकर गाते, ख़ूब मस्ती में गुज़रती थीं–फ़िल्मों के जीवन की घनघोर व्यस्ताओं के बीच एक शामें दूसरी ही तरह की ताज़गी दे जाती थीं वे...

उन यादों के प्रवाह को यहीं रोक देना होगा क्योंकि आप ही की तरह मुझे भी उत्सुकता है अन्धा युग को मंचित होते देखने की।

निर्मल पाण्डेजी की प्रशंसा सुन रखी है। आज उनके द्वारा निर्देशित अन्धा युग देखने की भी ललक मन में है। वह देखूँ उसके पहले अन्त में एक और बात सांझा करना चाहता हूँ। साठ के दशक में तब मैं विद्यार्थी ही था जब दिल्ली के फ़िरोजशाह कोटला मैदान में श्री अल्काज़ी द्वारा निर्देशित अन्धा युग मैंने पहली बार देखा था और इतना प्रभावित हुआ था कि बाबूजी की स्टडी में रखी अनगिनत पुस्तकों में से मैं अन्धा युग को अलग से पहचानने लगा था और अक्सर उसके पन्ने उलट-पुलटकर पढ़ा करता था। रंगमंच की दुनिया एकदम अलग तरह की निराली ही होती है–अजब नशा होता है उसका। मैंने भी शेक्सपियर के कुछ नाटकों में काम किया था–अन्धा युग देखने के बाद इच्छा हुई थी कि कभी इस नाटक में काम करने का मौक़ा मिला तो ज़रूर करूँगा। पर फिर तो फ़िल्मों में ऐसा व्यस्त हुआ कि सभी रागरंग भूल गये। बीच-बीच में सुनता रहा कि अनेको भारतीय भाषाओं में सारे देश में यह खेला जाता रहा यहाँ तक कि कभी मॉरिशस, कभी जापान, जर्मनी, पेरिस, लन्दन, अमेरिका–पता नहीं कहाँ-कहाँ इसके मंचन होते रहे हैं। इस अद्‌भुत कृति को आज यहाँ आप सबके साथ बैठकर देखने का मौक़ा मिला है। इस नाटक की कुछ पंक्तियाँ मुझे बेहद पसन्द है इन्हें आपको सौंपकर आपसे विदा लेता हूँ–

जब कोई भी मनुष्य
अनासक्त होकर चुनौती देता है इतिहास को,
उस दिन नक्षत्रों की दिशा बदल जाती है।
नियति नहीं है पूर्वनिर्धारित–
उसको हर क्षण मानव-निर्णय बनाता-मिटाता है।

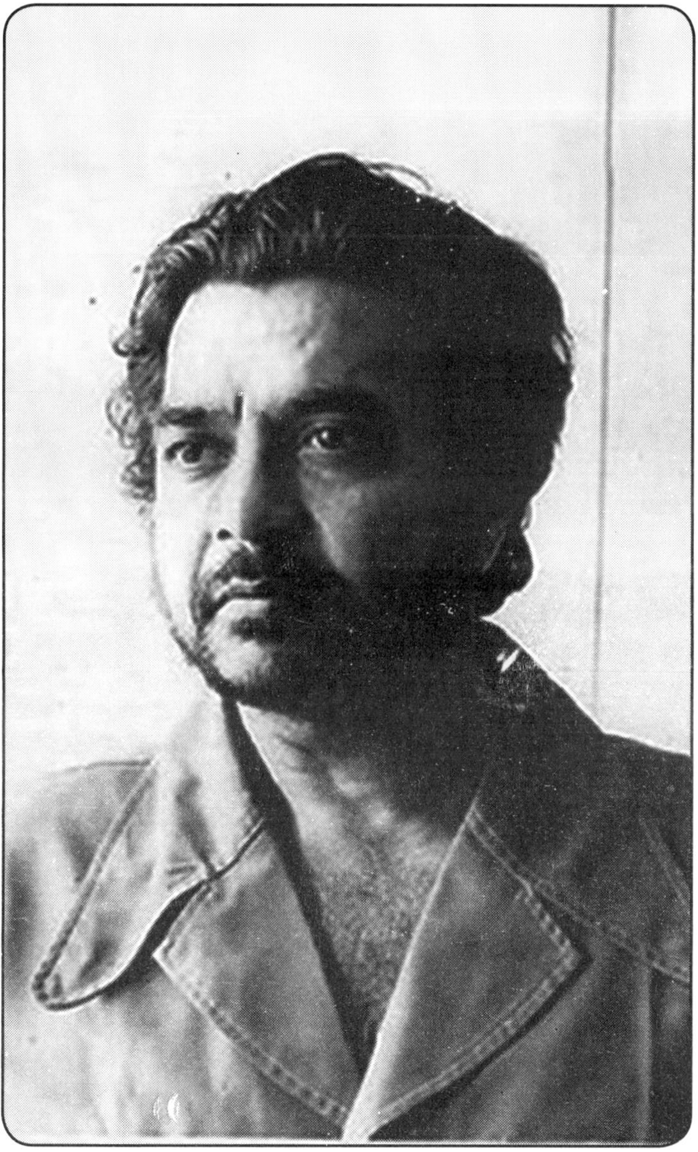

सत्यदेव दुबे

(19 मार्च 1936 -25 दिसम्बर 2011)

साहस बटोरकर मैं
कविताएँ सुनने लगी
एक कविता स्वयं सत्यदेव
दुबे पढ़ने खड़े हुए, क्या
तो ग़ज़ब की आवाज़ औ
क्या अद्भुत प्रस्तुति
अचानक मैंने सुना कि
निरालाजी की कविता म
एक शब्द का उच्चारण
उन्होंने ग़लत किया।

सत्यदेव दुबे

झगड़ालू लेकिन सर्वप्रिय

सन् 1936 में अविभाजित मध्य प्रदेश के बिलासपुर में जनमे सत्यदेव दुबे, सागर विश्वविद्यालय से अंग्रेज़ी में एम.ए. करने के बाद मुम्बई आये थे क्रिकेट खिलाड़ी बनकर देश के लिए खेलने का स्वप्न लेकर। धुनी और लगन के पक्के दुबे यदि रंगमंच की ओर न मुड़ गये होते तो निश्चित ही महाराष्ट्र के मुकुट में एक और क्रिकेट रत्न जुड़ गया होता। थिएटर की दुनिया में क़दम रखा है यह कहकर कि, कोई झण्डे गाड़ूँगा, यह सोचकर मैं नाटक नहीं करता। नाटक मैं इसलिए करता हूँ कि उसमें मुझे मज़ा आता है, अच्छा लगता है और मज़ा लेते-लेते जनाब ने अंग्रेज़ी, हिन्दी, मराठी, गुजराती चारों भाषाओं के थिएटर जगत् में झण्डे गाड़ दिये। लगभग सौ नाटकों का निर्देशन किया, पचासियों नाटकों में अभिनय किया, दसियों नाटक प्रोड्यूस किए। सिने जगत् में अलग हटकर कलात्मक फ़िल्मों का निर्माण करने वाले श्याम बेनेगल और गोविन्द निहलानी का नाम शीर्षस्थ निर्देशकों के रूप में लिया जाने लगा—इन दोनों की प्रतिभा को भी सत्यदेव दुबे का सहयोग मिला था। **'अंकुर', 'निशान्त', 'भूमिका', 'जुनून', 'कलयुग', 'मंडी', 'आक्रोश', 'अर्द्धसत्य'** और **'विजेता'** जैसी चिरस्मरणीय फ़िल्मों की पटकथा और संवाद सत्यदेव दुबे ने ही लिखे थे। कई फ़िल्में ख़ुद भी बनायी, अनेक थिएटर वर्कशॉप चलाये, अनेकानेक लोकप्रिय और महान सिनेमा व थिएटर कलाकारों ने उनका शिष्यत्व ग्रहण करके जनता में नाम और प्रतिष्ठा कमायी।

अन्य अनेक पुरस्कारों के अतिरिक्त 'होमी भाभा फैलोशिप', मध्य प्रदेश सरकार का 'शिखर सम्मान' और भारत सरकार द्वारा 'पद्मभूषण' से उन्हें नवाजा गया। लब्बो लुआब यह कि थिएटर के माध्यम से पं. सत्यदेव दुबे का करिश्माई व्यक्तित्व सदियों तक याद किया जाता रहेगा।

किन्तु इस समय मैं उनके इस अद्भुत योगदान की चर्चा न करके आपको उनके उस व्यक्तित्व की झलक दिखाऊँगी, जिसे कम लोग जानते हैं और जो जानते हैं,

उनके लिए सत्यदेव दुबे का यों उठकर चले जाना जीवन की भीषण त्रासदी है। सोते-जागते, खाते-पीते, चलते-फिरते, उठते-बैठते कभी भी एक क्षण के लिए भी निष्क्रिय और शान्त न रहने वाला-निरन्तर किसी-न-किसी उधेड़बुन में लगे रहने वाला व्यक्ति, चार महीने तक 'कोमा' में पड़े गहरी नींद में सोता ही रहे और मेरे पति धर्मवीर भारती के जन्मदिन 25 दिसम्बर को ही चुपचाप, शान्त और निर्विकार भाव से हमेशा के लिए चला जाये। अतुल तिवारी ने ठीक ही कहा था कि मेरे साथ ऐसा विडम्बनात्मक मज़ाक़ केवल वही कर सकते थे। ठेंगा दिखाकर कह गये, "कर लीजिए मेरा क्या करेंगी आप–मैं तो आज ही के दिन जाऊँगा। आप भारतीय विद्या भवन में शाम को उनकी कविताएँ सुनायेंगी, मैं स्वयं भारतीजी को 'अन्धा युग' पढ़कर सुनाऊँगा।" मैंने उनके पार्थिव शरीर के साथ 'अन्धा युग' की एक प्रति रखकर उन्हें अन्तिम विदा दी।

आपको ले चलती हूँ, पचास बरस पीछे। सन् 1961-62 की बात है, तब हम बम्बई में वार्डन रोड के पिछवाड़े बोमनजी पेटिट रोड पर सीतामहल नामकी बिल्डिंग में रहते थे। तब इतनी ऊँची इमारतें तो होती नहीं थीं, टैरेस फ्लैट था हमारा। छत की मुँडेर पर खड़े होकर मकानों की एक नीची कतार के पार से ब्रीच कैंडी का अछोर फैला विशाल समन्दर दिखाई देता था। इतना नज़दीक कि रात के सन्नाटे में तो, लहरों की आवाज़ भी सुनाई देती। मैं कलकत्ता से नयी-नयी आयी थी। कलकत्ता छूटने का अफ़सोस बहुत था, लेकिन इस समंदर ने अपने आगोश में इस तरह समेट लिया कि मैं इसकी ख़ूबसूरती के आगे सारे दुःख भूल गयी, बहुत अच्छी लगने लगी बम्बई।

वार्डन रोड पर नेपाली और चीनी शिल्प की एक दुकान थी। वहाँ की चीज़ें देखना मुझे बहुत अच्छा लगता था। अक्सर वहाँ जाती थी। एक दिन देखा दुकान के सामने फुटपाथ पर एक आदमी पुरानी किताबें और पत्रिकाएँ बेच रहा था। मुझे एक किताब पसन्द आयी, मैंने ख़रीद ली। पर्स में से पैसे निकाल ही रही थी कि पीछे से किसी ने कहा, "सुनिए, इसे छोड़ दीजिए, मैं यही किताब लेने आया हूँ।" बात जिस सुर में कही गई थी, उसकी तल्खी मुझे पसन्द नहीं आयी और मैंने पलटकर कहा, "आप अभी आये हैं, मैं पहले से आ चुकी हूँ। किताब अब मेरी हो चुकी है" और किताब लेकर मैं यह जा-वह-जा, पीछे मुड़कर देखा तो अजीब आग्नेय दृष्टि से मुझे घूरता हुआ वह व्यक्ति ठगा-सा निश्चल खड़ा था।

मेरी उसी प्रिय सड़क पर एक स्थान था–'भूलाभाई देसाई इंस्टीट्यूट्।' उसकी इमारत के एक हिस्से में अब्राहिम अलकाजी अपनी थिएटर यूनिट चलाते थे। एक

दिन शाम को वहाँ के कार्यक्रम में हम गये। कार्यक्रम था–'ऐन ईवनिंग विद हिन्दी पोयट्री' (हिन्दी कविता की एक शाम) तथा 'एक बोगस नाटक कैसे लिखा जाता है।' कविताएँ थीं सूर्यकान्त त्रिपाठी 'निराला' और डॉ. धर्मवीर भारती की तथा नाटक के लेखक और निर्देशक थे सत्यदेव दुबे।

परदा खुला, "मैं सत्यदेव दुबे, आज के इस काव्य पाठ में आप सबका स्वागत करता हूँ"... सुनना था कि मेरे तो होश फाक्ता हो गये। अरे, ये सत्यदेव दुबे हैं और याद आ गयी फुटपाथी पुस्तक विक्रेता की दुकान पर हुई अपनी मुठभेड़ और वह आग्नेय दृष्टि! ख़ैर जैसे-तैसे साहस बटोरकर मैं कविताएँ सुनने लगी। एक कविता स्वयं सत्यदेव दुबे पढ़ने खड़े हुए, क्या तो ग़ज़ब की आवाज़ और क्या अद्‌भुत प्रस्तुति। अचानक मैंने सुना कि निरालाजी की कविता में एक शब्द का उच्चारण उन्होंने ग़लत किया। बस फिर क्या था, मेरा डर वग़ैरह हवा हो गया और मेरे भीतर बैठा शरारती बच्चा मचल उठा। कार्यक्रम समाप्ति पर कुछ लोग मंच के पीछे जाकर दुबेजी को बधाइयाँ दे रहे थे। उसी बीच में मैंने उनसे कहा, "दुबेजी! इलाहाबाद यूनिवर्सिटी में मैं पढ़ती थी, तब के दिनों की एक बात याद आ रही है, आपको सुनाना चाहती हूँ।" निराला और भारती की कविताओं की चर्चा हो रही थी, उस बीच इलाहाबाद की बात कोई छेड़ दे तो सबका ध्यान जाना स्वाभाविक था। मैं बताने लगी, "स्वरचित कहानी प्रतियोगिता के निर्णायक मण्डल में राजा राधिकारमणप्रसाद सिंह, उपेन्द्रनाथ अश्क और धर्मवीर भारती थे। हम कई विद्यार्थियों ने कहानियाँ सुनाई थीं। अन्त में निर्णायक मण्डल की ओर से अश्कजी बोलने खड़े हुए। उन्होंने प्रथम पुरस्कार प्राप्त श्री बल्लभ सिद्धार्थ की कहानी की बहुत प्रशंसा की और यह भी कहा कि केवल एक बात की ओर आप सबको ध्यान देने की ज़रूरत है। अपनी भाषा को दिलोजान से प्यार कीजिए। एक-एक शब्द के 'उचार्ण' की ओर ख़ास ध्यान रखिए। आप लोगों में से कुछ के 'उचार्ण' कान में खटक रहे थे।" एक बार तो चलिए ठीक था, पर फिर दूसरी बार भी उन्होंने 'उच्चारण' शब्द की जगह 'उचार्ण' ही कहा तो, मैं बेसाख्ता खिलखिलाकर हँस पड़ी और पलक झपकते सारा हॉल हँसने लगा।" अश्कजी बेचारे मुँह बाये हक्का-बक्का देख रहे थे कि इसमें हँसने की क्या बात है–दुबेजी तो बहुत इंटेलीजेंट थे ही, तुरन्त मेरा इशारा समझ गये और बोले, "मैंने किस शब्द का उच्चारण ग़लत किया था?" और आप हैं कौन देवीजी। मैंने कहा, "मैं हिन्दी की अध्यापिका हूँ, विद्यार्थी हूँ।" वे मखौल के से स्वर में बोले, "अच्छा-अच्छा अध्यापिका भी और विद्यार्थी भी?" मैंने भी वैसे ही स्वर में कहा, "जी हाँ, ऐसी अध्यापिका, जो आपको बता

सकती है, विद्यार्थी बने रहने की कोई उम्र नहीं होती, व्यक्ति में जीवनभर विद्यार्थी भाव बना रहे तो ज़्यादा विकास कर सकता है।" दुबेजी कुछ बोलते कि भारतीजी बोल पड़े, "अरे-अरे पुष्पाजी, विप्रवर को क्रोध क्यों दिला रही हैं। अष्टावक्र को याद कर लीजिए। कहीं आपका भी हश्र", बात पूरी होने के पहले ही दुबेजी ने तपाक से हाथ आगे बढ़ाया और हैंडशेक करते हुए बोले, "ओहो! तो आप हैं पुष्पाजी। वचन देता हूँ आपको, कि आज के बाद से उच्चारण में कोई ग़लती नहीं करूँगा।" और माताजी, कहकर अपने कानों को हाथ लगाकर बोले, "आज की बात कभी भूलूँगा नहीं।" बाद के दिनों में जब तब कई लोगों के मुँह से सुना कि रिहर्सल कराते समय दुबेजी का सबसे ज़्यादा समय उच्चारण ठीक कराने में जाता है। कुछ कलाकार तो इस बात से झुँझला भी जाते थे, पर अन्तत: दुबे की यूनिट का हर कलाकार उच्चारण के महत्त्व को समझने लगा था। किस शब्द का कैसे उच्चारण करना है और किस अक्षर पर कैसे वज़न देना है, इस एक बात को समझ लेने पर संप्रेषणीयता कितनी बढ़ जाती है, यह जादू दुबेजी के द्वारा निर्देशित नाटकों में साफ़ दिखाई देने लगा और उनकी ख़ूब प्रशंसा होने लगी, तो अकसर याद आ जाती थी, उनकी कानों को हाथ लगाने की वह मुद्रा।

तो, यह थी मेरी सत्यदेव दुबे से पहली मुलाक़ात। वह दिन था और जीवन के अन्त तक के दिन थे कि दुबे भइया का जितना आदर, सम्मान और प्रेम मुझे मिला कि उसका स्वाद अगले कई जनमों तक याद रहेगा। आज जब उनकी कुछ यादों को आपके साथ साझा करने बैठी हूँ, तो मशहूर पाकिस्तानी शायर अहमद फ़राज की लाइनें याद आ रही हैं–

तेरी बातें ही सुनाने आए–
दोस्त भी दिल को जलाने आए।

इस समय दोस्त तो नहीं, लेकिन मेरा ख़ुद का दिल ही मुझको जलाने का काम कर रहा है। सैकड़ों प्रसंग भीतरी आँखें देख रही हैं और बाहरी आँखें छलछलाने लगी हैं।

ज़्यादा नहीं, केवल एक बरस, एक महीना और दो दिन छोटे थे मुझसे दुबे भइया, लेकिन अपने बड़े होने का रुआब मैं उन पर गाफ़िल किये रहती थी और वह भी जब ज़्यादा लाड़ में आते थे, तो 'माताजी' कहकर बुलाते थे। जब से यहाँ हमारी कॉलोनी 'साहित्य सहवास' में रहने आये, हमारे पूरे परिवार के साथ घुलमिल गए। हमारे घरों की बालकनियाँ इतनी नज़दीक थीं कि बच्चे उनसे वहीं खड़े-खड़े बतियाते रहते थे। दुबेजी जब थक जाते तो कहते, "अच्छा अब भागो तुम लोग और

माताजी से कह दो चाय चढ़ा दें, मैं आ रहा हूँ।" अपने घर से उतरकर हमारे घर की तीन मंज़िल सीढ़ियाँ चढ़ने में जितनी देर लगती, उतनी देर में उनकी गरम-गरम चाय का प्याला सामने होना चाहिए, देर हुई कि मुँह फूल जाता।

सन् 1991 की बात है। एक दोपहर को फ़ोन आया, "पुष्पाजी! मुझे दाल-चावल खाने हैं गरमा-गरम, साथ में मिरची वाले आलू हों तो मज़ा आ जायेगा।" मैंने कहा, "भइया, रसोई उठ चुकी है, आप चाहो कि सीढ़ी चढ़ते ही गरमागरम दाल-चावल परोसा मिलेगा, सो तो नहीं हो पायेगा। बस मुझे बीस मिनट का समय दीजिए, फटाफट कुकर चढ़ाये देती हूँ। आप ज़रूर आइए।" आये और आते ही बोले कोई जल्दी नहीं है। आप मनचाहा समय लीजिए, तब तक मैं टी.वी. देखूँगा। कमरे में अन्दर जाकर देखा कि मेरा पाँच-छह महीने का नाती अंशुमान बिस्तर पर सो रहा था। बोले, "यहीं बैठता हूँ, पर टी.वी. मत खोलिए, बच्चा उठ जायेगा। आप मुझे आज का अख़बार दे दीजिए, पढ़ता बैठा रहूँगा।" मैंने सोचा इससे अच्छी बात क्या हो सकती है, बच्चा करवट लेते समय पलंग से गिर न पड़े, इस बात की चिन्ता नहीं रहेगी और मैं चटपटे आलू भी चैन से बना दूँगी।

थोड़ी देर बाद रसोई से सुनती क्या हूँ कि सामने कमरे में बैठे दुबेजी ज़ोर-ज़ोर से अख़बार पढ़ रहे हैं। बड़े सम्भ्रम से मैंने पूछा, "भइया क्या हो गया है आपको? मैंने आज तक कभी किसी को इस तरह अख़बार पढ़ते नहीं देखा।" बोले, "कमाल है, गधे को दिया नमक और गधा कहे मेरी आँख फोड़े है।" हँसी से दोहरे होते हुए मैंने कहा, भइया! आपके मुहावरे का अर्थ भी मैं नहीं समझी।" तो बोले, "एक तो आपके ऊपर उपकार कर रहा हूँ, ऊपर से आप मुझ पर हँस रही हैं।" मैंने पूछा, "कैसा उपकार भइया" तो बोले, "देखिए, छोड़िए आप भला क्या समझेंगी, जाइए सिलाई, बुनाई, कढ़ाई और रसोई का काम कीजिए। वही ठीक है, समझती नहीं हैं कि आपके बच्चे को सही उच्चारण सिखा रहा हूँ।" डाँट खा ही चुकी थी, सो शान्त स्वर में मैंने कहा, "दुबे भइया बच्चा अभी महज छह महीने का है, बोलना भी नहीं जानता और आप उसे उच्चारण सिखा रहे हैं।" तो तमककर बोले, "आप तो भारतीय संस्कृति की मद्दाह बनी फिरती हैं, भाषण झाड़ती रहती हैं और इतना भी नहीं मालूम कि अभिमन्यु ने तो माता के गर्भ में ही चक्रव्यूह रचना सीख लिया था, फिर यह तो छह महीने का हो चुका है।" मैंने नतशिर हो हाथ जोड़ लिये और कहा, आप से बहस कर सकूँ, इतनी काबीलियत मुझ में नहीं। मैं तो भइया चटपटे आलू बनाने लायक ही हूँ, सो मैं चली अपनी रसोई में, आप जी भर कर इसे नाट्य शास्त्र का ज्ञान दीजिए।"

उच्चारण की बात चल रही है तो उसी पर एक बात और याद आ रही है। दुबेजी के पास अक्सर बड़े-बड़े कलाकार संवाद बोलने की कला सीखने आते थे।

उन दिनों जेनिफ़र कपूर अक्सर आती थीं, मेरी बड़ी बेटी केका बारहवीं कक्षा की पढ़ाई में लगी रहती थी। एक दिन फ़ोन आया "जानता हूँ केका किताबों में सिर घुसाए बैठी होगी। हज़ार बार समझा चुका हूँ कि सिर्फ़ स्कूली किताबें मत पढ़ा करो, कुछ जासूसी उपन्यास वग़ैरह भी पढ़ा करो तो सुनती ही नहीं है। उससे कहिए थोड़ी देर किताबों को आराम करने दे और घण्टेभर के लिए इधर मेरे घर आ जाये।" होता यह था कि कभी-कभी जब वे ज़्यादा व्यस्त होते थे तो केका को बुला लेते थे, वह उनके चेलों को कुछ वाक्य पढ़कर सुनाती थी और ज़रूरत पड़ी तो अंग्रेज़ी में उनके अर्थ समझा देती। वे लोग जब कथ्य का भाव समझ लेते, तब दुबेजी उन्हें संवाद अदायगी और शुद्ध उच्चारण सिखाते थे।

एक बार जेनिफ़र कपूर आयी थीं। काफ़ी देर तक सीखती रहीं, फिर केका से बोलीं, "थकान लग रही है। थोड़ी-सी ब्लैक कॉफ़ी मिल जाती तो मज़ा आ जाता।" दूसरे कमरे में बैठे दुबेजी से केका ने कहा, "मैं अपने घर से कॉफ़ी बना लाती हूँ।" तो बोले, "अरे नहीं भई, मेरे पास सब इन्तज़ाम है, चलो दिखाता हूँ।" ये रहे कप-प्लेट, ये चम्मच और यह रहा कॉफ़ी पाउडर और ये शक्कर। बस झट से बना लो। केका ने देखा, न वहाँ गैस थी, न हीटर, न किसी तरह का कोई बरतन। केका बोली पर चूल्हा तो है ही नहीं। बोले, "अरे! मूर्ख चूल्हे का क्या काम। अरे! बाथरूम में गीज़र लगा है बटन दबाओ, गरम पानी मिल जायेगा।" हैरान-परेशान केका ने कहा, "मैं झट से घर से थर्मस में ले आती हूँ", तो डाँटकर बोले, "ज़्यादा शेखी मत झाड़ो। मेरे घर में मेरा तरीक़ा ही चलेगा, चुपचाप इसी तरह बनाओ।" जेनिफ़र कपूर को उस कॉफ़ी में स्वाद आया था या नहीं, यह तो नहीं मालूम, पर केका आज तक वह कॉफ़ी भूली नहीं है।

बच्चों से उनकी बहुत पटती थी। बेटा किंशुक और छोटी बेटी प्रज्ञा के साथ, 'स्टार ट्रैक' प्रोग्राम बड़े चाव से देखते थे और भी बहुत से शगल थे। एक दिन दोपहर को आये और बोले, "पुष्पाजी! महेश भट्ट ने एक किताब दे रखी है कि पढ़कर उसका सारांश बता दूँ। पढ़कर बताने के पैसे न मिलते होते तो कतई न पढ़ता। पढ़ते-पढ़ते ऊब गया हूँ, थोड़ी देर कोई अच्छा क्लासिक नहीं पढ़ लूँगा तो सिर दर्द होने लगेगा।" अब इस तरह के फ़तवों पर कोई आश्चर्य नहीं होता था, सो मैंने कहा, "मैं कुछ काम कर रही हूँ। प्लीज़ आप भारतीजी की स्टडी में चले जायें। एक-से-एक क्लासिक मिलेंगे, जो मन में आये निकाल लीजिए।" बोले,

"उफ़्फ़ोह मैं भी क्या बौड़म हूँ, ग़लत व्यक्ति से कह रहा हूँ। क्लासिक की समझ न आपको है, न भारतीजी को। किंशुक, गुड़िया कहाँ हैं?" बच्चे स्कूल गये हुए थे, सो वह उनके कमरे में चले गये, बोले, मेरा मनचाहा, यहीं मिलेगा। थोड़ी देर बाद देखती क्या हूँ कि सत्यदेव दुबे किंशुक के पलंग पर लेटे हैं, बग़ल में, 'अमर चित्र कथा' और 'इन्द्रजाल कौमिक' की गड्डी रखी है। एक कौमिक मुँह पर औंधा धरा है और दुबेजी चैन की नींद सो रहे हैं। जब छोटी बेटी प्रज्ञा कॉलेज जाने लगी तो उसे घेर लेते कि "कॉलेज की गपशप सुना", कुछ नये स्कैंडल बता, तेरे मार्फत मैं आजकल के यंगस्टर्स को समझना चाहता हूँ। ये गुड़िया बचपन से ही बड़ी ज़हीन थी, ये दुबे काका को ख़ूब समझने लगी थी, तो इस तरह बातें करती कि दुबेजी जो कुछ कहें, उसे वह काट दे और ठीक उलटी बात करने लगे। दुबेजी को भला यह कहाँ सहन। दोनों ज़ोर-ज़ोर से बहस करने लगते। ऐसी झड़प होती कि मुझे लगे अभी भतीजी के गाल पर चाँटा पड़ जायेगा, पर थोड़ी देर में ब्लैक कॉफ़ी पी जाती और भतीजी की पीठ थपथपाई जाती, कहते, "आज की बातों में मज़ा आ गया। जल्दी ही फिर आऊँगा।"

दुबेजी के कारण इन बच्चों का बचपन बहुत ही ज्ञानवर्द्धक और रौनक अफरोज बीता। केका बड़ी होकर ससुराल चली गयी। जब भी घर आती, कहते जल्दी-जल्दी बड़ा करो अपने बेटों को, उनसे कहो–जब कमाने लगें तो कमाई का बड़ा हिस्सा मुझे दें, मुझे फ़िल्म बनानी हैं। एक ज़माने में फ़िल्म बनाने का ऐसा जुनून सवार हुआ कि कोई कहे मिलना चाहता हूँ, तो कहें मिलने के कितने पैसे दोगे। कोई इंटरव्यू लेना चाहता तो कहते जितनी देर बात करोगे, उतनी देर प्रति मिनट के हिसाब से पैसे देने होंगे। कोई समारोह की अध्यक्षता करने को बुलाता तो कहते–पैसे कितने दोगे। पैसों की बात पर एक वाकया याद आ गया है। झगड़ालू तो वे मशहूर थे ही। बात-बे-बात झगड़ पड़ना उनकी आदत ही बन गयी थी। एक बार मैं किसी काम से भारतीय विद्या भवन गयी थी, वहाँ गिरीश देसाई से मुलाक़ात हुई उन्होंने अपना परिचय मुझे यही कहकर दिया कि मैं ही एक अकेला थिएटर का ऐसा आदमी हूँ, जिससे सत्यदेव दुबे लड़े नहीं हैं। मैंने जब हँसकर कहा, तब तो मुझे शक हो रहा है कि आपसे मिलकर मुझे बड़ी निराशा न हाथ लगे। तो वे ख़ूब ज़ोर से हँसे थे और तुरन्त मेरा काम करा दिया था।

एक बार झगड़ालू शिरोमणि किसी बात पर अपने परमप्रिय मित्र श्यामानन्द जालान से झगड़ पड़े थे। झगड़ा होना फ़िक्र की बात नहीं थी, पर फ़िक्र इस बात की थी कि झगड़े के बाद दुबेजी ने श्यामानन्द से बात करना बन्द कर दिया। श्यामानन्द

ने कई महीनों तक तमाम चिरौरियाँ कीं, तमाम लोगों से सिफ़ारिश पहुँचाई, पर दुबेजी का अनबोला नहीं ही टूटा। चारों ओर से निराश होकर श्यामानन्द ने भारतीजी से कहा, 'डॉक्टर साहब अब आप ही का आसरा है। मेरा निस्तार कीजिए।" भारतीजी के कहने पर पहले तो दुबेजी ना-नुकुर करते रहे, पर आख़िर भारतीजी ने जब आदेश के सुर में बात की तो उन्होंने एक शर्त रख दी कि, "पुष्पाजी श्यामानन्द जालान से कहें कि मुझे एक लाख रुपये दे, तो बात करूँगा।" और लीजिए तीन-चार दिन में ही उधर से एक लाख का चेक आ गया। मैंने फ़ोन पकड़ाते हुए कहा, "नम्बर मिलाये देती हूँ, अब तो बात कर लीजिए।" तो बोले भले ही कायस्थ से शादी कर ली है, पर रहेंगी आप पोंगा पण्डित ही। अरे, पहले जाइए, इसे मेरे अकाउंट में जमा कीजिए। जब कैश होकर आ जायेगा, तब बात करूँगा। आख़िर वैसा ही हुआ और पण्डितजी का अनबोला टूटा, श्यामानन्द की घुटन समाप्त हुई।

पैसे-पैसे की धुन लगाने वाले ये दुबेजी भीतरी मन में कैसे थे, यह जानिए उस बात से कि सन् 1962-63 में अलकाजी साहब एन.एस.डी. के डायरेक्टर होकर दिल्ली चले गये थे तो अपनी 'थिएटर यूनिट' दुबेजी को सौंप गये थे। परम उत्साही, कर्मठ और मौलिक सूझबूझ वाले दुबेजी ने मित्रों के सहयोग से धीरे-धीरे बम्बई के थिएटर जगत् में अपनी एक अलग पहचान बना ली। सभी उनका लोहा मानने लगे। दुबेजी के एक भोले-भाले निहायत शरीफ़ दोस्त थे, शकूर भाई। उन्होंने आर्थिक मामले सँभाल रखे थे। एक बार एक नाटक ख़ूब चल निकला। अच्छी-ख़ासी आमदनी हो गयी। घबराये-घबराये आये और बोले, "भारतीजी आजकल बड़े संकट में हूँ। समझ में नहीं आ रहा क्या करूँ।" पता चला, इतने पैसे इकट्ठे हो गए हैं कि समझ में नहीं आ रहा कि इनका क्या किया जाये? अगले नाटक के लिए बचाकर रखें, यह उन्हें स्वीकार नहीं था, क्योंकि आर्थिक निश्चिन्तता यूनिट को और स्वयं उन्हें आलसी बना देगी। अन्त में यही तय पाया गया कि जितनी भी अतिरिक्त कमाई हुई है, वह सब कलाकारों और कार्यकर्ताओं के बीच बराबर बाँट दी जाये। यह करने के बाद ही दुबेजी अगले नाटक की तैयारियों में लग सके।

ये फक्कड़ बाबा जब 'साहित्य सहवास' में रहने आये तो इनके घर की इक्कीस चाबियाँ बनवाई गयी थीं। एक मेरे पास और एक उनके पड़ौसी के घर में रखी गयी। बाकी उन्नीस चाबियाँ मित्रों को दे दी गयी, क्योंकि स्वयं चाबी सँभालने की ज़हमत उन्हें लेनी नहीं थी। वैसे सच बात तो यह है कि वह अपने घर में रहते ही कहाँ थे। किसी दिन दिखाई दे कि टखनों से ज़रा-सा ही ऊपर दिखता लम्बा सा कुरता पहने चले आ रहे हैं तो समझ लीजिए, कल अमरीश पुरी के घर होंगे। कलफ़ लगी सादी

सफ़ेद शर्ट पहने हों तो ज़रूर श्याम बेनेगल के घर से आ रहे होंगे। 'कलरफुल बुशर्ट' में हों तो ज़रूर पिछले दिनों गोबिन्द निहलानी के घर पर रहे होंगे। गरज़ यह कि जब जिसके यहाँ रहे, उसके कपड़े पहन लिये, फ़िटिंग वगैरा की फ़िक्र करने का सवाल ही नहीं उठता। किसी दिन यदि अपनी स्वयं की फ़िटिंग के अपने कपड़े पहने, अच्छी तरह बाल काढ़े, नहाये-धोये स्वच्छ दुबेजी दिख जाये तो हम लोग आपस में बात करते, पता लगाओ इनकी तबीयत तो ठीक है न!

पद्मभूषण मिलने पर सुनील शानबाग तथा अन्य मित्रों ने मिलकर एम.आई.जी. क्लब की छत पर दुबेजी के सम्मान में दावत दी थी। मैंने देखा दुबेजी नीला सिल्क का कुरता और सफ़ेद रॉ सिल्क की सदरी पहने सजे-सजाये गुड्डे से सहमे खड़े शरमाते-सकुचाते सबकी बधाइयाँ स्वीकार कर रहे हैं। मैंने ठीक उनके सामने जाकर कहा, अरे सब लोग दिखाई दे रहे हैं, हमारे दुबे भइया ही नज़र नहीं आ रहे।" पास खड़े व्यक्ति ने कहा, "अरे सामने ही तो हैं।" तो बड़े नाटकीय अन्दाज़ में मैंने कहा, "ये दुबेजी हैं?" हाय राम यह क्या किया आपने अपने साथ भइया? कितने बेढंगे लग रहे हैं। पहचान में ही नहीं आ रहे। आज कैसी तो धज बना रखी है। ऊल-जलूल बिखरे बाल, मैले-कुचैले बेमेल कपड़े, एक साइज़ बड़ी चप्पलें या एड़ी पर से पिचके जूते, बग़ल में झोला लटकाये। यही सब आप पर फबता है। वैसे रहते हैं, तभी बड़े सलौने और अपने से लगते हैं आप। एकदम मुण्डी नीचे लटकाकर रुँआसे से बोले, "क्या करूँ ये लता मानी ही नहीं। इनकी जिद से यह सब करना पड़ा। मैं ख़ुद बहुत अनइज़ी फ़ील कर रहा हूँ।"

हरि अनन्त, हरि कथा अनन्ता। मेरे मलंग भइया की ऐसी कथाएँ अनन्त हैं। फ़िलहाल बस एक बात और सुनिए। एक बार औघड़दानी बन गये और बोले अब मुझे केवल चार-दीवारों के साथ रहना है। ऐलान कर दिया कि घर में एक भी चीज़ नहीं रखनी है। बालकनी में स्टील का एक कबाड़ रखा है, उसकी एक दराज़ में अपनी ज़रूरत की चीज़ें रख ली हैं। बाकी घर में जो कुछ भी है, जिसके जो जी में आये, उठा ले जाओ। किसी मित्र ने उनकी बैठक में एक बड़ा सा शोकेस लगवा दिया था। उसमें ख़ूब सारी किताबें और एक म्यूज़िक सिस्टम रखा था। मैं अपनी बालकनी से खड़ी देखती, कभी बरतन-भाँड़े, कभी कुरसी-मेज़, कभी पलंग वग़ैरा सामान धीरे-धीरे घर-बदर होते जा रहे थे। एक दिन देखा कुछ लोग किताबें भी लिये जा रहे हैं तो मुझसे नहीं रहा गया। जाकर बोली, "भइया किताबें तो मत दो।" तो बोले क्यों रखूँ? आप भी देख लीजिए, जो चाहिए ले जाइए। मुझे ज़रूरत होगी तो भारतीजी का इतना अमूल्य संग्रह है ही, वहाँ से ले लूँगा। मैं अपना घर क्यों भरूँ।

ज़िद करने लगे कि मैं भी किताबें देखूँ। मैंने देखा आठ-दस किताबें तो ऐसी दिखीं जो मित्रों द्वारा हमें भेंट की गयी थीं। बन्धु पढ़ने को ले आये होंगे और वापस करना भूल गये होंगे। मैंने अपनी वे सब पुस्तकें तथा उनके संग्रह में से देवनागरी लिपि में कुरान ले लिया।

देखते-ही-देखते जल्दी ही वह दिन आ गया, जब दुबेजी के पास सचमुच चार-दीवारों वाला घर मात्र बचा रहा। कुछ दिन बाद एक दिन दोपहर में अपनी बालकनी से मेरी बेटी ने जो देखा कि दुबेजी कमरे के फर्श पर पैर फैलाये सो रहे हैं और उनकी सिकुड़ी पड़ी लुंगी ने उन्हें लगभग दिगम्बर अवस्था में पहुँचा दिया है, तो घबराई हुई मेरे पास आयी और बोली, "मम्मी अंकल को समझाइए न।" मैं समझाती तो क्या समझाती भला। उन दिनों क्रिकेट मैच चल रहे थे, सो वे जब बच्चों के साथ टी.वी. देखने आये तो मैंने कहा, "भइया मुझे कुछ रुपये चाहिए।" तो अचरज से बोले, "रुपये? आपको? मुझसे?" मैंने जब हाँ कहा तो बोले ख़ैर पूछूँगा नहीं कि क्यों और कैसे, पर बताइए कितने चाहिए? मैंने तीन हज़ार माँगे तो बोले इतने पैसे तो मेरे पास नहीं हैं, लेकिन किंशुक को मेरे साथ भेज दीजिए, चेक दे दूँगा, बैंक घर के नीचे ही है, निकाल लीजिए।

हम माँ-बेटी बाज़ार गये, लौटते समय दरजी को साथ लेकर उनके घर गये, उसने बालकनी में लगे पारदर्शी काँच के फ्रेम का माप लिया। कारपेटर बुलाकर हमने कर्टेन रॉड लगवा दिये और शाम तक उनके परदे तैयार करके लगा दिये गए। बाज़ार से एक चटाई, एक गावतकिया और पाँवपोश भी लेते आये थे। सब रसीदों के साथ। बाकी बचे पैसे फ़ोन के पास रख आये। रात में घर आने पर देखा होगा। तो फ़ोन किया, "अब मैं समझा कि आपको मुझसे पैसे क्यों चाहिए थे। इस बात के लिए धन्यवाद कि आपने ये चीज़ें दान में नहीं दीं, मेरे ही पैसों से लायीं, पर सुन लीजिए मुझे यह फिज़ूल की टीम-टाम और शानपट्टी बिल्कुल अच्छी नहीं लग रही है।" मैंने उन्हीं के अन्दाज़ में जवाब दिया, "मैंने तो आपसे पूछा नहीं है कि आपको अच्छा लग रहा है या नहीं, पर ख़बरदार ये परदे उतारे नहीं जायेंगे। यह गाँठ बाँध लीजिए।" कहकर मैंने फ़ोन फटाक से रख दिया।

दूसरे दिन जब घर आये और उनको पूरी बात पता चली तो लज्जित तो बहुत हुए, पर अपनी ही अदा से बोले, "ठीक है, ठीक है। बेहद गरमी थी, मुझे क्या पता कि सोते वक़्त ऐसा हो जायेगा।" मैंने कहा, "भइया गरमी क्यों सह रहे थे। अमरीश पुरी ने आपके सोने के कमरे में ए.सी. लगवा तो दिया है। वहाँ क्यों नहीं सोते।" तो बोले, "अरे, हाँ यह तो मैं भूल ही गया था कि यहाँ एयर कंडीशनर भी लगा है।"

सौरी-सौरी तो कह दिया, मगर रात को बारह बजे के बाद फ़ोन आता है, "पुष्पाजी, आपके कहने से एयर कंडीशन चलाकर सो गया था, पर अब तो सर्दी सी लग रही है। मैंने तो बिस्तर-चादर सब दे डाले हैं।" क्या करती सोते बेटे को जगाया और उनके पास ओढ़ने की दोहर भेजी।

एक-से-एक नामी कलाकारों से लेकर सैकड़ों नवोदित थिएटर कलाकारों और मित्रों के पास उनकी यादों के ऐसे ही तमाम चिरागों की जगमग रोशनी बची रह गयी है, जो किसी को कभी अँधेरों में भटकने नहीं देगी। कितनी ही प्रतिभाओं को तराशकर रत्न बना दिया था इस थिएटर गुरु ने, पर जो भी काम करते, अपने औंधे दिमाग़ से, अपने ऊबड़-खाबड़ तरीकों से ही करते। कितनों को कितने दुःख पहुँचाए, कितनी गालियाँ दीं, कितना बेइज़्ज़त किया, बिना वजह शर्मिन्दा किया, पर कोई भी ऐसा नहीं मिला, जो इन सब हरकतों को उनका आशीर्वाद मानकर न लेता हो। सब उन्हें बेपनाह प्यार और इज़्ज़त के साथ ही याद करते हैं। एक-से-एक बढ़िया तकनीकों के प्रयोग और एक-से-एक बढ़िया प्रस्तुतियाँ देखी हैं हमने देश और विदेश के रंगमंचों पर, पर बिना किसी टीम-टाम या साज-सज्जा के अपनी मौलिक सूझ-बूझ से नाटक की आत्मा को उजागर कर देना, जैसा सत्यदेव दुबे के नाटकों में देखा, वह सचमुच कहीं नहीं दिखाई दिया। चाहे वह मोहन राकेश हों या गिरीश कर्नाड या धर्मवीर भारती, हर लेखक को अपना लिखा नाटक सत्यदेव दुबे के निर्देशन में देखकर परम सन्तोष मिलते देखा है। मैंने और इस बात की जब-जब उनके सामने प्रशंसा की तो जवाब में यही सुना, "क्यों मेरी कब्र खोद रही हैं। अत्यधिक प्रशंसा कलाकार को मौत के मुँह में ढकेल देती है" और यही बेढब सज्जन जब-तब यह कहते भी सुनाई देते, "आई एम द ग्रेटेस्ट इज नॉट एन एक्ट, इट्स अ फैक्ट" (मैं सबसे बड़ा हूँ, इसमें भला क्या सन्देह)

ऐसे अनेक अटपटे वचन जब-तब बोलने वाले दुबे भइया एक दिन बौखलाये और परेशान से आये और बोले बहुत घबराहट हो रही है। रातभर सो नहीं सका हूँ। अनगिनत सिगरेटें फूँक डाली हैं, पर चैन नहीं मिल रहा तो भारतीजी ने छेड़ते हुए पूछा, "अरे विप्रवर ऐसा क्या हो गया? कोई कन्या मन हरण करके ले गयी क्या?" तो बोले, "मज़ाक़ की बात नहीं। कन्याओं की बात छोड़िए, वह तो मैं अपने तरीके से निबट लेता हूँ। इस बार तो मैं सेक्स वर्कर्स के मूलभूत अधिकारों के लिए चुनाव लड़ने जा रहा हूँ, अरे, उन्हें भी समाज से आदर-सम्मान पाने का हक़ है। कोई पार्टी टिकट नहीं दे रही, न दे। स्वतन्त्र लड़ूँगा। दोस्त कहते हैं जमानत जब्त हो जायेगी, अरे हो जाने दो, मेरे पास खोने के लिए कभी कुछ रहता ही नहीं। यह सब छोड़िए

इस समय मेरी चिन्ता ज़्यादा गहरी है। कम-से-कम आप तो समझिए। देश की जो बर्बादी हो रही है, वह तो हो ही रही है, पर हिन्दी थिएटर गर्त में गिरता जा रहा है। उसकी फ़िक्र कीजिए। भारतेन्दु हरिश्चन्द्र के ज़माने से लेकर अब तक रंगमंच की इतनी दुर्गति नहीं हुई थी, जितनी आज हो गयी है। ऐसे ही वाक्यों की उनकी लम्बी वार्ता सुनने के बाद पता चला कि आज के अख़बार में एक लेख निकला है, जिसमें कहा गया है कि श्री सत्यदेव दुबे आज के रंगमंच के निर्विवाद रूप से सर्वश्रेष्ठ निर्देशक और थिएटर गुरु हैं। दुबेजी का कहना था, "ज़रा सोच कर देखिए कि क्या दुर्दशा है हिन्दी रंगमंच की, फटीचर सत्यदेव दुबे को नाट्यकला का क, ख, ग भी नहीं आता। यदि वह सर्वश्रेष्ठ है तो क्या खाकर हम अन्य भाषाओं के रंगमंच से या पश्चिमी रंगमंच से अपना मुकाबला करेंगे। हिन्दी तो चौपट हो जायेगी, कहीं की नहीं रहेगी।"

उनकी चिन्ता का कारण जानकर मैं तो उस कमरे से हँसती हुई आ गयी और अपनी घर गिरस्ती के कामों के लग गयी। पता नहीं भारतीजी उनको किस तरह परशमित कर सके होंगे कि थोड़ी देर में गरम-गरम चाय की फ़रमाइश के साथ उस कमरे से ठहाकों की गूँज सुनाई देने लगी।

उसी शायर की अगली पंक्तियाँ याद आ रही हैं–

फूल खिलते हैं तो हम सोचते हैं...
तेरे मिलने के ज़माने आए...

यादों के फूल यों ही खिलते रहेंगे और दुबे भइया यों ही मिलते रहेंगे अब।

माया गोविन्द

(17 जनवरी 1940 - 6 अप्रैल 2022)

रात की काली चादर ओढ़
मुँह को लपेटे
सोयी है कब से
आँख न खोले
मुँह से न बोले
जब से किसी ने
कर ली है सूरज की चोरी
आओ, चल के सूरज ढूँढ़ें
और न मिले तो
किरन-किरन फिर जमा
करें हम और इक सूरज

महाठगिनी माया

"मूँदहु नयन कतहुँ कोउ नाहीं!" पर मेरे साथ तो कुछ और ही हुआ आज। आँखें मूँदकर चुपचाप बैठी थी कि कुछ सोचूँगी, कुछ लिखूँगी, पर यह क्या? आँख मूँदते ही बन्द पलकों के अँधेरे में अचानक प्रगट हो गये सूरज के वे सातों घोड़े, जिनमें से एक को भारतीजी ने अपने उपन्यास में याद किया था। मुझे ये घोड़े कभी एक-दूसरे में गुँथे गड्डमड्ड दिखाई दें, कभी अकेले-अकेले इधर-से-उधर दसों दिशाओं की ओर भागते दिखाई दें। कभी एक साथ सरपट, कभी अकेले-अकेले। क्या हो रहा है यह सब? कि लो देखा कि एक घोड़ा जिधर भाग रहा था, उधर खड़े हैं बुद्धिनाथ मिश्र–

एक बार और जाल फेंक रे मछेरे
जाने किस मछली को बन्धन की चाह हो।

और लो किसी दूसरी दिशा से भागते आते घोड़े के साथ थे कबीर–सन्त कबीर। 'माया महाठगिनी हम जानी'–अब भई बुद्धिनाथ और कबीर का क्या सम्बन्ध भला। कुछ भी तो नहीं। कबीर कह गये थे–

निरगुन फाँस लिये कर डोलै, बोलै मधुरी बानी

इस मधुरी बानीवाली ठगिनी की अकथ कहानी सुनानेवाले क्यों याद आ रहे हैं? सूरज के सातों घोड़े इधर-से-उधर, उधर-से-इधर क्यों भाग रहे हैं? जाने कैसा अजीब मंज़र था कि मेरा मन घबराने लगा तो मैंने आँखें खोल दीं और खुली आँखों के उजाले में इस सपने जैसे अनुभव के बारे में सोचने लगी तो समझ में आया अरे बुद्धिनाथ के मछेरे की याद इसलिए आयी होगी कि इधर कुछ समय से मैं माया गोविन्द की किताबों को उलट-पुलटकर पढ़ रही थी और फिर-फिर पढ़ने का मन हो रहा था, पर फिर उन कविताओं से कबीर का क्या सम्बन्ध? तो दिमाग़ ने एक और

एक-दो जोड़कर बता दिया कि कबीर की महाठगिनी माया ने अपने गीतों का जाल फेंक दिया था और मेरे मन की मछली उसमें फँस चुकी थी और फिर तो मन भाग गया तीस पैंतीस-बरस पहले के भारतीजी की स्टडीवाले कमरे में। दूसरे दिन बम्बई में एक कवि सम्मेलन होनेवाला होता था, तो उसके पहलेवाले दिन कुछ कविगण भारतीजी से मिलने आते थे। सभी उन्हें अपनी सर्वश्रेष्ठ रचनाएँ सुनाकर बहुत ख़ुश होते थे। स्वयं भारतीजी भी एकदम ताज़ा हो उठते थे। उस दिन माया गोविन्द हमारे घर पहली बार आयी थीं। माया की याद आयी कि दिमाग़ में कौंध गयी उस दिन सुनी कुछ पंक्तियाँ...

ब्याहन आया मन दूल्हा बन, तन का सेहरा बाँधे
साँस बराती दिवस चार, धर लाये डोली काँधे
गर्म तवे पर बूँद गिरे, जल जाये, बोले छन से

संवेदनों में निरगुन सी फाँस लिये मुधर बानीवाली माया की सुरीली आवाज़ मन में गूँजती रही बड़ी देर तक। माया, गोविन्द की माया, कबीर की महाठगिनी माया। सचमुच इस ठगिनी ने सहज ही ठग लिया था, उस दिन हम दोनों पति-पत्नी का मन। बिना मोल हम बिक गये थे उसके गीतों के हाथ।

और सूरज के सातों घोड़ों को भुलाकर मैं फिर माया की लिखी किताबें उलटने-पलटने लगी–

सुधि आयी सपनों की आली कजरा भर नैनन में
सिन्दूरी संध्या झाँक रही अम्बर के दरपन में
कुमकुम के उठे बुलबुले नीलाम्बर घट में
सुरमई साँझ की लाज सजी बादल पट में
मुँहबोली ननदी सी कहती घड़ियाँ कुछ नैनन में

यह पढ़ा कि मन फिर उचट गया, पढ़ना छोड़कर याद करने लगी। अपनी 'मुँहबोली ननदी सी' माया को। अपनी बहुत मीठी आवाज़ में मुझे 'भाभी' कहती माया की शक्ल भी याद आये और किसी कवि सम्मेलन में गीत सुनाती उसकी आवाज़ भी याद आये। अजब उलट-पुलट गया था इन्द्रियों का व्याकरण। आँखों से सुन रही थी मैं और कानों से देख रही थी। फिर सूरज के सातों घोड़े गड्डमड्ड दीखने लगे।

रंगों की गुलेल सी चलेगी मेरी ननदी।
साड़ी भी बदलने न देगी मेरी ननदी।।

रंग भरे ताल में मैं उसको डुबोऊँगी।
मूरत गुलाल की मैं उसको बनाऊँगी।।
कमरे में जायेगी वो चोरी-चुपके।
शीशे में निहारेगी वो रूप छुपके॥
माँग में गुलाल और भर लेगी वो।
आईने को चूम प्यार कर लेगी वो॥
शादी हो जायेगी इसी साल देखना।
होगा ननदोइया निहाल देखना॥"

उसी साल तो नहीं, कई बरस पहले ही शादी हो चुकी थी 'इस रंगों की गुलेल सी मेरी ननदी' की, लेकिन अपने घर पर होनेवाली गोष्ठियों में एक बार जब मैंने 'निहाल होते ननदोइया' को देखा था तो मन सिहा गया था। बड़े विनम्र, सम्भ्रान्त और भले-भले लगे गोविन्दजी और फिर तो जब उनके मुँह से एक गीत सुना, "घुँघरू की तरह बजता ही रहा हूँ मैं" तो भूल गये हम किशोर कुमार को और गोविन्दजी के सुरीले गले के प्रशंसक बन गये थे भारतीजी। न जाने कितनी बार गोविन्दजी से इस गाने को सुनकर भी जी नहीं भरा था। उनका मन तो माया के गीत सुनकर भी नहीं भरता था।

फिर तो जब मैंने माया की बृज और अवधी की रचनाएँ पढ़ीं तो आश्चर्यचकित रह गयी।

ओह! कितनी-कितनी तरह के तीर हैं इस महाठगिनी के तरकश में। उनके लिखे कवित्त, सवैये पढ़े तो अपने विद्यार्थी जीवन में पढ़े हिन्दी साहित्य के इतिहास के तमाम पन्ने दिमाग़ में फड़फड़ाने लगे, फिर सूरज के सातों घोड़े इधर-उधर सरपट भागते दिखे। काल का बोध भी बिसर गया। कभी सूर, तुलसी याद आ जाये तो कभी रत्नाकर, मतिराम, बिहारी तो कभी रसखान कानों में रस उड़ेलते महसूस होने लगें। माया का लिखा जिस दिन पढ़ा–

गालन-गाल, गलीन, गवाइन, गोपिन-ग्वाल, गुलाल लगावैं।
छैलन के छल छन्द छलै, छलकावैं, छटा, छवि-छीन छकावैं॥
या कारी-कालिन्दी के कूल विराजत, राधा गोविन्द दोऊ दृग जोरे।
गोरी के गाल रहे सँवलाय औ स्याम के गाल लगें तनि गोरे॥

गोरी राधा और साँवरे कृष्ण की यह छवि जब आँखों में घूमी तो अचानक ही याद आ गये बिहारी और उनका दोहा–

मेरी भव बाधा हरौ राधा नागरि सोय
जाकी झाँई परे स्याम हरित दुति होय॥

और यह दोहा याद आते ही मुझे याद आने लगे अपने पिताजी। मेरे पिता पं. रघुनन्दन प्रसाद शर्मा हिन्दी और संस्कृत के बड़े विद्वान थे। उनकी हम आठ सन्तानें थीं। बाक़ी सारे भाई-बहन विज्ञान पढ़ने लगे, केवल मैं और मेरा छोटा भाई विष्णु (जो बाद में विष्णु ब्रह्मचारी के नाम से प्रख्यात हुआ) ही साहित्य के विद्यार्थी बने रहे थे। पिताजी, विष्णु और मैं, हम तीनों ही कृष्ण काव्य के बड़े रसिया थे। पिताजी जब भी कोई अच्छी रसभरी चीज़ पढ़ते थे तो हम दोनों को ज़रूर सुनाते थे और अपनी तरह से व्याख्या करके हमें समझाते थे। उन्होंने जिस दिन हमें बिहारी का उक्त दोहा सुनाया था, उस दिन हम दोनों भाई-बहन सिर से पाँव तक रस स्नात हो उठे थे, राधा के तन की छाँह पड़ते ही स्याम का हरित गात हो जाना मन को पुलकित कर गया था। कई दिनों तक हम दोनों अपने वाटर कलर के रंगों में से ब्रश से पीला और नीला रंग काग़ज़ पर मिलाकर उसे हरा होते देखते और बिहारी का दोहा दोहराते। बड़ा मज़ा आता था। माया की पंक्तियाँ पढ़कर पिताजी कितना ख़ुश होते। पहली दो पंक्तियों के अनुप्रास लालित्य पर मेरे पिताजी तो पगलाय जाते।

मैंने जब माया का एक कवित्त पढ़ा–

"माँग भरि बिंदिया लगाई जब राधिका ने,
लागे जैसे मोरवाला सूरज है, छोरी में।
कजरा लगावे तो या लागे कि समुंदर माँ,
मछरी फसाय लई, मछुओं ने डोरी में।
गोरे-गोरे मुखड़े पे, घुँघटा सुनहरा यूँ,
जैसे चाँद राखे कोऊ सोने की कटोरी में।
नाक माँ नथनियाँ वा धीरे धीरे डारे ऐसे,
जैसे कोऊ मालदार, ताला दे तिजोरी में।

तो बृज, अवधी और खड़ीबोली का ऐसा अटपटा घालमेल देखकर विचित्र सा भी लगा, लेकिन माया की छन्द रस माधुरी में श्वेत गंगा और श्याम जमुना के संगम के बीच छिपी सरस्वती भी जिस तरह दिखाई देने लगती है, तो वह अटपटापन भी खलता नहीं।

फिर जब पढ़ा–

मुँदरी उरझि गयी राधिका की लट बीच
ढूँढ़त फिरत स्याम, अपनी मुँदरिया।
ललिता ने पाय लई, मुँदरी सहेज लई
स्याम जू को जाय दई, हीरे की मुँदरिया।
बोली इठलाय कछू भेंट तो निकारो, स्याम
बोले स्याम, चूमि लेव, मोरी या अँगुरिया।
चूमत हँसत जात, ललिता कहत जात
राम करे खोय जाय, तोरी या बाँसुरिया।

पूरा-पूरा दृश्य साक्षात् दिखा दिया है माया गोविन्द ने। अगर नाटक हो रहा होता और किसी निर्देशक को भाव-भँगिमा सिखानी होती ललिता को। भला कोई सिखा पाता क्या? जैसा माया ने इशारा किया है, राम करे खोय जाय, तोरी या बाँसुरिया... बाँसुरिया खोने पर ललिता क्या पाती, इसे भला कोई निर्देशक अपने कलाकार से कैसे करवा सकता। तभी मुझे याद आया कविवर बिहारी का नाट्य निर्देशन, दोहे में देखिए पूरा-का-पूरा नाटक–

बतरस लालच लाल की मुरली धरी लुकाय
सौंह करै, भौंहनि हँसे, दैन कहै नटि जाय।

आँखों ही आँखों से बातों का ऐसा निर्देशन कोई दे पायेगा कभी, जैसा इन पंक्तियों में है–

कहत, नटत, रीझत, खिलत, मिलत, लजियात
भरे मौन में करत हैं नैनहुँ ते सब बात।

कवि के शब्द ही नाटक कर रहे हैं। माया ने तो बिना शब्दों के ही अपने कवित्त में ऐसी मीठी कल्पना की कि बाँसुरी खो जाने पर ललिता को भेंट में कौन-सा सुख मिल जाता, तो किसी भी प्रेमी युगल की नसनस में सुरसुरी महसूस होने लगे। ललिता, राधा, कृष्ण! वाह क्या कोमलकान्त कल्पना है। इसीलिए तो मैं माया को महाठगिनी कहती हूँ।

हज़ारों फूलों का सत्त निचोड़कर कुछ बूँदें बनती हैं इत्र की। उसी तरह कृष्ण काव्य के अनेकानेक रसिक कवियों की कविता के फूलों का इत्र महकता मिलता है माया की 'छन्द रस माधुरी' में।

मैं भारतीजी से अक्सर कहा करती थी कि एकदम अछूती उपमाओं का इस्तेमाल करती, ऐसे अनोखे बिम्ब बुनती है माया कि इसकी कल्पनाओं के नन्हे नन्हे पखेरू अनन्त आकाश में ऊँची-ऊँची उड़ानें भरते दीखते हैं। माया के गीतों में श्रृंगार और बैराग ऐसी गलबहियाँ डालते मिलते हैं कि मन निहाल हो जाता है, पर कुछ है कि यह आनन्द ब्रह्मानन्द तक नहीं पहुँच पाता। शास्त्रीय संगीत और नृत्य की बाकायदा बरसों तक विधिवत् शिक्षा-दीक्षा ली थी माया ने, रंगमंच की दुनिया में भी ख़ासा दखल रखा था इस कवयित्री ने। कभी लगता शायद अपने इसी ज्ञान के मायावी प्रभाव से माया कवि सम्मेलनों में बरबस सबका ध्यान खींच लेती हैं। मैं कभी-कभी भारतीजी से कहती भी थी कि सुरताल और राग के बन्धन तोड़कर तुकों को मिलाने की फ़िक्र छोड़कर यदि माया अपने भावों और कल्पनाओं को उन्मुक्त विचरने दे तो उसकी कविता और भी श्रेष्ठ हो सकेगी तथा वास्तविक जीवन और समाज के और भी नज़दीक आ सकेगी। मुक्त छन्द की कविता में भले ही तुक न मिलें, मात्राएँ न मिलें, लाइनें एक बराबर न होकर, अपने अलग ही तरीक़े से छोटी-बड़ी हों, तो भी ऐसा नहीं होता कि उसमें संगीत नहीं होता, लय नहीं होती। नहीं, नयी कविता में अपनी एक आन्तरिक लय होती है। जब कवि उस आन्तरिक लय को पकड़कर लिखता है तो उसके मन में उठता नाद जब शब्दों में ढलकर व्यक्त होता है तो वह शब्द मात्र नहीं रहता–शब्द ब्रह्म बन जाता है। मन होता रहता था मेरा कि काश माया जैसी अनोखी गीतकार मुक्त छन्द को अपनाकर लिखे तो कैसा मणिकांचन संयोग बन जायेगा।

अब जब मैंने माया का संग्रह 'नीली झील के दर्पण में' देखा और पाया कि माया ने समर्पण के पृष्ठ पर लिखा है–

उन्हें।
जो नयी कविता के उन्मुक्त आकाश में विचरण
कर रहे हैं या जो आकाश को छूना चाहते हैं।

तो मेरा मन कसमसाने लगा–काश भारतीजी होते तो मेरे मन की मुराद पूरी होते देख कितने ख़ुश हुए होते और जब मैंने एक कविता का शीर्षक पढ़ा–

'मैंने सूरज बोया है' तो पहला ख़याल तो यह आया कि लेख लिखने के पहले मुँदी पलकों के अँधेरे में सूरज के सात घोड़े क्यों देखे थे। सिलसिला अब पकड़ में आया, पर तभी अचानक याद आ गये जावेद अख़्तर। जावेद की पुस्तकें 'तरकश' और 'लावा' मेरी बड़ी पसन्दीदा किताबों में से हैं। 'तरकश' में एक कविता है–

सुबह की गोरी-

रात की काली चादर ओढ़े
मुँह को लपेटे
सोयी है कब से
रूठ के सबसे
सुबह की गोरी
आँख न खोले
मुँह से न बोले
जब से किसी ने
कर ली है सूरज की चोरी
आओ,
चल के सूरज ढूँढ़ें
और न मिले तो
किरन-किरन फिर जमा करें हम
और इक सूरज नया बनायें
सोयी है कब से
रूठ के सबसे
सुबह की गोरी
उसे जगाएँ
उसे मनाएँ।

जावेद ढूँढ़ने चले हैं सूरज को। अगर न मिले तो किरन-किरन फिर जमा करके नया सूरज बना लेने की तमन्ना रखते हैं, पर माया तो इनसे भी एक क़दम आगे निकल गयीं। पूरी कर्मठता और विश्वास के साथ उन्होंने तो सूरज को बो ही दिया है। उन्हें मालूम है कि उन्होंने क्यारियों में अक्षरों को उकेरा है। अपनी आशाओं की राख से छोटी-छोटी चिनगारियों को बीनकर खाद बनाकर अपनी आँखों की क्यारियों में डाली है। सारे जीवन अनथक परिश्रम कर जो हाथ कठोर हो गये हैं, उनमें उन्हें गरमी महसूस होने लगी है, क्योंकि उन्होंने सूरज को बो दिया है।

बहुत से सपने ऐसे थे, जो साकार नहीं हुए
बुहत से ऐसे मसले थे, जो हल न हुए
बहुत सी ऐसी बातें थीं, जो पहेली ही रहीं

न कोई अर्थ? न सामर्थ्य।
मैंने अपनी निराशाओं में,
अपनी भग्न-आशाओं में कुछ कण बटोरकर रखे थे,
वो लगता है, काम आयेंगे।
वो मेरे वजूद के साक्षी बनेंगे।

और फिर देखिए माया की सृजन शक्ति, कहती हैं–

मैंने स्याहियों में से अक्षरों को उकेरा है,
अन्धकार की, सत्ता की तैयारियों में,
मैंने छोटी-छोटी चिंगारियाँ अपनी आशाओं की राख से
खाद बनाकर, नैनों की क्यारियों में डाली हैं।
श्रम से मेरे कठोर हाथों में अब गरमी आती महसूस हो रही है,
मुझे विश्वास है, एक दिन प्रकाश की किरणें फूटेंगी,
वो चिंगारियाँ अब इकट्ठी होकर जल्दी ही दमकेंगी,
क्योंकि मैंने सूरज को बोया है।

हाँ माया ने सूरज को बो दिया है। उन्होंने नयी कविता के अनन्त आकाश की ओर रुख कर लिया है। अभी परों को और भी तौलेंगी और एक दिन बहुत ऊँची उड़ान भर लेंगी ज़रूर।

इस संकलन में भी एकआध कविता ऐसी है ज़रूर, जो मुझे स्वीकार नहीं है। अक्सर माया के गीतों में औरत के प्रति जो दृष्टिकोण दिखाई दिया है, उसमें नामालूम सी आत्मदया और वंचना नज़र आयी है। "अबला जीवन हाय तुम्हारी यही कहानी" वाली दयनीय रोती-बिलखती नारी। नहीं अब–

प्रकाश ही प्रकाश होगा, किरणों से आच्छादित,
फिर से होगा, मन में उजियारा,
क्योंकि, मैंने सूरज बोया है।
सारे सपने, सारे मसले, सारी पहेलियाँ
हल होंगी, साफ़-साफ़ मूर्तिमान होकर
मेरे सामने अर्थवान बन जायेंगी
क्योंकि मैंने सूरज बोया है।

अब माया के ही शब्दों में प्रकाश की किरणें फूटेंगी, क्योंकि उनकी सृजन क्षमता के आकाश पर नयी मुक्तछन्द कविता का सूरज उग चुका है।

सूरज उग आया है तभी तो वह 'अँधेरा बड़े काम की चीज़ है' जैसी सशक्त कविता लिख सकती हैं, पैना धारदार व्यंग्य लिख सकती हैं–

मुझे याद आती हैं वे तनी हुई भौंहें, वे कसी हुई मुट्ठियाँ, वे माथे पर पड़ी गहरी लकीरें और वह तमतमाता चेहरा भारतीजी का, जो मैंने 'मुनादी' कविता को लिखने के पहले देखा था। क्या वैसा ही कुछ हाल हुआ होगा माया का!

सचमुच बड़ी बेचैनी और तड़प के बाद लिखा होगा माया ने–

धर्मो-ईमान क्या है? चलो बेच लें,
देश इतना बड़ा है! चलो बेच लें,
रास्ते में वो क्या है? चलो बेच लें,
यार अपना ख़ुदा है, चलो बेच लें
ये अँधेरा बड़े काम की चीज़ है...

या इसी कविता में जो पहले कह आयी हैं–

ये है लेखक, तो रद्दी सा यूँ फाड़ दो।
ये है शायर लो इसकी जुबाँ काट लो
ये शहीदों की विधवाओं का फंड जो,
आधा-आधा इसे भी चलो बाँट लो।
ये अँधेरा बड़े काम की चीज़ है। ...

स्वागत है माया का काव्य की इस तरह की भूमि पर। इसी भूमि के आकाश पर उन्होंने सूरज बो दिया है। आजकल सचमुच वह समय आ चुका है, जब समय करवट बदलता सा दीख रहा है। सदियों से सोए मुल्क की शिराओं में कियतांश में सही, एक नये ताब के साथ एक नया ख़ून तैरता दीख रहा है। आनेवाले समय में माया की इस रंग और ढब की कविताएँ मशाल का काम कर सकेंगी। महान-महान कवियों के इस देश में माया भले ही एक छोटा-सा अस्तित्व रखती हों, पर उन्होंने सूक्ष्म और विराट् के अन्तर को समझ लिया है–

तुम कहते हो मैं सूक्ष्म हूँ,
मैं कहती हूँ, हाँ मैं सूक्ष्म हूँ।
तुम कहते हो, तुम विराट् हो,
मैं मानती हूँ, तुम विराट् हो।
एक सूक्ष्म एक विराट्–
पर विराट् में सूक्ष्म का अस्तित्व नहीं
सूक्ष्म में विराट् का अस्तित्व है।

माया महाठगिनी ने फिर एक जाल बिछा दिया है। पाठकों के मन की मछलियों में बन्धन की चाह और गहराई से जाग उठी हैं, अब "सारे सपने, सारे मसले, सारी पहेलियाँ हल होंगी, साफ़-साफ़ मूर्तिमान होकर, अर्थवान बन जायेंगी।"

एक-से-एक नायाब कविताएँ हैं इस संकलन में। हम हिन्दुस्तानी भागे-भागे जाते हैं कन्याकुमारी का सूर्यास्त देखने। मैं भी गयी थी, बड़ी हसरतें लिये और बहुत परितृप्त होकर लौटी थी, पर काश वहाँ जाने से पहले माया की 'शाम के साए में' नाम की कविता पढ़ी होती–

शाम के साये में
झुके हुए सूरज ने
जब चुम्बन के एहसास को,
महसूस किया–
तो वह बावला
झुकने लगा, झुकने लगा–
इतना डूबा कि डूब गया।
धरती की मुसकराहट
किसी भीगे व्यंग्य को समेटे
क्षितिज पर छा गयी।
मैंने दूर से यह दृश्य देखा था और
तब सिर्फ़ मुसकरायी थी
अब सोचकर अनमनी सी
हँस रही हूँ, खुलकर
बेइन्तहा लगातार बार-बार।

अब फिर से एक बार कन्याकुमारी जाने का मन हो रहा है।

इसी पथ पर बढ़ती चलो माया। कोई विषाद के फूल नहीं खिलायेगा सिन्दूर की घाटी में, तुम्हारी सीपी के प्रारब्ध में कोई काजल के मेघ नहीं बरसायेगा, क्योंकि तुमने जान लिया है कि–

मैं,
दूधिया मोती सा आकार ले रही हूँ

अब तो बस हम तुम्हारी इसी आब को इसी पानीदार मोती को देखना चाहते हैं। इसी को 'देखेंगे', 'छुएँगे' और 'जिएँगे' तुम्हारे प्रशंसक।

तुमने कवि सम्मेलनों के माध्यम से देश-विदेश में ख़ूब यश कमा लिया है, अब उस सम्मोहन से ऊपर उठकर भी देख लिया है। अब कभी न कहना कि तुम 'बेख़ुदी में ख़ुद को भुलाती रही हो।' अब तो तुम्हारी कवित्व सृजन शक्ति ने और तुम्हारी भाषा की रवानगी ने तुम्हें ख़ुद तुमसे मिला दिया है।

मैं ख़ुद को भुलाती रही बेख़ुदी में
कोई तो मुझे आके मुझसे मिलाये
नहीं याद रहता कि क्या याद रखूँ?
कोई ज़िन्दगी से तो परिचय कराये।

अभी तक तुम और तुम्हारे गीत काफ़ी आत्मकेन्द्रित रहे हैं, आत्मरति भी आत्मवंचना भी। तभी न तुमने कहा था–

यहाँ सब कुछ पाकर भी, मैंने कुछ भी नहीं पाया
यही कथा है जीवन की, बस शून्य हाथ आया।
बाकी बचा चंद साँसों का वज़न,
मैंने सारी उम्र कर दी हवन।

अब बहुत-सी ऐसी बातें हैं, जिन पर तुम्हारा ध्यान गया है–

मैं सदा डरती हूँ उड़ने से,
मुझे डर लगता है गिरने से,
मन-ही-मन जलती हूँ उन सबसे,
जो नहीं डरते मरने से।

अब तुम्हारे ज़ेहन ने रास्ते ढूँढ़ लिये हैं–

अब पतझर के आने का
दुःख नहीं होगा
ना ही बहार के जाने का दुःख
क्योंकि मैंने
दुःख को सुख में बदल लिया है।

अपने निजी जीवन के दुःख-सुख के दायरे से बाहर निकलकर अब तुम्हें हमारे रहनुमा नेता और हम भी दिखाई देने लगे हैं–

तुम्हें अच्छी तरह समझ में आ गया है कि तथाकथित नेता और रहनुमा असल में क्या हैं–

आतंकी, खूँखार,
हथियार चलाकर, हत्यारा बनता है।
और नेता स्वयं ऐसा हथियार है,
कि हमारी पीठ पर वार करता है
और स्वयं मुखौटे लगाये,
अपनी प्राणप्रिय कुरसी को नमन करता रहता है।
वो चुपके-चुपके, मुसकराते हुए,
दोमुँह साँपों की तरह, जनता को डसता है।

सदियों से कभी इस प्रकार, कभी उस प्रकार हमारे देश का सामान्य मनुष्य यों ही ठगा जाता आ रहा है, पर अब स्थितियाँ बदलती भी दिखाई देने लगी हैं—बहुत से लोग बहुत कुछ देखने और समझने लगे हैं। अब बस तुम्हारे जैसे सभी लेखकों और कवियों को अपना दायित्व समझना है, समाज में जो लोग नहीं समझ पा रहे हैं, उन्हें समझाना है, जो नहीं देख पा रहे हैं, उन्हें जगाना है। अपने देशवासियों को, अपने पाठकों को जीवन के सही मूल्यों की परख करनी सिखानी है, प्रेरणा और प्रोत्साहन देने हैं! याद रखो तुमने सूरज को बो दिया है, एक दिन प्रकाश की किरणें फूटेंगी, प्रकाश-ही-प्रकाश होगा, फिर से उजियारा होगा। तुम्हारे ही शब्दों में सब कुछ अर्थवान बन जायेगा। सूरज बो दिया जा चुका है, अब लहलहा उठेगा हमारा शस्य श्यामल देश।

यूनानो मिस्त्र रोमाँ सब मिट गये जहाँ से
लेकिन अभी है बाक़ी नामोनिशाँ हमारा।
कुछ बात है, हस्ती मिटती नहीं हमारी
सदियों रहा है दुश्मन दौरे जहाँ हमारा॥

तुमने जीवन की हीरक जयन्ती मना ली है, बधाइयाँ, आशीर्वाद। ईश्वर करे तुम्हारी लेखनी की सृजन शक्ति देश को वह देती रहे, जिसकी 'कुछ बात' ने हमारी हस्ती मिटने नहीं दी है।

आमीन!

जावेद अख़्तर

अब आया तीर चलाने का
फ़न तो क्या आया!
हमारे हाथ में ख़ाली कमान
बाकी है।
अभी ज़मीर में थोड़ी-सी
जान बाक़ी है
अभी हमारा कोई इम्तेहान
बाक़ी है।
अक़्ल ये कहती है दुनिया
मिलती है बाज़ार में,
दिल मगर ये कहता है कुछ
और बेहतर देखिए।

अक़्ल की पहरेदारी और तनहा

जावेद महज़ आठ बरस के थे कि उनकी माँ गुज़र गयीं। नाना-नानी की मेहरबानी से छोटे भाई के साथ उनको सिर के ऊपर छत और पैर टिकाने को ज़मीन मिल गयी। ननिहाल में लालन-पालन ठीक हो रहा था, मगर यह भी अहसास करा दिया जाता कि उनके खाने-पीने और पढ़ाई-लिखाई पर किसी के बहुत पैसे ख़र्च हो रहे हैं। स्कूली पढ़ाई में उनका मन बिल्कुल नहीं लगता था। पर शेरो-शायरी की ढेरों किताबें पढ़कर सैकड़ों शे'र याद कर लिए, शे'रों और नज़्मों से बैतबाज़ी (अन्ताक्षरी) खेलने और डिबेट देने का शौक़ पाल लिया। इत्मीनान से बैठकर कभी स्कूली पढ़ाई के रट्टे लगाये नहीं। नाना अक्सर कहते, "कमबख़्त किसी तरह कम-से-कम मैट्रिक पास कर ले, डाकख़ाने में मोहर लगाने की नौकरी तो मिल ही जायेगी!" जावेद का कहना है कि उस उम्र में संगी-साथी सरकारी दफ़्तर के बाबू या इंजिन ड्राइवर बन जाने के सपने देखा करते थे। पर उनका एक ही मुक़म्मिल सपना था कि मुझे अमीर बनना है।

सपना तो देखते रहे, पर हक़ीक़ी ज़िन्दगी उनसे हज़ारहा पापड़ बिलवाती रही। सुनकर कलेजा चिरने लगे, ऐसे-ऐसे दौर से गुज़रा था ये भावी अमीर!

लकड़दादा, परदादा, दादा से लेकर पिता तक से विरासत में मिली थी शायरी। लेकिन उन्होंने तो अपनी नज़र में ख़ुद की जो तसवीर बना ली थी, वह बुद्धिजीवी की नहीं बल्कि एक बाग़ी और नाराज़ बेटे की थी। पसन्दगी और रुझान होते हुए भी, बग़ावत के फ़ितूर में शायरी करने की ओर कभी सोचा तक नहीं।

18 अगस्त, 1976 को मशहूर शायर पिता जाँ निसार अख़्तर का इन्तक़ाल हो गया। मरने के नौ दिन पहले 'जब हम न रहेंगे तो बहुत याद करोगे' लिखकर अपनी आख़िरी किताब बेटे को दी थी। बिना कोई प्रतिक्रिया दिये नाराज़ बेटे ने किताब ले ली। पर लीजिए अकस्मात् एक दिन वह भी आया, जब क़लम पिता की राह पर

चल पड़ी, कुछ शे'र ख़ुद-ब-ख़ुद नमूदार हो गये। जावेद ने ख़ुद लिखा है : "1979 में शेर लिखकर अपनी विरासत और अपने बाप से सुलह कर ली थी।"

इस सुलह का परिणाम दुनिया के सामने आने में एक नटखट दोशीज़ा की जुल्मी उम्र लग गयी। सोलह बरस बाद प्रकाशित हुई पहली किताब–'तरकश'। सारे हिन्दुस्तान के साथ-साथ परदेसों तक की सिनेमाई दुनिया में सलीम-जावेद की जोड़ी शोहरत की बुलन्दियों पर पहुँच चुकी थी। 'तरकश' के बाद जावेद का यह ठेठ साहित्यिक पक्ष भी दुनिया के सामने आया। 'देखन में छोटे लगें, घाव करें गम्भीर' वाली बात तरकश के तीरों में दिखाई दी। जावेद का नाम और भी आदर के साथ लिया जाने लगा। उन्हें क़रीब से जाननेवालों ने यह भी जान लिया कि पूरी किताब का हर लफ़्ज़ जावेद ने ख़ुद जीकर जाना है। न तो शैली, न भाषा और न कहन किसी और से प्रभावित है और न महज़ इल्मी बातें हैं–ये तो सिर्फ़ खाँटी हक़ीक़त और अनुभवों से उपजी शायरी है।

मैंने एक रूसी कवयित्री की एक कविता पढ़ी थी, अब न तो उनका नाम याद है न कविता की लाइनें, पर भाव याद हैं–"नहीं मेरे प्रिय! मैं कविता थोड़े ही लिखती हूँ। यह तो वह सन्नाटा है जो मेरे चारों ओर बिखरा पड़ा है। मैं तो बस कभी-कभी उस सन्नाटे का अनुवाद कर देती हूँ।"

जावेद की लिखी 'तरकश' भी एक भावानुवाद है, उस सन्नाटे का, जो बचपन से ही जावेद के भीतरी मन में पसरा पड़ा था। 'तरकश' छपने के सत्रह साल बाद आयी है–'लावा'। इन सत्रह सालों में जावेद ने फ़िल्मी सफ़र में ख़ूब झण्डे गाड़े, अनूठे गीतों के लिए भी ख़ूब वाहवाही मिली। लेकिन शायरी की कोई किताब छपाने की जल्दी नहीं की। उन्होंने 'लावा' की भूमिका में लिखा है : "कोई लाख समझे कि उसकी शायरी में सुर्ख़ाब के पर लग गये हैं, मगर इन परों में उड़ने की शक्ति नहीं हो सकती जब तक कि बात दिल से नहीं निकलती है। बात तो तब है कि अक्ल की पहरेदारी भी मौजूद हो और दिल भी महसूस करे कि उसे तनहा छोड़ दिया गया है।"

इस बयान में जो वाक्यांश है–'तनहा छोड़ दिया गया है' उसमें एक बेचारगी, लाचारगी और तोहमत की बू भी आ रही है। पर जब ख़ुद ही आगे लिख देते हैं कि "दरअसल शायरी बुद्धि और मन का मिश्रण, विचार और भावनाओं का समन्वय माँगती है।" तो यह बात डंके की चोट पर बता देती है कि 'तरकश' के बाद की शायरी के ग्राफ़ की लाइन ऊँची ही उठती गयी है। एक ख़ास क़िस्म की परिपक्वता जावेद की शायरी में आ चुकी है। पाठक को इन कविताओं में सुकून भी मिलता है और बेचैनी भी!

'तरकश' में उथल-पुथल थी। 'लावा' में एक ठहराव। लावा बता रहा है कि भीतर एक ज़बर्दस्त आग सुलग रही है, "मुख़ालिफ़ ने चाल चल दी है" अब भीतरी आग के ताव की बारी है। पर पाठक को एक बात की शिकायत भी हैं कवि से कि उन्होंने एक बेबात की मायूसी क्यों ज़बर्दस्ती हर लम्हा ओढ़ रखी है। कहते हैं–

अब आया तीर चलाने का फ़न तो क्या आया!
हमारे हाथ में ख़ाली कमान बाकी है।

जबकि इसी ग़ज़ल के पहले शे'र में कह आये हैं :

अभी ज़मीर में थोड़ी-सी जान बाक़ी है
अभी हमारा कोई इम्तेहान बाक़ी है।

जब से होश सँभाला है, एक-से-एक बीहड़ इम्तेहान फ़तह किये जा चुके हैं। अब तो जनाब बस इसी 'ज़मीर' की बात सुनिए। आपकी कमान कभी ज़ाया जा ही नहीं सकती। अब जावेद वह जावेद नहीं रहा, जिसने 4 अक्तूबर, 1964 को बम्बई स्टेशन पर उतरने के बाद सोचा था, 'जेब में सत्ताईस पैसे हैं। मैं ख़ुश हूँ कि ज़िन्दगी में कभी अट्ठाईस पैसे भी जेब में आ गये तो मैं फ़ायदे में रहूँगा और दुनिया घाटे में।' सिनेमाई दुनिया ने आपको फ़ायदे-ही-फ़ायदे दे दिये। अब आपने दुनिया को भी घाटे में नहीं छोड़ा है क्योंकि अदबी दुनिया को आपने 'तरकश' और 'लावा' की सौग़ात दे दी है।

'लावा' में दिल की जगह सायास दिमाग़ का पिंड फ़िट नहीं किया गया है, वहाँ सचमुच एक 'मिश्रण' है एक 'समन्वय' है। वैसे इस समन्वय की बात जावेद की माँ ने बहुत पहले इनके निहायत नन्हे बचपन में ही समझ ली थी। उन्होंने जाँ निसार अख़्तर को एक ख़त में लिखा था : "वह तुम जैसे रोमानी इंक़लाब पसन्दों से आगे होगा। वह फ़रार का क़ायल नहीं हो सकता। वह डटकर लड़ेगा और तुमसे आगे बढ़ जाएगा।" यह भविष्यवाणी इसीलिए सच साबित हो गयी है क्योंकि जावेद की अक़्ल ने 'पहरेदारी' सीख ली है। 'मिश्रण' और 'समन्वय' में महारत हासिल कर ली है। तभी न वे कहते हैं–

अक़्ल ये कहती है दुनिया मिलती है बाज़ार में,
दिल मगर ये कहता है कुछ और बेहतर देखिए।

लावा बन जाने के पहले जो लपलपाती लौ सुलगी थी, उसी अग्नि ने जावेद को बता दिया था–

है थोड़ी दूर सपनों का नगर अपना
मुसाफ़िरों अभी बाक़ी है कुछ सफ़र अपना।

वे बख़ूबी जानते हैं–

वह ज़ख़्म भर गया अर्सा हुआ,
मगर अब तक ज़रा-सा दर्द ज़रा-सा निशान बाक़ी है।

इसी ज़रा-से दर्द और ज़रा-से निशान ने जावेद से पूछा था :

और ये टेढ़ी-मेढ़ी लकीरें
जिनको हर्फ़ कहा जाता है
ये आवाज़ों की तसवीरें
कैसे बनी थीं!

आगे कहते हैं–

इन आवाज़ों को अपने घर में ठहराती
अपने अमान में रखतीं
टेढ़ी-मेढ़ी लकीरें
किसने ये कुनबा जोड़ा है
सोच रहा हूँ।

इसी 'सोचने' ने उनका साक्षात्कार करवाया है शब्द ब्रह्म से। इस शब्द ब्रह्म की विराटता जब समझ में आ जाती है तो वह हुनर भी आ जाता है कि कवि कहता है–

इधर से आज किसी के ग़म की
कहानी का कारवाँ जो गुज़रा
यतीम आँसू ने जैसे जाना
कि इस कहानी की सरपरस्ती मिले
तो मुमकिन है
राह पाना।

जब यतीम आँसू, यसीर आँसू जावेद की पलकों तक पहुँच गया है तो उसे मोती बनना ही है–पूरे ताव के साथ चमकना ही है। माँ सफ़िया ने एक ख़त में लिखा था : "यह उम्र और ये नाक़िदाना (आलोचनात्मक) निगाहें! देखो यह जौहर यूँ ही जाया होता है या अपनी पूरी आबोताब से चमकता है।"

इक निवाला हाथी का
इक निवाला घोड़े का
इक निवाला भालू का

कहकर रोटी खिलाती माँ के निवालों की क़ीमत जावेद अदा कर चुके हैं। अब उनकी पलकों की सीपी में जो आँसू पल रहा है, वह आबदार मोती बनकर चमका है और माँ की आरज़ू पूरी की है–'लावा' इसका गवाह है।

जावेद ने बचपन में ही धीरे-धीरे बड़ी होती उम्र को किस तरह धकेल- धकेलकर बढ़ाया है और जिस उम्र में होठों पर हल्की-सी मसें फूटने लगती हैं, तब जवानी तक आते-आते जिस फटेहाल भूखी नंगी ज़िन्दगी से गुज़रकर जहाँ पहुँचकर दम लिया है, वैसा करिश्मा या फिर वैसी मिसाल मुझे तो दूसरी मालूम नहीं। इस बेमिसाल शख़्स ने जिस तरह अपने बचपने का, अमीर बनने का सपना पूरा करके दिखाया और पूरा करने पर जो लिखने लगा–

गिन-गिन के सिक्के हाथ मेरा खुरदुरा हुआ
जाती रही वह लम्स (स्पर्श) की नर्मी, बुरा हुआ।

पर इस बुरा होने पर भी वह रो बिसरकर औंधा पड़ा नहीं रहा। उसने कहा :

ये जो माथे हैं
उदासी की लकीरों के तले
आओ इन माथों पे क़िस्मत की दमक हम लिख दें
चेहरों से गहरी ये मायूसी मिटा के आओ
इनपे उम्मीद की इक उजली किरन हम लिख दें
दूर तक जो हमें वीराने नज़र आते हैं
आओ वीरानों पर अब एक चमन हम लिख दें।

बड़ा अच्छा लगता है यह पढ़कर कि–

जिधर जाते हैं सबजाना उधर अच्छा नहीं लगता
मुझे पामाल (घिसे-पिटे) रस्तों का सफ़र अच्छा नहीं लगता।

यों पामाल रस्तों पर तो वह कभी नहीं चले। इसीलिए तो उनमें ऐसा हौसला था :

आओ
चल के सूरज ढूँढ़े
और न मिले तो

किरन किरन फिर जमा करें हम
और इक सूरज नया बनाएँ।

इस नये सूरज ने पाठकों को 'लावा' दी है। इस लावे के नीचे से फिर अग्नि फूटकर निकलेगी या निर्मल जल का सोता! दोनों ही ज़रूर 'तरकश' और 'लावा' से अनोखी चीज़ें होंगी। इन्तज़ार है अगली किताब का!...

राजनीति

नेताजी सुभाष चन्द्र बोस

(23 जनवरी 1897 - 18 अगस्त 1945)

लगभग सात हज़ार हिन्दुस्तानी वहाँ जमा हो गये थे। वहाँ स्पष्ट हो गया कि यूरोप में आज़ाद हिन्द फ़ौज की स्थापना करके सुभाष अब पूर्वी एशिया से अपने संगठन को परिचालित करेंगे। एक पत्रकार ने जब उनसे पूछा कि आपने कुछ ठोस कार्यक्रम बना लिया है

नेताजी सुभाष चन्द्र बोस

आज़ादी के इतिहास का एक भूला-बिसरा पृष्ठ

शहीद द्वीप और स्वराज द्वीप गाथा

29 दिसम्बर, 1943 की सुबह समुद्र का ज्वार उतार पर था, हवा शान्त थी। पहाड़ों पर गहरा सुरमई कोहरा छाया था। चारों तरफ़ सैनिक सतर्क थे और जेटी पर शानदार जमाव था, सैनिकों को स्वागत परेड का अभ्यास कराया जा रहा था। अभ्यास गम्भीरतापूर्वक चल रहा था, लेकिन असामान्य बात यह थी कि किसी को मालूम नहीं था कि किस शाही मेहमान को सलामी देनी है। अण्डमान-निकोबार की राजधानी पोर्ट-ब्लेयर के नगर अध्यक्ष को सेना के हाईकमान का यही आदेश मिला था कि वे एक राष्ट्रपति के सम्मान के योग्य तैयारी रखें। ख़बर थी कि एक महान देश की प्रथम स्वाधीन सरकार के प्रथम राज्याध्यक्ष आनेवाले हैं। सारे द्वीपवासी भी अटकलें लगाने में लगे थे कि कौन-से देश का कौन-सा राष्ट्राध्यक्ष आनेवाला है।

और जब कौतूहल और उत्सुकता के रहस्य पर से परदा उठा तो सारे द्वीप पर ख़ुशियों का जो ज्वार उठा, उसके आगे विशाल समन्दर की लहराती लहरें भी छोटी पड़ गयीं। जिसने भी सुना, वह ख़ुशी से नाचने लगा। शाम होते-होते आधिकारिक तौर पर सबको पता चल गया कि नेताजी सुभाष चन्द्र बोस अण्डमान-निकोबार की स्वतन्त्रता घोषित करने और सत्ता ग्रहण करने के लिए आनेवाले हैं। लोग एक-दूसरे को बधाई दे रहे थे। चारों ओर उल्लास और उत्साह का कोई ओर-छोर नहीं था।

इस विशेष दिन की पृष्ठभूमि यह है कि द्वितीय विश्वयुद्ध ने सारे संसार को हिला डाला था। बाद में एक दिन यद्यपि औपचारिक रूप से युद्ध की समाप्ति की घोषणा कर दी गयी थी, फिर भी कुछ देश चैन की साँस नहीं ले पा रहे थे। वे कुछ-न-कुछ कर गुज़रने के लिए कसमसाते रहते थे, उन्हीं में से एक था जापान। इसी बीच हमारे देश में सन् बयालीस का आन्दोलन एक-से-एक क़ुर्बानियाँ ले रहा था, साथ ही आज़ादी पाने की तड़प भी दिन-ब-दिन बढ़ती ही जा रही थी। उतने ही जोर शोर

से अंग्रेज़ों का निर्मम शासन तन्त्र हमें कुचलता चल रहा था। देश में हर बड़े नेता को जेल में ठूँसा जा रहा था। अंग्रेज़ों के जुल्म और ग़रीबी की मार से आम जनता बेहाल हो चुकी थी। सुभाष अच्छी तरह समझ चुके थे कि ऐसी स्थिति में देश के भीतर रहकर कुछ कर गुज़रने की तमन्ना करना टेढ़ी खीर होगी। उन्होंने देश से बाहर जाकर अपना संगठन तैयार करके युद्ध स्तर पर देश को आज़ाद करने की योजनाएँ बनानी शुरू कर दीं और देखते-देखते यूरोप में आज़ाद हिन्द फ़ौज की एक बहुत बड़ी टुकड़ी जापान ने युद्ध बन्दी के लिए बना ली थी। सुभाष ने बड़ी कोशिशों के बाद बन्दियों को छुड़ा भी लिया।

असल में जापान में तत्कालीन प्रधानमन्त्री तोजो सुभाषचन्द्र बोस के बारे में जो राय रखते थे, वह पूरी तरह स्पष्ट नहीं थी, बड़े मिले-जुले ढंग के विचार थे उनके सुभाष के बारे में, पर 10 जून, 1943 को जब उन्होंने सुभाष से पहली बार भेंट की तो पहले तो नितान्त औपचारिक रूप से ठण्डेपन से बातें होती रही, लेकिन धीरे-धीरे तोजो सुभाष से इतने प्रभावित हुए कि एक बार फिर मिलने को कहा। तीन-चार दिन बाद ही अगली मुलाकात के बाद तोजो ने शासनतन्त्र के सभी प्रमुख अंगों को बता दिया कि यह साधारण हिन्दुस्तानी नहीं है, इसमें तो आग भरी हुई है। यह भी कहा कि भाग्य से ही ऐसे दोस्त मिलते हैं, जिनके दिल में आज़ादी का ऐसा जुनून होता है। दो दिन बाद ही जापानी पार्लियामेंट के अधिवेशन के दौरान प्रधानमन्त्री जनरल तोजो ने अपने भाषण में घोषित कर दिया कि भारतीय प्रयासों में जापान हर सम्भव मदद करेगा। उस दिन 19 जून, 1943 को सुभाष ने प्रेस कॉन्फ्रेंस की और तमाम विदेशी पत्रकारों को सम्बोधित करते हुए कहा, "अब हम दुश्मन को गोली का जवाब गोली से देंगे, असहयोग आन्दोलन को अब सशस्त्र युद्ध में बदलने का समय आ गया है।" और कड़े शब्दों में यह भी कहा, "भारतीय जनता जब आग में कूदने को कमर कसेगी, तभी वह आज़ादी की हक़दार बनेगी।"

सुभाष विदेशियों का उपयोग करना जानते थे और इस दिशा में भारत का स्वाभिमान वे सर्वोपरि रखते थे, चाहे इसके लिए उन्हें कोई क़ीमत क्यों न चुकानी पड़े। इसके पहले यूरोप में वे बहुत दिनों तक जर्मनी में केन्द्र बनाकर आज़ाद हिन्द फ़ौज का काम करते रहे थे, लेकिन इतिहासकारों का कहना है कि सारी दुश्मनी के बावजूद हिटलर कहीं-न-कहीं अंग्रेज़ों के प्रति उदार भी था। शायद इसलिए जर्मनी ने कभी खुलकर भारतीय स्वाधीनता के पक्ष में घोषणा नहीं की, लेकिन चाहे एशियाई होने के नाते हो या केवल राजनीतिक चाल के रूप में हो, जापान एशियाई देशों से यूरोपीय प्रभाव हटाने के लिए कटिबद्ध था। सिद्धान्त रूप में उसने यह मान लिया था कि एशियाई देश ख़ुद अपना शासन सँभालें।

27 जून, 1943 को सुभाष टोकियो से सिंगापुर के लिए रवाना हो गये। वहाँ 19 जुलाई, 1943 को सेंट्रल प्लाज़ा में बहुत बड़ी सभा हुई। लगभग सात हज़ार हिन्दुस्तानी वहाँ जमा हो गये थे। वहाँ स्पष्ट हो गया कि यूरोप में आज़ाद हिन्द फ़ौज की स्थापना करके सुभाष अब पूर्वी एशिया से अपने संगठन को परिचालित करेंगे। एक पत्रकार ने जब उनसे पूछा कि आपने कुछ ठोस कार्यक्रम बना लिया है या यों ही एक प्रयोग कर रहे हैं, तो उन्होंने दृढ़ता से कहा था, "बिना पूरी दिमाग़ी तैयारी के मैं कोई योजना नहीं बनाता। मुझे अस्थायी सरकार बनानी है और पूर्वी एशिया से सारे हिन्दुस्तानियों और हिन्दुस्तान के मित्रों को एक झण्डे के नीचे लाना है।" उनके शब्द थे Total Mobilisation for a total war उन्होंने कहा कि अंग्रेज़ी सेना पर आक्रमण के लिए मुझे तीन लाख सिपाही चाहिए और कम-से-कम तीन करोड़ डॉलर चाहिए और आशा प्रगट की, कि जब आक्रमण होगा, तब हिन्दुस्तान से हज़ारों लोग और जुड़ जायेंगे तथा अंग्रेज सेना में जो हिन्दुस्तानी सिपाही भरती हैं, वे भी इसमें मिल जायेंगे, जीत हमारी निश्चित होगी।

1 अगस्त, 1943 को बर्मा में स्वाधीनता घोषित कर दी गयी थी। 17 अक्टूबर को फिलिपाइंस ने स्वतन्त्रता दिवस मनाया। उसके बाद तो सुभाष ने रात-दिन एक कर दिये, आज यहाँ तो कल वहाँ, ख़ुद सब जगहों पर जाकर सम्बन्धित ख़ास लोगों से मिलकर ज़बर्दस्त संगठन बना लिया। फिर 19 अक्टूबर की रात में हाथ में कुछ काग़ज़ और पेंसिल लेकर बैठे। चारों ओर सन्नाटा पसरा था। कमरे में सिर्फ वे और उनके सेक्रेटरी सरीखे साथी मि. अय्यर थे। सुभाष ने पेंसिल पकड़ी और लिखने लगे। पृष्ठ पूरा हुआ तो चुपचाप अय्यर को पकड़ा दिया। अय्यर उठकर बाहर कमरे में गये और उसे टाइप करने लगे, फिर चुपचाप सुभाष के पास बैठ गये। यही क्रम चलता रहा, सुभाष पृष्ठ पूरा करते, अय्यर को देते, वे टाइप करते, सुभाष ने न तो एक बार भी पलटकर देखा कि पहले क्या लिख चुके हैं, न कुछ घटाया या बढ़ाया। कौमा, फुल स्टॉप तक ज्यों के त्यों। एक ही बैठक में पूरे डेढ़ हज़ार शब्दों का मसविदा तैयार कर लिया गया।

यह वह प्रसिद्ध ऐलान था, जिसे दुनिया Proclamation of the provisional government of Azad Hind नाम से जाना गया। सिंगापुर के कैथे सिनेमा हॉल में 21 अक्टूबर, 1943 को जब सुभाष ने तमाम देशों के प्रतिनिधियों के सामने इसे पढ़ा था, तब पढ़ते-पढ़ते कई बार उनका गला रुँध गया था, आँखें गीली हो गयी थीं उन्होंने भारत की अस्थायी सरकार की घोषणा कर दी थी। एक अंश देखिए–

"In the name of God, I take this sacred oaths that to libeate India and the thirty crores of my countrymen, I, Subhash Chandra Bose will continue the sacred war of freedom till the last breath of my life, I shall always remain, always servant of India and to look after the welfare of thirty crores of Indian brothers and sisters shall be for me my highest duty. Even after winning freedom, I shall always be prepared to shed even the last drop of my blood for the preservation of India's freedom."

जापान ने तो उसी समय इस सरकार को मान्यता देने की घोषणा कर दी। बाद में एक महीने के भीतर जर्मनी, इटली, चीन, मंचूरिया, बर्मा, थाईलैंड, क्रो एशिया और फिलिपाइन ने भी मान्यता देने की घोषणा कर दी।

अब सुभाष पूर्वी एशिया के एक बहुत बड़े नेता के रूप में स्थापित हो चुके थे। जहाँ भी जाते, एक राष्ट्राध्यक्ष की तरह ही उनका स्वागत होता। जापान के प्रधानमन्त्री तोजो ने तो उन्हें एक छोटा हवाई जहाज़ भी भेंट किया। बड़े से लाल सूरज के झण्डे के साथ जब जहाज़ आया तो सुभाष ने तुरन्त उस जहाज़ पर तिरंगा झण्डा पेंट करा दिया और तिरंगे के बीचोबीच छलाँग लगाता एक चीता बनवाया। भारत माँ का यह शेर सुभाष अब लम्बी छलाँग लगाने को तैयार जो हो गया था।

अनथक दौरों का दौर चला, हर जगह पर एक बात जरूर कहते थे, "We have a grim fight ahead of us-for the enemy, who is powerful, unscruplous and ruthless. In this final march of freedom you will have to face hunger, thirst and death. Only when you pass this test will freedom be yours."

यह सब कुछ योजनाबद्ध तरीक़े से चल रहा था, पर बीच-बीच में स्वयं सुभाष को कुछ समय पहले की वह शाम बहुत याद आती थी, जब 1 अगस्त, 1943 को बर्मा आज़ाद हुआ था और बर्मा को आज़ादी की बधाई देते हुए सुभाष ने कहा था, "Just as the peacock emblem now files the tricolour Government House in Rangoon, so will the tricolour soon flyover the Red fortress of India." – उस दिन शाम के झुटपुटे में बिल्कुल अकेले जाकर बहादुरशाह की क़ब्र के सामने वे चुपचाप जा खड़े हुए थे। उस बूढ़े दयालु सम्राट को अंग्रेज़ों ने लाल क़िले में गिरफ़्तार करने के बाद रंगून में पल-पल घुलकर मर जाने के लिए मज़बूर कर दिया था। उस दिन उसकी मजार पर खड़े होकर सुभाष ने प्रतिज्ञा की थी कि जिस लालक़िले को अंग्रेज़ों ने अन्तिम भारतीय सम्राट बहादुरशाह से छीना था, उसी लालक़िले पर एक दिन वह तिरंगा फहराकर ही रहेंगे और उन्होंने उसी दिन दिल्ली चलो का नारा अपनी सेना को दे दिया था।

बहादुरशाह की क़ब्र पर खड़ा होना उन्हें इसलिए भी रह-रहकर याद आता रहता था, क्योंकि अपने देश की धरती से दूर उन्होंने अपने देश की सरकार की स्थापना उसी तरह कर ली थी जैसे कमाल पासा ने तुर्की के बाहर अपनी आज़ाद सरकार की स्थापना की थी और बाद में बाक़ायदा तुर्की को जीतकर वहाँ शासन सूत्र सँभाले थे। सुभाष भी स्वप्न देखते थे कि वे शीघ्र ही अंग्रेज़ों के चंगुल से भारत को छुड़ा लायेंगे, पर काश एक टुकड़ा अपनी धरती का उनके पास होता। उधर भारत के वे दिन बड़ी निराशा के दिन थे। सन् 1942 का विद्रोह कुचला जा चुका था, असंख्य क्रान्तिवीर मौत के घाट उतार दिये गये थे। बंगाल में भयंकर अकाल पड़ा था। उन्हीं संकटपूर्ण दिनों में हज़ारों मील दूर से अपनी प्रथम सरकार के प्रथम अध्यक्ष की आशाभरी भावुक ममतालु आवाज़ रेडियो पर सुनी थी देश ने। सुभाष ने प्रतिज्ञा की थी कि वे अपने अड़तीस करोड़ देशवासियों को अंग्रेज़ों की अत्याचारी हुकूमत से आज़ादी दिलाएँगे। उसके लिए चाहे अपने ख़ून की एक-एक बूँद ही क्यों न देनी पड़े। दुर्भिक्ष की गाथाएँ सुनकर एक दिन सुभाष ने पीड़ा भरे स्वरों में घोषित किया था कि "मलाया, सिंगापुर, बर्मा के तमाम हिन्दुस्तानी अपनी सारी सम्पत्ति देकर भारत का दुर्भिक्ष मिटाने को तैयार हैं, अगर अंग्रेज़ इस बात का आश्वासन दें कि चावल के जहाज़ों को डुबोएँगे नहीं, तो हम कलकत्ते से कराची तक हर बन्दरगाह को चावल से पाट देने के लिए तैयार हैं।" लेकिन विदेशी शासक यह कब चाहते थे कि दुर्मिक्ष मिटे। वे तो सन् 1942 की क्रान्ति का दंड हमारे देश को दे रहे थे। उधर सुभाष भी कटिबद्ध थे कि चाहे आज़ाद हिन्द फ़ौज का एक-एक सिपाही बलिदान हो जाये, भारत तो अब आज़ाद होकर ही रहेगा।

अस्थायी सेना का गठन हो गया था, एक विशाल सेना पूरी तरह तैयार थी। पूरी पूर्वी एशिया के कोने-कोने से उन्हें धन और जन की शक्ति मिलने लगी। भारतीजी 1966 में इंडोनेशिया की यात्रा पर गये थे। वहाँ उन्हें एक ऐसी सिन्धी वृद्धा मिली थी, जो सुभाष को अपना बेटा मानती थी। उन्होंने बताया कि सुभाष बाबू जब इंडोनेशिया के दौरे पर गये थे तो घर-घर जाकर कहते थे, मुझे ख़ून दो, मैं तुम्हें आज़ादी दूँगा। तमाम अन्य लोगों की तरह इस महिला ने भी अपने संचित धन की पाई-पाई सुभाष के कोष को दे दी थी। अपने द्वार पर आये सुभाष को अपना बेटा सौंपते हुए उन्होंने कहा था, लो अपना ख़ून तुम्हें दे रही हूँ। इसे अपना छोटा भाई समझना और दोनों मिलकर भारत माता को आज़ादी दिलाना।

आज़ादी दिलाने की ओर क़दम बढ़ चुके थे। अस्थायी सरकार की नियुक्ति भी

हो गयी थी, मगर भारत की धरती पर पैर रखने की आस अभी सपना ही बनी हुई थी कि अचानक एक दिन वह भी आया, जब सपने को हक़ीक़त बनाया जा सकता था। सुभाष को जब ज्ञात हुआ कि जापान से लड़ते समय अंग्रेज भारत का एक टुकड़ा भी जापान को सौंपकर भाग खड़े हुए हैं। भारत की धरती का यह टुकड़ा था–अण्डमान और निकोबार। वही अण्डमान-निकोबार, जिसे हमारे देश में कालापानी नाम से जाना जाता था। अंग्रेज़ों ने वहाँ एक भयानक जेल बनवाई थी, जिसमें वे भारतीय देशभक्तों को क़ैद करके डाल देते थे। वहाँ उन्हें इतनी यन्त्रणा देते थे कि देशभक्त या तो वहीं घुल-घुलकर मर जाते या अगर बाहर निकलने को मिलता था तो वे टूटे-फूटे कंकाल की तरह शेष बचे होते थे। अमर स्वतन्त्रता सेनानी वीर सावरकर की यन्त्रणाओं की तमाम कथाओं से हम ख़ूब परिचित हैं।

सुभाष ने तुरन्त जापान के प्रधानमन्त्री से सम्पर्क साधा और कहा कि हम और आप एक साथ मिलकर अंग्रेज़ों से युद्ध कर रहे हैं। अब चूँकि उन्हें अण्डमान-निकोबार से भगा दिया गया है तो अब हमारी भारतीय धरती का यह प्रदेश आप हमें सौंप दें तो हमारी आगे की लड़ाई थोड़ी आसान हो सकेगी। सुभाष ने अपना दावा इतने तर्कपूर्ण और प्रभावशाली ढंग से रखा कि जापानी साधनहीन निर्वासित नायक अंग्रेज़ों के सामने बिना पराजित हुए शहीद और स्वराज्य द्वीपों पर राष्ट्रीय ध्वज फहराकर भविष्य के अपने सपनों की धुन में आगे की दिशाओं की ओर मुड़ गया।

फिर कई करवटें बदलने के बाद वह दिन भी आये, जब महायुद्ध समाप्ति पर आ रहा था। जापान धीरे-धीरे हिम्मत हार चुका था, बर्मा की पराजय हो चुकी थी। बर्मा के प्रधानमन्त्री बामा अपने देशवासियों को छोड़कर भाग गये थे, लेकिन सुभाष आज़ाद हिन्द की बची-खुची टुकड़ियों के साथ जंगलों, दलदलों और चट्टानों पर धीरे-धीरे चलते चले जा रहे थे। रात को चलते थे और दिन में झाड़ियों और गुफाओं में छुप कर रहना पड़ता था। न पीने को पानी, न खाने को अन्न। सारी अंग्रेज वायुसेना बर्मा का चप्पा-चप्पा खोज रही थी कि सुभाष और उनकी सेना दिखाई पड़े तो उसे नेस्तनाबूद कर दिया जाये। सिर्फ थोड़ी सी लारियाँ बची थीं सुभाष के पास उनमें घायलों और कमज़ोर बीमार और थके हुए सैनिकों को बिठा दिया जाता था।

कितनी ही बार सुभाष से प्रार्थना की गयी कि वे पैदल न चलें, लेकिन उन्होंने कहा कि जब तक हमारा एक भी सैनिक पैदल चल रहा है, तब तक मैं हर्गिज नहीं बैठ सकता। उनकी अन्तिम आशा यह थी कि वे बर्मा-चीन सरहद पर पहुँचकर रूस चले जायेंगे, पर बीच में जब उन्हें पता चला कि हम इम्फाल हार गए हैं तो उन्होंने

अपने साथियों से कहा, "इम्फाल के रास्ते हम भले ही नहीं पहुँच सके, लेकिन हिम्मत नहीं हारनी है। दिल्ली पहुँचने के अभी कई और भी रास्ते हैं।" सितांग नदी के पास जापान ने उनसे कहा कि वे आज़ाद हिन्द सेना को गन्तव्य स्थान पर पहुँचाने का सारा प्रबन्ध कर देंगे, लेकिन सुभाष स्वयं सुरक्षित रूप से जो जगह बेहतर हो, वहाँ चले जायें। सभी का यही मानना था कि सुभाष के प्राण बहुत बहुमूल्य हैं। इस समय उन्हें कुछ नहीं होना चाहिए, पर सुभाष जापानियों पर उबल पड़े "तुम क्या मुझे बामा समझते हो कि मैं अपने देशवासियों को संकट में छोड़कर अपने प्राण बचाऊँगा?" कुछ ही समय बाद आख़िर सेना के साथ वे गन्तव्य स्थान पर पहुँच गये। कुछ लोग रूस की शरण में गये, कुछ अलग जगहों पर। तब तक रूस और जापान में युद्ध नहीं प्रारम्भ हुआ था। 11 अगस्त को रूस ने जापान से युद्ध घोषित किया और 13 अगस्त को सुभाष को मालूम हुआ कि अब जापान हिम्मत हार चुका है और शीघ्र ही समर्पण करने वाला है।

चारों तरफ़ निराशा छा चुकी थी, लेकिन तब भी उन्होंने हिम्मत नहीं हारी। 14 अगस्त, 1945 को वे सिंगापुर में थे। शाम को उन्होंने झाँसी की रानी के जीवन पर एक नाटक देखा, आज़ाद हिन्द फ़ौज की महिला टुकड़ी के द्वारा यह नाटक तैयार किया गया था। उसके बाद आज़ाद हिन्द सरकार की कैबिनेट की आख़िरी मीटिंग हुई। उसके शुरू में सुभाष ने आज़ाद हिन्द फ़ौज के तमाम भारतवासियों को अपना अन्तिम सन्देश दिया। 'भाइयो और बहनो, भारत की आज़ादी की लड़ाई के इतिहास का एक शानदार अध्याय ख़त्म हो गया, लेकिन इस अध्याय में पूर्वी एशिया के भारतीयों का अमर स्थान रहेगा। आपने धन और जन की अमित सहायता देकर... प्रधानमन्त्री ने 6 नवम्बर, 1943 को टोकियो में बृहत्तर पूर्वी एशियाई देशों के सम्मेलन में यह प्रस्ताव पेश किया और 28 नवम्बर को अण्डमान-निकोबार को स्वतन्त्र घोषित करके आज़ाद हिन्द सरकार से अनुरोध किया गया कि वह उसे अपने अधिकार में ले ले।

उस समय तक आज़ाद हिन्द फ़ौज के पास स्थलसेना और वायुसेना तो थी, लेकिन जलसेना का प्रबन्ध तब तक नहीं हो पाया था। दिसम्बर अन्त तक उसका भी प्रबन्ध कर लिया गया। तब सुभाष वैधानिक रूप से सत्ता ग्रहण करने को तैयार थे। यह वह दिन था, जिसका ज़िक्र मैंने लेख प्रारम्भ करते हुए किया है। कैसा रहा होगा वह दिन! कितना मर्मस्पर्शी, कितना पावन! अपनी मातृभूमि की कितनी स्मृतियाँ, भविष्य की आशाएँ, राष्ट्रीय संग्राम में जूझते हुए सन् 42 के विद्रोह में मारे गये शहीद, अंग्रेज़ों द्वारा आयोजित दुर्भिक्ष में तड़प-तड़पकर मरनेवाले कितने ही

देशवासियों की याद आयी होगी सुभाष को। भावुक सुभाष की आँखें कितनी बार भर आयी होंगी, कितनी ठण्डी साँसें छोड़ी होगी उन्होंने।

फिर भी कितना पवित्र था 30 दिसम्बर, 1943 का वह दिन, जब सुभाष ने अंग्रेज़ी शासन से मुक्त कराये भारत की धरती के उस टुकड़े पर अपनी स्वतन्त्र अस्थायी सरकार की ओर से पोर्ट ब्लेयर में अपना प्यारा तिरंगा झण्डा फहराया था। मातृभूमि के इस टुकड़े की तरह पूरी की पूरी मातृभूमि की आज़ादी का सूर्य उन्हें दहकता दिखाई दे रहा होगा। स्वप्नदर्शी सुभाष ने बड़े शौक़ से प्यार के साथ इन दोनों द्वीपों को नया नाम दिया था उस दिन। नाम रखे थे 'शहीद द्वीप' और 'स्वराज्य द्वीप'।

सुभाष और उनके मन्त्री अपनी राजकीय वेशभूषा में उपस्थित थे। बाहर आज़ाद हिन्द फ़ौज परेड कर रही थी। तमाम पूर्व एशियाई देशों के राजदूत स्वाधीन भारत के प्रथम राष्ट्रपति को अपना प्रमाण-पत्र देने और उनसे दौत्य सम्बन्ध स्थापित करने के लिए आये थे।

बाद में सुभाष ने आज़ाद हिन्द रेडियो पर देशवासियों को इस महान घटना की सूचना दी थी। निराश और विभाजन के प्रस्तावों से दुखी देश ने सुभाष की आवाज़ सुनी–'बन्धुओ! आपको एक ख़ुशख़बरी देनी है, हमारी ज़िन्दगी का अद्वितीय अनुभव था, जब हम जीवन में पहली बार स्वतन्त्र भारत की धरती पर खड़े थे। हम वह दृश्य भूल नहीं सकते कि कैसे उस द्वीप पर ब्रिटिश चीफ़ कमिश्नर के महलों पर हमारा अपना तिरंगा फहरा रहा था। उस दृश्य को देखकर हम सब उस दिन की कल्पना में डूब गये, जब हमारा यही तिरंगा नयी दिल्ली में वाइसराय भवन पर फहरायेगा। मेरे देशवासियो! आपको याद होगा कि पिछले साल अगस्त के दिनों में ही मेरे मन में यह उम्मीद जाग गयी थी कि सन् 43 के अन्त तक हम भारत की धरती पर तिरंगा फहराता हुआ देखेंगे। ख़ुद मेरे अचरज और आह्लाद का ठिकाना नहीं था कि आज 30 सितम्बर है यानी साल ख़त्म होने के पहले ही हम आज़ाद हिन्द की आज़ाद धरती पर खड़े थे और आकाश की ओर ऊँचा फहरा रहा था हमारा प्यारा तिरंगा झण्डा। वहाँ से हम लोग पोर्ट ब्लेयर की बदनाम कालापानी जेल में गये और चुपचाप खड़े होकर हमने मूक श्रद्धांजलि अपने उन हज़ारों देशवासियों को दी, जिन्होंने इन काल-कोठरियों में अमानुषिक यातनाएँ सहीं। बहुतेरे तो वहीं तड़प-तड़पकर ख़त्म हो गये। अंग्रेज़ों को हमारे देशवासियों को यातना देने में कितना सुख मिलता था, यह इसी से स्पष्ट है कि जापानियों से पिट जाने के बाद वे अपनी अकूत धन सम्पत्ति तो लेकर भागे ही, साथ-ही-साथ अत्याचारों से कंकाल की तरह

बन गए दो सौ क़ैदियों को भी जहाज़ में भरकर अपने साथ ले गये, ताकि जापान से पिटने का ग़ुस्सा उन पर उतार सकें।

30 दिसम्बर, 1943 को विधिवत् स्वतन्त्र प्रदेश की नींव रखकर सुभाष पूर्ण स्वतन्त्रता प्राप्ति की अपनी राह पर आगे बढ़ गये। लेफ्टीनेंट कर्नल लोक नाथन् को प्रमुख व्यवस्थापक नियुक्त कर दिया और ख़ुद अपनी उसी राह पर चल दिया यह सिपाही। यह अकेला जिसने आत्म बलिदान और देशभक्ति का महान उदाहरण सामने रखा। जिसने वह सब कुछ किया, जो भारतमाता की उन्हें इस से सन्तानों के लिए आदर्श है, लेकिन उन्हें इससे ज़्यादा दु:ख था कि त्याग और बलिदान का कोई नतीजा तुरन्त नहीं निकला, फिर भी सन्तोष भी वे बेकार नहीं गये हैं। उनसे यह निश्चय हो गया है कि हमारी मातृभूमि आज़ाद होकर रहेगी। हमारे इतिहास की इस महान विपत्ति की वेला में मुझे सिर्फ एक बात आपसे कहनी है। इस थोड़ी सी असफलता से निराश मत होइए, हिम्मत बनाये रखिए और सिर ऊँचा रखिए और सबसे बढ़कर यह कि एक मिनट के लिए भी हिन्दुस्तान के भविष्य के प्रति अपना विश्वास मत खोइए। दुनिया की कोई ताक़त नहीं है, जो हिन्दुस्तान को अब ग़ुलाम रख सके। हिन्दुस्तान आज़ाद होगा और बहुत शीघ्र! जयहिन्द!'

यह सुभाष का अन्तिम सन्देश था। कैबिनेट की मीटिंग 16 अगस्त, 1945 की सुबह तक बिना एक मिनट का चैन लिये चलती रही। उसके बाद उसी के दूसरे दिन वह आगामी दुर्घटना हुई, जिसमें सुभाष और उनके साथी कैप्टन हबीबुररहमान बुरी तरह झुलस गए। हबीबुररहमान तो बच गये, पर कहा जाता है कि अन्तिम समय में सुभाष ने एक दुभाषिए को बुलाया और फील्ड मार्शल निराउची को आज़ाद हिन्द फ़ौज के बचे हुए सैनिकों की व्यवस्था के लिए अन्तिम निर्देश दिये। कहा जाता है कि 18 अगस्त की रात आठ और नौ के बीच उनका शरीर हमेशा के लिए शान्त हो गया।

जिस 15 अगस्त, 1945 को नेताजी ने वह अन्तिम सन्देश दिया था, उसी के ठीक दो साल बाद 15 अगस्त, 1947 को दिल्ली में अंग्रेज़ों ने हिन्दुस्तान की आज़ादी की घोषणा की, लालक़िले पर तिरंगा लहराया, मगर तब तक हिन्दुस्तान बँट चुका था। इस दु:ख का बोझ मन पर लादकर भी हम बापू के नेतृत्व में राष्ट्र के नव निर्माण के काम में जुट गये, पर कितनी तकलीफ़ होती है यह सोचकर कि अपनी आज़ादी के इतिहास के इस स्वर्णिम पृष्ठ को हमने बिल्कुल भुला दिया है। बम्बई को मुम्बई और कलकत्ता को कोलकाता नाम में बदल देने का हमने स्वागत किया,

पर हमें कभी याद नहीं आया कि सुभाष ने कितने सुन्दर नाम दिये थे अण्डमान और निकोबार को 'शहीद द्वीप' और 'स्वराज्य द्वीप'।

शायद वह दिन भी अवश्य आयेगा ज़रूर जब आज़ादी के इतिहास के इस स्वर्णिम अध्याय को रेखांकित किया जायेगा और देश का बच्चा-बच्चा सुभाष चन्द्र बोस के हैरतअंगेज़ प्रयासों को गर्व से याद करके उन्हें नमन करेगा।

सुभाष को एक कविता बहुत पसन्द थी। शायद ये पंक्तियाँ हमें कुछ सन्देश दें और हम कुछ कर गुज़रें। कविता की कुछ पंक्तियाँ हैं–

"Though the crushed jewels drop and fade
the artist's labour will not cease;
And of the ruins shall be made
Some yet more lovely masterpiece."

जयप्रकाश नारायण

(11 अक्टूबर, 1902 - 8 अक्टूबर, 1979)

सेनानी! करो प्रमाण अभय
भावी इतिहास तुम्हारा है।
ये नखत अमा के बुझते हैं,
सारा आकाश तुम्हारा है।
जयप्रकाश है नाम समय की
करवट का, अंगड़ाई का
भूचाल बवंडर के ख़्वाबों से
भरी हुई तरुणाई का!
है जयप्रकाश वह नाम जिसे
इतिहास समादर देता है
बढ़कर जिसके पदचिह्नों को

जयप्रकाश नारायण

गंगा हमारे देश की प्राणवाहिनी हैं। हिमालय की चट्टानी कारा को तोड़कर घाटियों और मैदानों में उतरकर वे देश के जन-जन को प्राण देती हैं, पावनता देती हैं। कितने ही गँदले नाले उनमें मिलकर पवित्र हो जाते हैं।

उत्तर प्रदेश और बिहार की सीमा पर गंगा कभी-कभी अपना मार्ग बदलती हैं, उस विपुल विस्तार में कुछ भू-भाग बच जाते हैं–द्वीप की तरह, जिन्हें 'दियारा' कहते हैं। गंगा की गोद में इसी प्रकार का एक दियारा है–'सिताबदियारा' जहाँ जन्म लिया एक ऐसे दृढ़, निष्ठावान, अपराजेय भगीरथ ने जो तानाशाही और भ्रष्टाचार की चट्टानी कारा को तोड़कर स्वातन्त्र्य की गंगा को जन-जन के जीवन में फिर से ले आया।

सिताबदियारा में क़रीब बीस-बाईस टोले थे, जिनमें तब सबसे बड़ा टोला कायस्थों का टोला था। इसी टोले में एक दरोगा जी हुआ करते थे। बड़े दबंग, बड़े ख़ूबसूरत ऊँचे कद्दावर जवान! नाम था बाबू देवकीनन्दन लाल। हमेशा हाथ में हंटर लिये घोड़े पर सवार घूमा करते थे। कहते हैं, एक बार एक अंग्रेज ने टोले को किसी लड़की को छेड़ दिया था। बाबू देवकीनन्दन लाल ने देख लिया, तुरन्त घोड़े से उतरे और मारे हंटरों के उसकी खाल छील दी। बेचारा किसी से फरियाद भी न कर सका। किससे रोने जाता कि 'काले नेटिव' से पिटकर आया है। मगर ऐसे दबंग दरोगा जी की पत्नी बेचारी बड़ी दुखी थी, लाख पूजा-पाठ किये, पर गोद सूनी-की-सूनी। किसी ने बताया शाहाबाद के मशहूर हरसू ब्रह्मबाबा की मन्नत मानो तो जरूर पूरी होगी। बस, घर के दालान के बाद जो अच्छी जगह थी, वहाँ घर ही में शिवमन्दिर बन गया और हरसू ब्रह्मबाबा की मन्नत मान कर पूजा-अर्चना होने लगी। भाग्य की बात कि दरोगा देवकीनन्दन लाल के घर पुत्र जन्म के बधावे बजे! हरसू ब्रह्म की कृपा से जन्मे बेटे का नाम रखा हरसूदयाल।

पिता देवकीनन्दन ने इन्हें भी अंग्रेज़ी शिक्षा दिलायी, लेकिन बेटा बाप की प्रकृति से एकदम भिन्न निकला। नेक, विनम्र, सन्त स्वभाव का सीधा सरल व्यक्ति! पिता की इच्छा के विरुद्ध पुलिस की नौकरी न कर वे नहर विभाग में लग गये। उनकी पत्नी फूलरानी भी उन्हीं के जैसी थीं। सीधी, सरल, नेक, भारतीय गृहिणीत्व के सभी गुणों से भरपूर! इन्हीं फूलरानी की गोद में 11 अक्तूबर 1902 को विजयदशमी के दिन जन्म लिया था जयप्रकाश ने!

वे नन्हे-मुन्ने थे तब भी उन्हें खिलौने अच्छे नहीं लगते थे, ऊधम-मस्ती कमी की ही नहीं। नाम ही पड़ गया था बउल-बावला। पिता कहा कहते, "ईत जैसन बूढ़ लरिका हउअन!"

टोले के प्राइमरी स्कूल में एक मास्टरजी पढ़ाते थे। वे इन्हीं के घर रहने लगे थे। घर पर भी इन्हें पढ़ाते और स्कूल में भी। वे पहलवानी भी करते थे। और देशभक्त भी थे। शायद वही सबसे पहले व्यक्ति थे जिन्होंने इनके मन में देश के लिए प्रेम का एक अगोचर बीज बोया।

खेल-खिलौनों से न खेलनेवाले, कभी ऊधम-मस्ती न करनेवाले, अपने में गुमसुम, बेहद शान्त केवल पढ़ने में मन लगानेवाले बच्चे का ध्यान किसी और चीज़ में भी लगे, यही सोचकर पिता ने एक दिन उन्हें कबूतर का एक जोड़ा ला कर दिया। गर्मी के दिन थे, एक कबूतर को लू लग गयी और वह मर गया। बस, बउलजी का रो-रो कर बुरा हाल, न खाना न पीना, बस गुमसुम रोना!

धीरे-धीरे उनके लिए हिरन, कुत्ते, ख़रगोश वग़ैरह लाये गये। घर में एक टट्टू था। टट्टू के छोटे से बच्चे मे बउल जी को बेहद प्रेम था उसे अपने हाथों से खिलाते-पिलाते, नहलाते, दुलराते। एक बार टट्टू ने बउल को अपनी टाँग से मारकर गिरा दिया। नन्हे बच्चे तो थे ही, गिरकर रो पड़े तो पिता को टट्टू पर बड़ा ग़ुस्सा आया। उसे घर से हटा देने का आदेश दिया, और लो, बउल का रोना तो और तेज़ हो गया। हिचकियाँ बँध गयीं। चोट लग गयी है तो क्या हुआ। उसने जानबूझ कर थोड़े ही मारा होगा। ग़लती से लग गया होगा। उसे घर से हटाइए मत!–और अपराधी टट्टू घर में ही बना रहा। उसका बच्चा बउलजी का लाड़-दुलार यथावत पाता रहा।

जानवरों और पक्षियों से तो प्रेम ऐसा था कि एक बार की बात उन्हें आज तक याद है। पिछले ही बरस जब एक्सप्रेस टॉवर में मैं उनसे मिली थी, तो उन्होंने स्वयं सुनायी थी–

"तब उन दिनों हम टैंथ में पढ़ते थे। घर के सामने तीन-चार ताड़ के पेड़ थे। एक दिन बाज़ आया और एक कबूतर को पंजों में दबाकर ले उड़ा। एक पेड़ पर बैठकर उसे मारने लगा। हम देखकर तड़प उठे। पता नहीं क्या सूझा, भागकर भीतर से पिताजी की बन्दूक़ उठा लाये। जीवन में पहली बार निशाना लगाया था, सो चूक गया। बाज़ को तो लगा नहीं, गोली लग गयी कबूतर को और वह बेचारा बाज़ के पंजों से तो बच गया, पर घायल होकर ज़मीन पर आ पड़ा। बन्दूक़ की आवाज़ सुनकर पिताजी भागे आये। हमारी ओर एक टेढ़ी नज़र से देखा, बोले कुछ नहीं, पर अम्माँ पर बहुत ग़ुस्सा हुए थे।"

बड़े हुए, तो पटना गये पढ़ने, बउलजी अब प्रिंसिपल अमजद अली खां जैसे योग्य अध्यापक के शिष्य हो गये थे। नाम हो गया था जयप्रकाश नारायण। सरस्वती भवन में रहने लगे थे। बिहार की सर्वोत्तम प्रतिभाओं का अखाड़ा यहीं जमता था। अनुग्रह बाबू, रामचरित्र सिंह, रघुनन्दन पाण्डे, श्री बाबू आदि से वहीं मुलाक़ात हुई। वहाँ की बैठकों में आज़ादी की लड़ाई के क़िस्से होते, देश की समस्याओं पर वाद-विवाद होते, बाहर से किताबें आतीं, जो गुप्त रूप से पढ़ी जातीं। उनकी हमेशा की स्वभाव की चुप्पी और ख़ामोशी में अब यह सब भी जुड़ने लगा।

इन्हीं दिनों जयप्रकाश की किताब-कॉपियाँ एक सहपाठी ने चुरा लीं। जयप्रकाश को उस पर शक तो था, लेकिन उन्होंने चुराते हुए उसे देखा नहीं था, इसलिए बड़ी उलझन में थे कि कैसे कहें, क्या करें। अमजद अली खाँ साहब को किसी तरह इस चोरी का पता चल गया था और उन्होंने जयप्रकाश को उनकी किताबें वापस दिलवा दी थीं। साथी को शर्मिन्दा होना पड़ा था, इसलिए जयप्रकाश ने उस सहपाठी से स्वयं जाकर क्षमा माँगी। जयप्रकाश का क्षमा माँगना था कि वह बेचारा तो रो ही पड़ा। उसके ऊपर उनका ऐसा प्रभाव पड़ा कि उसने अब तक की हुई तमाम चोरियों की बातें उन्हें बता दीं और विश्वास दिलाया कि भविष्य में कभी चोरी नहीं करेगा। किसे मालूम था कि आगे चलकर इसी जयप्रकाश के चरणों में चम्बल घाटी के एक-से-एक ख़ूँखार डाकू अपने अस्त्र-शस्त्र रखकर समर्पण कर देंगे।

इन्हीं दिनों की एक घटना जयप्रकाश जी को अभी तक याद है। एक बार वे गणित का एक सवाल हल करने में ऐसे उलझे कि घण्टों बीत गये। आख़िर में सवाल जब हल हुआ, तो पता चला, रात काफ़ी बीत चुकी है, मेस बन्द हो गया है, मगर पेट तो भूखा था, सवाल हल करने के जोश में ख़याल नहीं रहा, पर अब तो भूख खाऊँ-खाऊँ करने लगी। आख़िर में बेचारे मारे भूख के सिर तक चादर तान कर ओढ़ कर लेट रहे और रोने लगे। भूख की वह बेहाली उन्हें बूढ़े होने तक याद थी।

पीड़ा की अनुभूति की एक और याद है। हथेली सूज गयी थी। उँगलियाँ छरछराने लगी थीं। हुआ यों था कि अंग्रेज़ हैंड मास्टर थे व्हिटमोर साहब। रक्षाबन्धन के दिन उन्होंने परीक्षा रख दी थी। विरोध में जयप्रकाश ने परीक्षा का बायकाट किया था। कक्षा के सबसे तेज़ छह विद्यार्थी थे। छहों के सिरमौर थे जयप्रकाश, छहों के छह विद्यार्थी परीक्षा देने ही नहीं आये। विद्यार्थियों को उकसाने और अंग्रेज़ प्रिंसिपल के साथ बगावत करने के दण्ड में छह जोड़ी हथेलियों को सपासप बेंत खाने पड़े थे। किशोर जयप्रकाश को पहली बार पीड़ा में सुख मिला था। मज़ा आया था।

और पहली बार शंका उठी थी कौन-सा रास्ता सही है। ख़ुदीराम बोस और अर्जुनलाल सेठी का या महात्मा गांधी का!

हिन्दुस्तान की आज़ादी के इतिहास में पहला बम बिहार में ही फूटा था। पहली राजनीतिक डकैती भी बिहार में ही हुई थी। बम ख़ुदीराम बोस ने मुज़फ़्फ़रपुर में चलाया था, और डकैती अर्जुनलाल सेठी ने शाहाबाद में की थी। और उधर गांधी जी ने चम्पारन में आ कर अपने सत्याग्रह से निलहे अंग्रेज़ साहबों को परास्त कर दिया था।

भावनाओं के दोराहे पर खड़े जयप्रकाश को गांधी ने आकृष्ट किया और उन्होंने गीता पढ़नी शुरू कर दी। फ़ैशनेबुल कपड़े त्याग दिये, खद्दर पहनी, चमरौधे जूते पहने, लेकिन दूसरी ओर बंगाली क्रान्तिकारी लड़कों के गुप्त अड्डे की ओर भी आकर्षण बढ़ता है। कानों में गूँजता है–'गोरन को मार-मार बोरन में भरिहों।' बड़ा जादू भरा आकर्षण था उन क्रान्तिकारी युवकों की आवाज़ में। जयप्रकाश उस टोली में शामिल होने को जाते हैं कि पता चलता है, रात अंग्रेज़ अफ़सर मिस्टर जैक्सन सदल-बल आया था, लड़के पटना कॉलेज के सामने गंगा में कूदकर उस पार उत्तरी बिहार में कोसी अंचल में कहीं भूमिगत हो गये।

अन्त में, जयप्रकाश ने सब भूल-भालकर अपना मन पढ़ाई में लगाना शुरू किया। जगदीशचन्द्र बोस और प्रफुल्लचन्द्र राय आदर्श बने। निश्चय किया कि अपना देश संसार के अन्य देशों की अपेक्षा विज्ञान में पीछे नहीं रहना चाहिए। सो दिल था साहित्य में, दिमाग़ रमने लगा विज्ञान में। पढ़ने की मेज़ पर एक ओर रामचरितमानस, गीता, प्रियप्रवास, भारत भारती जैसी पुस्तकें रखी रहतीं, तो दूसरी ओर फ़िजिक्स, केमिस्ट्री और गणित के ग्रन्थ! पढ़ने में जी-जान से लगे थे कि 1920 के दिसम्बर में गांधी जी पटना आये। भाषण का मुद्दा था, ग़ुलामी की व्यवस्था और अंग्रेज़ तन्त्र से पूर्ण असहयोग।

देश में नयी हवा चली। उपाधियाँ छोड़ी जाने लगीं, वकालत और सरकारी नौकरियों से त्यागपत्र दिये जाने लगे। चित्तरंजनदास, मोतीलाल नेहरू, राजेन्द्र प्रसाद, मौलाना मजरुलहक ने वकालत त्याग दी, और लीजिए छात्र जयप्रकाश ने कॉलेज छोड़ दिया। मध्यवित्तीय पिता की कल्पना में सुयोग्य बेटे का यह मार्ग काँटों से भरा था। पर पिता ने पुत्र के मार्ग में अपनी ओर से कभी रुकावट नहीं डाली–ठीक हैं, जैसी तुम्हारी मर्ज़ी।

सदाकत आश्रम, पटना में बिहार विद्यापीठ की स्थापना की गयी। गांधी जी ने बहुत-सा चंदा जमा करके यहाँ भेजा। राजेन्द्र बाबू इसके पहले प्रधानाचार्य बने। जयप्रकाश ने यहीं से विज्ञान विषय लेकर इंटरमीडियेट कर लिया। लेकिन आगे क्या हो? घरवाले चाहते थे जयप्रकाश काशी हिन्दू विश्वविद्यालय में पढ़ने जायें, पर जयप्रकाश ने साफ़ कह दिया। शैतानी सरकार के अनुदान से चलनेवाले विद्यालय में मैं नहीं पढूँगा। उन दिनों स्वामी सत्यदेव के भाषणों की बड़ी धूम थी। जयप्रकाश ने उनकी लिखी अमरीका सम्बन्धी पुस्तकें भी पढ़ी थीं। यह भी सुन रखा था अमरीका में ख़ुद पैसा कमाकर अपने पैरों पर खड़े होकर पढ़ाई की जा सकती है। किन्तु जयप्रकाश के इस सपने से सभी टकराने लगे। बाबू हरसूदयाल, जो अपने लाड़ले के लिए रोज़ नये पक्षी और सुकोमल जानवर लाकर दिया करते थे, ताकि बच्चा कुछ बहिर्मुखी बने। अब इतना बहिर्मुखी उसे कैसे बना दें कि परदेश में रोटी के लिए मटके और पढ़े! माँ फूलरानी आँखों के तारे को सात समुन्दर पार जाने की इजाज़त जीते-जी कैसे दे दें! तमाम प्रगतिशील विचारों के बावजूद ससुर बृजकिशोर बाबू भी जंवाई के इस सपने में रंग न भर सके। शंभूशरण जी चुप तो रहे, लेकिन 'हाँ' भी नहीं की। पर बस एक ही मद्धिम उजास थी, जो प्रभा से मिली। बोली, 'मैं तुम्हारे रास्ते की रुकावट कभी नहीं बनूँगी। अमरीका जाकर पढ़ना चाहते हो, तो शौक़ से जाओ मेरी चिन्ता मत करना। मैं बापू के पास साबरमती आश्रम में रह लूँगी।'

उस दिन एक्सप्रेस टॉवर में ही दूर अतीत में गीली गीली आँखों से झाँकते हुए जयप्रकाश जी ने मुझे बताया था कि कृतज्ञता ज्ञापन का कोई तरीक़ा उन्हें नहीं सूझा था, तो वे बाज़ार गये और किताबों की दुकान से एक भागवत ख़रीद कर लाये। विदा होते समय प्रभावती को वही भागवत भेंट में देकर 16 मई, 1922 को जयप्रकाश 'जेनस' नाम के पानी के जहाज़ पर कलकत्ता में चढ़ गये। अमरीका जानेवाले जयप्रकाश कोट-पैंट पहने थे, रेशमी टाई, सिर पर हैट, पैरों में बूट।

अमरीका पहुँचकर तरह-तरह के पापड़ बेले। तीसों दिन काम किया, न कोई छुट्टी, न कोई त्योहार न कोई मौज-मस्ती–दिन में दस घण्टे काम। काम-काम-काम। काम भी कैसा! सबसे पहला काम मिला था अंगूरों के बग़ीचे में। फिर तो बर्फ़ साफ़ करने से लेकर माँस के डिब्बे बन्द करने का काम तक किया। नाई की दुकान में काम किया, लुहार के साथ किया, मोचीगीरी की, लोगों के गुसलखाने साफ़ किये, होटलों में बर्तन धोये। गरज यह कि हर तरह के काम किये और इतना पैसा इकट्ठा कर लिया कि पढ़ाई पूरी की जा सके–पढ़ाई शुरू हो गयी। देखते-देखते प्रोफ़ेसरों की नज़र में यह भारतीय विद्यार्थी चढ़ गया। साथ की लड़कियों की नज़र इस ख़ूबसूरत लम्बे छरहरे युवक पर उलझी, लेकिन जयप्रकाश जयप्रकाश थे। न शराब, न सिगरेट, न लड़की, न सिनेमा थियेटर! बस मजूरी और पढ़ाई।

उन्हीं दिनों की एक मज़ेदार घटना है। पढ़ रखी थी, सो जे.पी. से पूछी कि क्या सच है, तो वृद्ध आँखों में नरमाई कौंध गयी थी। पतले होंठों पर बेसाख्ता मुस्कान खेल गयी थी और बोले थे, बात तो सचमुच ऐसी ही हो गयी थी। हुआ यों कि अमरीका में साल के बाक़ी दिनों में तो आसानी से काम मिल जाता था, लेकिन जब सर्दी का मौसम आता था, तो सारे मिल-कारख़ाने और फ़ैक्टरियाँ बन्द हो जाती थीं–स्वयं अमरीकी ही काम मुश्किल से खोज पाते थे, और एशियाई लोगों के लिए तो हर सम्भव कार्यस्थली पर स्पष्ट शब्दों में लिखकर टाँग दिया जाता था, कि काले लोगों और एशियन लोगों के लिए कोई काम नहीं है। तो उन दिनों जे.पी. ने सोचा कि केमिस्ट्री की पढ़ाई का फ़ायदा लेना चाहिए कुछ नुस्खे आजमाये और तरह-तरह के तेल और पाउडर बनाये। भीड़-भाड़-वाले बाज़ार के बीच में स्टूल रखकर कन्धे पर झोला लटकाये जयप्रकाश हाँक मारने लगे, हिमालय की जड़ी- बूटियों का कमाल देखिए, यह तेल आज़माइए, बालों में नयी चमक आ जायेगी। यह पाउडर लगाइए, रंग निखर उठेगा। यह क्रीम लगाइए, त्वचा एकदम मुलायम रहेगी। असली हिमालयन जड़ी-बूटियों से बने क्रीम, पाउडर और तेल। जयप्रकाश का धन्धा ख़ासा चल निकला। एक दिन एक ख़ूबसूरत युवती आयी। बोली, तुम्हारे पास कुल कितना सामान है? जयप्रकाश ने झोला टटोला और बता दिया, अभी तो इतना है। और ज़्यादा चाहिए तो कल घर से ला दूँगा। वह बोली, लाओ अभी इतना ही दे दो। जयप्रकाश ने झोला बढ़ा दिया, तो बोली, अरे, मगर मैं पर्स तो घर ही भूल आयी। ऐसा करो मेरे साथ मेरे घर चले चलो। वहीं सारा सामान दे दो और पैसे ले लो–अन्धा क्या चाहे दो आँखें। सारा सामान एक ही झपाटे में बिकता देख जयप्रकाश उस सुन्दरी के साथ हो लिये। आगे-आगे सुन्दरी, पीछे-पीछे सहमे-सकुचे जयप्रकाश! गली-दर-गली पार

करके उसका मकान आया। भीतर जाकर वह पर्स लायी और पैसे देते हुए सिर्फ मुँह से ही नहीं आँखों में भी एक नशा सा भरकर बोली, ख़ूबसूरत जवान! सिर्फ़ पैसे ही लोगे? और कुछ नहीं? और बस जे.पी. की तो सिट्टी-पिट्टी गुम। सारा केमिस्ट्री का ज्ञान भूल गया, हिमालय जड़ी-बूटी का नशा हवा हो गया। और बस, उन्होंने वह झोला वहीं पटका, पैसे वहीं फेंके और यह जा, वह जा! वे तो उल्टे पैरों तेज़ी से भाग लिये! पीछे रह गयी ख़ूबसूरत भारतीय जवान की ओर हसरत भरी निगाहों से देखती यह अमरीकी सुन्दरी।

अमरीका की सर्दियों की ही एक और घटना है। जे.पी. की पढ़ाई पूरे जोर-शोर से चल रही थी। उनकी लिखी थीसिस वर्ष की सर्वश्रेष्ठ थीसिस करार दी गयी थी, लेकिन फिर वही सर्दी की मार। काम कुछ मिला नहीं था। पढ़ाई के बोझ से भी थके थे। खाने को दो-तीन दिन से सिवाय ब्लैक कॉफ़ी के कुछ नहीं मिला था। काम की तलाश में बर्फ़ में घिसटते काफ़ी दूर निकल गये थे। पैर के जूते भी ठीक नहीं थे, सो सर्दी जकड़ गयी। ऐसे पड़े कि महीनों खाट से उठ नहीं पाये। घर से पैसा मँगाते शर्म आती थी। क्योंकि मालूम था घर का ख़र्चा चलानेवाला कोई था नहीं। वहाँ ग़रीबी आँगन में खेलती थी। पर मुसीबत कि जान के लाले पड़ गये थे। टांसिलों का ऑपरेशन कराना पड़ा था और ज्वर पीछा ही नहीं छोड़ रहा था। मरता क्या न करता! आख़िर घर से पैसे मँगाये। बाद को जब मालूम हुआ कि। माँ-पिता जी ने खेती-बाड़ी रेहन रखकर पैसे भेजे, तो ममन्तिक कष्ट हुआ, और जी हुआ, सब छोड़-छाड़कर भाग जायें। ख़ैर, तभी उन्हें वहाँ उनकी अध्ययनशीलता और मेधावी शक्ति देखकर उसी कॉलेज में जूनियर कक्षाओं का अध्यापक बना दिया गया। रोटी का ज़रिया हो गया और पढ़ाई ठीक से चल निकली। पर घर से जब ख़त मिला कि माँ बीमार है, तो बउलजी ने सारे सपनों को फ़ुर्सत दे दी और एकदम से स्वदेश लौट पड़े। पता चला, माँ बीमार वग़ैरह कुछ नहीं थी, बस बेटे को देखे बरसों गुज़र गये थे, सो देखने को बेहाल थीं। माँ-बेटे एक-दूसरे के कलेजे लगकर रो लिये, ख़ुश हो लिये, तो जयप्रकाश ने पाया कि देश में करने को बहुत कुछ पड़ा है। कितना कुछ है, जो वे अपने मज़बूत कन्धों पर सँभाल सकते हैं!

उनके आने के कुछ ही दिन बाद मुंगेर में कांग्रेस का अधिवेशन हुआ। सभापति थे राजेन्द्र प्रसाद। भाषण हुआ था सरदार पटेल का। उन दिनों देश में एक ही चर्चा गरम थी। वृद्ध नेतागण कहते थे कि औपनिवेशिक आज़ादी मिल जाये। किन्तु युवकों का कहना था, नहीं, हमें सम्पूर्ण स्वतन्त्रता चाहिए। इस मीटिंग में भी यही विषय

चालू था। ख़ूब भाषण और बहसों के बाद इस विषय पर वोटिंग हुई। और लो! बड़े नेता हार गये। जवान लड़के जीत गये। और बस वही पल था, वही दिन था, जब युवावाहिनी बनानेवाले लोकनायक जयप्रकाश ने युवाशक्ति की ताक़त को पहचान लिया था। सम्पूर्ण स्वतन्त्रता से समग्र क्रान्ति तक के दोनों बिदुओं पर आप सहज ही रेखा अंकित कर सकते हैं।

जयप्रकाश गांधी जी के प्रति श्रद्धा रखते ही थे, उसके अलावा उनके विदेश प्रवास के दौरान निरन्तर सात वर्षो तक प्रभावती जी बापू के संरक्षण में आश्रम में ही रही यीं। स्वाभाविक था कि स्वदेश आते ही वे उनके चरणों में प्रणाम करने जाते। सो वे जब वहाँ गये तो बापू ने अपने प्यारे दामाद से पूछा, अब क्या करने का इरादा है, तो बोले, "भारत में समाजशास्त्र नहीं पढ़ाया जाता। वही पढ़ाना चाहता हूँ।" गांधी जी ने आश्वासन दिया कि मालवीय जी से कहकर इसका प्रबन्ध करवा देंगे।

थोड़े ही समय बाद आया लाहौर कांग्रेस का ऐतिहासिक दिन। जवाहरलाल नेहरू की अध्यक्षता में कांग्रेस का अधिवेशन होना था। लाहौर में रावीतट की उस आधी रात को जे.पी. कभी भूल नहीं पाये, जब जवाहरलाल नेहरू ने सम्पूर्ण स्वतन्त्रता प्राप्त करने की सामूहिक शपथ सबको दिलायी थी। लाखों लोग! लाखों कण्ठ! इंकलाब ज़िन्दाबाद! उत्सर्ग के लिए मचलती जवानियाँ!

बड़ा नाज़ हो आया था जवाहरलाल पर उस दिन जयप्रकाश को। दूसरे दिन जवाहरलाल नेहरू ने उनसे कहा कि क्या वाहियात बात करते हो, समाजशास्त्र पढ़ायेंगे, अरे भई, देश का काम करो, कितना कुछ करने को पड़ा है। इलाहाबाद आकर लेबर विभाग के सेक्रेटरी का काम सँभाल लो।

और बस 1930 में जयप्रकाश प्रभावती जी के साथ इलाहाबाद आ गये। वेतन था डेढ़ सौ रुपये महीने। जॉर्जटाउन में साठ रुपये महीने किराये का मकान लिया और चौदह रुपये का फर्नीचर। जवाहरलाल ने जो देखा तो बोले, "कमाल है भई, ऐसे रहोगे तो 150 रु. में कैसे काम चलेगा। चलो स्वराज भवन में चल कर रहो,' और जे.पी. पहुँच गये स्वराज भवन। कमला भाभी के दुलारे देवर बनते उन्हें देर नहीं लगी। जवाहरलाल को जो भाई कहकर पुकारा, तो आख़िर तक यही शब्द मुँह में बसा रहा।

जवाहरलाल का दाहिना हाथ बने जे.पी. काम में जुटे थे। समय अपनी रफ़्तार से चलता जा रहा था। प्रसिद्ध गोलमेज कॉन्फ्रेंस विफल हो गयी थी, तो आगे क्या करना है, इस पर विचार करने के लिए बम्बई में कांग्रेस कार्यकारिणी की मीटिंग होनी थी। नेताओं की घड़ाधड़ गिरफ़्तारी हो रही थी। जवाहरलाल को डर था कि वे

भी पकड़ लिये जायेंगे, तो ज़रूरी काग़ज़ात का क्या होगा। जयप्रकाश ने कहा, फ़िक्र मत कीजिए, काग़ज़ात मुझे दीजिए। आप अलग डिब्बे में सफ़र कीजिए मैं अलग डिब्बे में जाऊँगा। जो शक था वही हुआ, जवाहरलाल गिरफ़्तार हो गये। कांग्रेस अवैध संस्था घोषित कर दी गयी। लेकिन उधर कांग्रेस ने जवाहरलाल की गिरफ़्तारी के बाद सरोजिनी नायडू को स्थानापन्न सभापति मनोनीत कर दिया।

बम्बई के ताजमहल होटल के एक कमरे में सरोजिनी नायडू तमाम लोगों से घिरी बैठी थीं–कुछ परिचित कुछ अपरिचित। एक पारसी युवक बड़ी देर से इधर-उधर मँडरा रहा था। आख़िर जब सब चले गये, तो उस युवक ने चुपचाप कुछ काग़ज़ों का बंडल सरोजिनी नायडू को दिया। काग़ज़पत्र बेहद ज़रूरी और गोपनीय थे। सरोजिनी नायडू ने पूछा, कौन हो तुम? नक़ली वेश उतारते ही जो उन्होंने जयप्रकाश को देखा तो मारे ख़ुशी के चीख़ उठीं, यू नॉटी ब्वॉय! जवाहरलाल गिरफ़्तार हो गये थे। मगर उनके काग़ज़ात सही जगह सही-सलामत पहुँच गये थे।

और बस यहीं से शुरू हो गया जयप्रकाश का भूमिगत रहकर धुँआधार ठोस काम। गुप्त बुलेटिंस का जाल सारे देश में फैल गया। जे.पी. अंग्रेज़ों के सिरदर्द बन गये। आख़िर जब मद्रास में गिरफ़्तार हुए, तो 'फ्री प्रेस जर्नल' की हेडलाइन थी, "कांग्रेस ब्रेन अरेस्टेड।"

विद्रोही युवा जनों से जेल भर गयी थीं। मीनू मसानी, अच्युत पटवर्धन, नरेन्द्र देव, एन.जी. गोरे, एस.एम. जोशी, एम.एल. दाँतवाला, राममनोहर लोहिया, सम्पूर्णानन्द, यूसुफ मेहरअली, गंगाशरण सिंह, अशोक मेहता, मुंशी अहमद दीन, कमलादेवी चट्टोपाध्याय, शिवनाथ बनर्जी और और भी तमाम तमाम युवक! सबने मिलकर सोचा, किसानों और मज़दूरों को रोज़मर्रा की जरूरतों को लेकर उनका संगठन तैयार किया जाये, किसान सभा बने, मज़दूर संघ बनें। फिर उन्हें कांग्रेस में शामिल करके अंग्रेज़ी साम्राज्य की नींव हिला दी जाये।

जेल से बाहर आने पर समाजवादी कांग्रेस के संगठन का काम चलता रहा कि 15 जनवरी, 1934 की दोपहर को बिहार कराह उठा। मुंगेर और मुज़फ़्फ़रपुर बर्बाद हो गये; भयंकर भूकम्प भाया था। जयप्रकाश सब छोड़-छाड़कर जनसेवा करने को भाग आये। यहाँ सेवा कार्य करते हुए उन्होंने पाया कि अपने ख़ुद के प्रान्त बिहार को ही केन्द्र बनाकर वे बहुत-बहुत कुछ कर सकते हैं। कैसे कर्मठ, कैसे त्यागी, कैसे विनम्र है यहाँ के लोग!

भूकम्प की मार से त्रस्त बिहार की राजधानी पटना में 17 मई, 1934 को समाजवादियों की अखिल भारतीय कॉन्फ्रेंस हुई। आचार्य नरेन्द्र देव अध्यक्ष थे। जयप्रकाश उनके निकट। उस मंच से घोषणा हुई कि समाजवादी विचारधारा के सब लोग कांग्रेस के काम करते हुए राष्ट्रीय संघर्ष को मज़दूर, किसान और मध्य वर्ग के संघर्ष से जोड़कर काम करें। इसी सम्मेलन के बाद अखिल भारतीय समाजवादी पार्टी बनी, जिसके संगठन मन्त्री नियुक्त हुए जयप्रकाश–

अभी मुश्किल से तीस-बत्तीस बरस के ही तो हुए थे जयप्रकाश कि उन्होंने सही अर्थों में देश का नेतृत्व करना शुरू कर दिया। ख़ूब ख़ूब काम किया उन दिनों। कांग्रेस और समाजवादी पार्टी में कोई विरोध नहीं था। 1936 की लखनऊ कांग्रेस में वर्किंग कमेटी में नेहरू जी ने तीन समाजवादियों–नरेन्द्र देव, जयप्रकाश नारायण और अच्युत पटवर्धन को शामिल किया था। कांग्रेस के वरिष्ठ नेतागण राजेन्द्र प्रसाद, पटेल, राजा जी आदि इस बात से क्षुब्ध भी हुए थे। जयप्रकाश के नि:स्वार्थ प्रयास चलते रहे। उन्हें गांधी के दिये सूत्रों, चर्खा चलाओ, सूत कातो और आत्मा जगाओ मात्र से कुछ हासिल होता नहीं दीखता था। वे सब कुछ ठोस करना चाहते थे, पुख्ता!

पहली सितम्बर 1939 को द्वितीय महायुद्ध छिड़ गया। पटना में तुरन्त मीटिंग की गयी। मंच से जयप्रकाश नारायण ने ऐलान किया, "यह युद्ध साम्राज्यवादी युद्ध है। हम इसका विरोध करेंगे। आज हम सभा करके इसका ऐलान कर रहे हैं, वक़्त आयेगा, जब हमें सभा भी नहीं करने दी जायेगी। तब हम सड़कों पर, गली के नुक्कड़ों पर, यहाँ तक कि घरों की छतों पर से यही ऐलान करेंगे। और इस मौक़े का फ़ायदा उठाकर हम अपने को आज़ाद करने की कोशिश करेंगे।"

युद्ध के विषय को लेकर देश के नेताओं में मतैक्य नहीं था। पर जयप्रकाश तो अपनी पार्टी के माध्यम से युद्ध-विरोध को आख़िरी सीमा तक पहुँचाना चाहते थे। किन्तु देश के इतिहास में एक दुखद घटना हुई कि त्रिपुरा कांग्रेस की अध्यक्षता को लेकर एक विवाद उठ खड़ा हुआ। सुभाष बाबू चुन लिये गये। पट्टाभिसीतारमैया की हार को गांधीजी ने अपनी हार माना और सभी गांधीवादी सुभाषचन्द्र बोस से असहयोग करने लगे–काफ़ी थुक्का फ़जीहत के बाद अन्ततः सुभाष बाबू ने कांग्रेस छोड़ दी और अपनी अलग पार्टी बनायी–फॉरवर्ड ब्लॉक, जयप्रकाश नारायण ने सभी के बीच सौमनस्य स्थापित करना चाहा। लेकिन आख़िर वे भी सब झिक- झिक से अलग होकर युद्ध-विरोधी कार्यों के लिए देश को तैयार करने में लगे रहे। अंग्रेज़ सरकार ने आख़िर 1940 में क़ैद करके चाईबासा जेल में बन्द कर ही दिया। बाद में उन्हें हज़ारीबाग जेल भेज दिया गया। लेकिन वहाँ से चोरी-छुपे वे लेख लिखकर

बाहर भेजते रहे, जो एक कांग्रेसी सोशलिस्ट के नाम से 'नेशनल हेरल्ड', 'बाम्बे क्रॉनिकल' और 'सर्चलाइट' आदि पत्रों में छपे।

जेल से छूटने पर वे गांधी, सुभाष, जवाहरलाल आदि से मिले, वे चाहते थे कि सुभाष को यों न अलग किया जाये। सब मिल-जुलकर सशक्त रूप से काम करें। पर वे जल्दी ही फिर गिरफ़्तार कर लिये गये। इस बार बम्बई के आर्थर रोड जेल में रखने के बाद उन्हें देवली कैम्प जेल में भेज दिया गया।

वहाँ जे.पी. ने पचास साथियों सहित भूख हड़ताल की हड़ताल लम्बी खिंच गयी। दिन, हफ़्ते, यहाँ तक कि महीना भी बीत गया, उन्होंने भी सोच लिया था कि या तो माँगें पूरी होंगी या उम्र ही पूरी कर देंगे। आख़िर में तैंतीसवें दिन सरकार झुकी और जे.पी. ने अनशन तोड़ा। देवली कैम्प टूटा और जे.पी. को हज़ारीबाग जेल भेज दिया गया।

उधर अगस्त क्रान्ति की पताका फहरा दी गयी थी। सन् 1942 आ गया था। 'करो या मरो' का नारा बुलन्द था। सिर पर कफ़न बाँधे भारतीय जत्थे-के-जत्थे बना जेलों में जाने लगे थे। जेल के भीतर जयप्रकाश अधीर थे, हाय! ये दिन क्या यहाँ जेल में सड़ने के हैं। बाहर से आनेवाले समाचार दे रहे थे, चारों ओर तबाही मची है। लाठी-गोली-इंटर-कोड़ा-पुलिस-दरोगा! गाँव-के-गाँव जला दिये जाते हैं। औरतों और बच्चों का कोई पुछवइया नहीं है। नेता जेलों में ठूँस दिये गये हैं। जनता जान पर खेलने को तैयार है, पर कोई रास्ता तो दिखाये।

जयप्रकाश ने सोच लिया होगा सो देखा जायेगा, अब तो जेल से फरार होना ही पड़ेगा। साहित्यिक दिल और वैज्ञानिक दिमाग़वाले जयप्रकाश ने पूरी कल्पना कर ली कि कैसे भागा जायेगा।

आयी रात दीवाली की। चारों ओर अँधेरा अमावस का, और जेल के अहाते के भीतर एक ओर ढेरों-ढेर रोशनी थी। जेल के क़ैदी दीवाली का त्योहार मनाने को एकत्र थे। हिन्दू वार्डन उस दिन त्योहार की छुट्टी पर थे। मुसलमान वार्डन ड्यूटी पर थे। उन्हें उस उत्सव में ख़ास दिलचस्पी नहीं थी। जयप्रकाश ने उन्हें मिठाई भेजी। वे एक ओर बैठे मिठाई खा रहे थे। और बस इतनी ही देर में पूर्व-निर्धारित योजना के अनुसार जयप्रकाश अपने छह साथियों के साथ पिंजड़ा तोड़कर मुक्ताकाश में उड़ चले। एक के ऊपर एक ने चढ़कर सीढ़ी-जैसी बनायी और एक साथी जेल की दीवार पर जा चढ़ा। वहाँ लोहे की कीलों के कंगूरे पर धोती बाँध दी। दो धोतियों की रस्सी काफ़ी थी। अब एक-एक साथी उस रस्सी के सहारे दीवार फाँद गये। सिर्फ छह मिनट में छह क़ैदी जेल की दीवार फाँद गये। और सीधे जंगल की ओर भागे,

कभी उकड़ूँ बैठकर, कभी हाथ-पैरों के सहारे बकइयाँ चलकर, कभी छाती के बल रेंगकर जैसा मौक़ा देखा वैसी चाल बदली और देखते-देखते जंगल के घने अँधेरे में धँस गये। जेल के सेंट्रल टॉवर की रोशनी अभी तक दिखाई दे रही थी। जब तक यह दिखती रहेगी, ख़तरा सर पर मँडराता ही रहेगा, सो बस बिना दिशा-काल का ज्ञान किये बढ़ते ही जा रहे थे। आगे, आगे और आगे। रात भर चलते रहे। सुबह हुई, तो थकान से चूर सबको भूख लगी। पर अरे, पैसे और खाने का सामान तो जेल में ही छूट गया। अफरातफरी में सब भूल ही गये। रामनन्दन बोले, "कुरते के कॉलर में मैंने सौ का एक नोट सिल रखा है।" योगेन्द्र शुक्ल की जेब में एक चवन्नी पड़ी थी। पास के गाँव तक पहुँचें, तब न कुछ ख़रीद सकेंगे। जंगल, काँटे, कंकड़, पत्थर, घायल लहूलुहान पैर, लेकिन रुक नहीं सकते, थम नहीं सकते, चलते ही जाना है। रास्ते में पेड़ पर जो फल लगा दिखे, तोड़ो और खाओ। करोंदा हो तो, गूलर हो तो, सब चलेगा। कुर्ता-कमीज़ उतारकर पैरों में बांध लिये गये। ज़ख़्मी पैरों से चला नहीं जा रहा था। पर चलना तो था। चलते-चलते फिर रात घिरने लगी थी कि दूर से आती एक बैलगाड़ी दिखी। आशा की किरण सबके दिलों में कौंध गयी। बैलगाड़ीवाला क़रीब आया। इन लोगों ने हाथ उठा कर उसे रोका और मिन्नत-प्रार्थना की कि भइया हमें क़रीब के गाँव तक छोड़ दो। किराये में तुम्हें सौ का नोट देंगे। चाहो तो घड़ी भी ले लो। फटे-हाल, नंगे बदन, घायल पाँव, सौ का नोट और घड़ी! अरे बाप रे, यह कहाँ फँसे! और मारे डर के बैलगाड़ीवाला यह जा वह जा! ये तो कोई डाकू दीखते हैं। कैसे बैल, कैसी गाड़ी, सब छोड़ो और जान लेकर भागो।

जैसे-तैसे गाँव तक पहुँचे, तो वहाँ सुन लिया कि क़ैदियों के भागने की ख़बर जंगल में लगी आग की तरह फैल चुकी है। तुरन्त छहों लोगों ने अपना-अपना भेस बदला और अलग-अलग दिशाओं में भूमिगत हो लिये। जयप्रकाश ने बनारस में अड्डा जमाया और वहाँ से ख़ूब काम किया। ढेरों लेख लिखे, बुलेटिन छपवाये, खुली चिट्ठियाँ लिखीं–बिहार की जनता के नाम, किसानों के नाम, आज़ादी के सैनिकों के नाम आदि!

बनारस से दिल्ली गये। वहाँ से बम्बई, फिर अहमदाबाद, फिर मद्रास, फिर कलकत्ता! सब जगह लोगों को संगठित किया। क्रान्ति के काम को ख़ूब हवा दी और जा पहुँचे नेपाल नेपाल आज़ाद राज्य था, इसलिए सुरक्षित था। वहाँ राममनोहर लोहिया भी पहुँच गये। और इन दोनों ने लोगों को इकट्ठा करके आज़ाद दस्ते का संगठन किया। प्रशिक्षण देना शुरू कर दिया। पर दो महीने भी नहीं बीते थे कि अंग्रेज़ सरकार के दबाव में आकर नेपाल सरकार ने दोनों को गिरफ़्तार कर लिया और हनुमान नगर जेल में बन्द कर दिया। पर रातोंरात आज़ाद दस्ते के वफ़ादार बहादुर

साथियों ने जेल तोड़ डाली और अपने प्यारे नेताओं को छुड़ा लिया।

उस दिन बातों के दौरान जे.पी. मज़ा लेकर मुस्कराते हुए बोले थे, "जानती हो, उस दिन के भारी टेंशन के बीच एक मज़ेदार बात हो गयी थी। दस्ते के सैनिकों और सरकारी सैनिकों तथा जनता के लोगों के बीच जो रेल-पेल मची, उसमें से हम दोनों अपने कुछ साथियों के साथ भाग निकले। भागते-भागते भीड़ में से निकलते हुए राममनोहर का चश्मा ही आँखों पर से उतरकर कहीं गिर पड़ा। अब मुसीबत यह कि उन्हें तो चश्मे के बिना कुछ सूझे ही नहीं। किसी तरह हम उन्हें खींचते खदेड़ते सेफ जगह पर ले जा सके थे।"

नेपाल से मुक्ति पाकर वे दोनों कलकत्ता भाग आये। वहाँ से जयप्रकाश ने सोचा कि सिर पर इक्कीस हज़ार का इनाम घोषित है, कहीं भी ठहरना ख़तरे से ख़ाली नहीं है, सो वे बर्मा की ओर चल दिये। सोचा, सुभाष बाबू से सम्पर्क कर के आज़ाद हिन्द फ़ौज के साथ काम करेंगे। लोगों ने सलाह दी, देश छोड़कर बाहर चले जाओ। पर जे.पी. को यह स्वीकार नहीं था। विदेश जाने के लिए थोड़े ही जेल की दीवार फाँदकर भागे थे। उनका कार्यक्षेत्र तो यही धरती थी। अपने देश की धरती। इसी का पूरब, इसी का पश्चिम, इसी का उत्तर-दक्षिण। इधर से उधर और उधर से इधर!

लेकिन 18 सितम्बर, 1943 को वह घिनौना दिन भी आ गया, जब रात दस बजे सूट-बूट में लैस साहब बने जे.पी. ट्रेन में सवार थे। स्टेशन आया–अमृतसर स्टेशन! वहाँ एक अंग्रेज़ और एक सिख सिपाही ने उन्हें पहचान लिया! शेर पकड़ लिया गया। और लाहौर क़िले में बन्द कर दिया गया।

9 नवम्बर, 1942 को हज़ारीबाग से भागे थे और 19 सितम्बर, 1943 को लाहौर क़िले में ठूँस दिये गये। लाहौर क़िला यानी अच्छा-ख़ासा नाज़ी कैम्प।

चल निकला भीषण यन्त्रणाओं का दौर! जे.पी. की आँखों पर चौबीसों घण्टे तेज़ रोशनी डाली जाती, उन्हें सोने नहीं दिया जाता। कभी गर्म सलाखों से दागा जाता, तो कभी बर्फ़ की सिल्लियों पर बाँध दिया जाता। यन्त्रणाओं की ख़बर सुनते ही बम्बई के बैरिस्टर पारडीवाला लाहौर पहुँचे और हाईकोर्ट में हैवियस कारपस की अर्ज़ी दी। पर अंग्रेज़ सरकार आख़िर सरकार थी न! उसने जे.पी. को कोर्ट में हाजिर करने के बजाय पारडीवाला को ही जेल में डाल दिया।

फिर सुना गया कि सरकार जे.पी. पर षड्यन्त्र, राजद्रोह और हत्या आदि का मुक़दमा चलायेगी। सारे देश से एक-से-एक बड़े वकील उठ खड़े हुए कि हम मुक़दमा लड़ेंगे, हम पैरवी करेंगे। यहाँ तक कि इंग्लैंड की लेवर पार्टी ने भी अपना वकील भेजने का प्रस्ताव रखा। आख़िर सरकार ने मुक़दमा करने का विचार त्याग

दिया। पर राममनोहर लोहिया भी लाहौर जेल ले आये गये थे। दोनों पर ही यन्त्रणाओं का सिलसिला चालू था। स्वयं गांधीजी ने अंग्रेज़ सरकार पर ज़ोर डाला कि यदि आप ईमानदारी से ठीक वातावरण का निर्माण करना चाहते हैं, तो पहले जयप्रकाश और राममनोहर लोहिया को तुरन्त रिहा किया जाना चाहिए। अंग्रेज़ युद्ध में मात खा ही चुके थे। गांधी की बात उन्हें सुननी ही पड़ी और 11 अप्रैल, 1946 को आगरा जेल से जयप्रकाश नारायण व राममनोहर लोहिया को छोड़ दिया गया।

सारे देश ने राहत की साँस ली। मुरझाये मन खिल उठे। ख़ास तौर से सारे देश का युवा वर्ग अपने नेता की रिहाई से प्रसन्न हो उठा। पटना शहर में तो जैसे जनसमूह के समुद्र में तूफ़ान ही आ गया। सबने जयप्रकाश को सिर आँखों पर लिया। गांधी मैदान में उनका अभिनन्दन हुआ। राष्ट्रकवि रामधारी सिंह दिनकर ने ख़ास तौर से इसी दिन के लिए कविता लिखी–

सेनानी! करो प्रमाण अभय
भावी इतिहास तुम्हारा है।
ये नखत अमा के बुझते हैं,
सारा आकाश तुम्हारा है।
जयप्रकाश है नाम समय की
करवट का, अंगड़ाई का
भूचाल बवंडर के ख़्वाबों से
भरी हुई तरुणाई का!
है जयप्रकाश वह नाम जिसे
इतिहास समादर देता है
बढ़ कर जिसके पदचिह्नों को
उर पर अंकित कर लेता है।...

जाने कितनी देर तक असंख्य तालियों की गड़गड़ाहट से वायु थर्राती रही थी, आकाश गूँजता रहा था! कवि लोग सचमुच भविष्यद्रष्टा होते हैं क्या?...सचमुच भावी इतिहास इसी जयप्रकाश का ही तो होना था।

कांग्रेस के अनेक बड़े नेता संघर्ष से थक चुके थे। गांधीजी की इच्छा का विरोध करके भी वे समझौते की किन्हीं भी शर्तों पर अंग्रेज़ों से सौदा कर लेने के लिए मन-ही-मन अपने को तैयार कर चुके थे। लेकिन जयप्रकाश का रास्ता अलग था। जिस ढंग से सत्ता हस्तान्तरण की बात चल रही थी, उसमें देश के ग़रीबों, शोषितों और सामान्य जन का कल्याण होगा, इसका उन्हें विश्वास था।

राष्ट्रपति श्री वेंकटरमन

(4 दिसंबर 1910 - 27 जनवरी 2009)

उन दिनों एक बहुत बड़े नेता हुआ करते थे–सत्यमूर्ति, वे अंग्रेज़ी और तमिल के बड़े ज़बरदस्त स्पीकर थे। सेंट्रल असेम्बली के मेम्बर थे। उनका भाषण सुनने के लिए लोग दूर-दूर से आते थे। उन्हें लोग मद्रा रेजिडेंसी की स्टेट असेम्बल में बुलाना चाहते

राष्ट्रपति श्री वेंकटरमन

तपता सूरज, पिघलती गर्मी, सूनी सड़कें और माहौल में व्याप्त एक ख़ामोश दहशत! देश के सर्वोच्च पदों पर आसीन व्यक्तियों के इंटरव्यू लेने की बात हो तो दिल्ली में मुझे हर बार यही कुछ मिलेगा क्या! नौ जुलाई 87 को दोपहर साढ़े बारह बजे का समय मिला है मुझे श्री वेंकटरमन से विशेष इंटरव्यू लेने का। झुलसती गर्मी में दिल्ली पहुँची हूँ–मालूम होता है कि नौ जुलाई को तो आतंकवादियों द्वारा निर्दोष बस यात्रियों की निर्मम हत्या के विरोध में दिल्ली बन्द है। याद आता है ठीक ऐसी ही गर्मी थी जब दो वर्ष पहले श्री राजीव गांधी और सोनिया जी का इंटरव्यू लेने आयी थी। उस दिन तो दिल्ली में ट्रांजिस्टर बम फूट रहे थे और इससे भी ज़्यादा ख़ामोश दहशत पूरे शहर में व्याप्त थी। आज तो दिल्ली की सड़कों पर जहाँ-तहाँ बोरियों पर बोरियाँ लाद कर मोर्चे बना लिये गये हैं, गश्त लगाते संगीनधारी सिपाही चौकन्ने हैं।

श्री वेंकटरमन के निवास-6 मौलाना आज़ाद रोड पर पहुँची तो सुरक्षा सम्बन्धी रुटीन क्रम में से गुज़रते हुए यों ही वहाँ के कर्मचारियों से मैंने कहा कि अब तो अगले हफ़्ते आप सब राष्ट्रपति भवन जाने की तैयारियाँ करेंगे–इस समय तो चारों ओर मुबारकें-मुबारकें हो रही होंगी। तो प्रफुल्लित स्वर में वे लोग बोले, "मुबारकें-मुबारकें तो जो उसी दिन से होने लगी हैं, जिस दिन से नॉमिनेशन फ़ाइल हुआ था।" सभी को जीत का पूरा विश्वास था। मैं तो ख़ैर, आयी ही यह सोच कर हूँ कि हमारे अगले राष्ट्रपति श्री वेंकटरमन ही होंगे।

औपचारिकताएँ पूरी करके श्री वेंकटरमन के निवास स्थान पर कार्यालय के बाहर प्रतीक्षा कक्ष में बैठने पर पाया कि वहाँ का वातावरण आगन्तुक पर कतई हावी नहीं होता। कोई भी निश्चिन्त मन से बेख़ौफ़ बैठ सकता है। अन्यथा अक्सर मैंने पाया है कि बड़े लोगों के दफ़्तरों का माहौल आपको दबाने लगता है। यहाँ सादा-सा सोफ़ा पड़ा था। सामने की दीवार पर लगभग तीन बाई चार फ़ीट का एक कालीन टंगा था। आप सोचेंगे कालीन तो फ़र्श पर बिछा होना चाहिए। जी हाँ–लेकिन यह

कालीन का टुकड़ा कुछ विशेष था। इस पर स्वर्ण मन्दिर, अमृतसर का चित्र बुना हुआ था। बाक़ी की दीवारों पर श्री वेंकटरमन को विभिन्न विश्वविद्यालयों से मिली डिगरियाँ फ्रेम की हुई टँगी थीं।

कुछ ही पलों की प्रतीक्षा के बाद जब मैं उनके कक्ष में गयी तो देखा, इस कक्ष का वातावरण भी बिल्कुल सादा है। उनकी मेज़ पर ढेर सारे काग़ज़ात, फ़ाइलें, टेबुल लैम्प, क़लमदान, काग़ज़ रखने की ट्रे, टेलिफ़ोन आदि के साथ ही एक ओर पड़ी थी गोटे-तिल्ले की बनी एक बहुत बड़ी माला। शायद, थोड़ी देर पहले कोई पहनाकर गया होगा। मेज़ के पास रखी स्टील की अलमारी की छत पर शायद मिट्टी या प्लास्टर का बना गेंडा रखा है। दूसरी ओर बाँस का बना बड़ा-सा मोर पंख फैलाये खड़ा था। उधर ही उछाल लेती लहरोंवाले हरहराते समुद्र के बीच एक खुरदरी चट्टान पर तनी खड़ी प्रियदर्शिनी इन्दिरा गांधी की बहुत ही ख़ूबसूरत तसवीर लगी है। जापान के राजकुमार, थाई देश की राजकुमारी, जैल सिंह, कांची कामकोटि पीठ के शंकराचार्य, रमण महर्षि के चित्र, फूजी गुरु जी की प्रतिमा आदि से कमरे का वातावरण ऐसा प्रतीत हो रहा है कि यदि समय मिले तो इस एक कक्ष से ही बोसियों संस्मरण मिल सकते हैं। एक ओर जहाँ पुस्तकों की अलमारी है, व़हाँ जाकर मैं अन्दाज़ लगाने की कोशिश करती हूँ कि वेंकटरमन जी की रुचियाँ कैसी हैं। ऊपर के दो खानों में तो कई फ़ोटो एलबम रखे हैं। नीचे किताबों में तमाम साहित्यिक कृतियाँ हैं, योग, धर्म, कला और संस्कृति पर पुस्तकें हैं। दर्शन, इतिहास, और राजनीति पर पुस्तकें हैं। यानी कि सामने बैठा सादे सफ़ेद खादी के वस्त्रों को धारण किये यह व्यक्ति साधारण मनुष्य नहीं है। साहित्य, संगीत और कला का मर्मज्ञ है।

मुझे बताया गया था कि वे निजी पारिवारिक जीवन की बातें नहीं करेंगे। सुन कर मन थोड़ा बुझ गया था। पर उनसे मिलने पर जब मैंने उन्हें 'धर्मयुग' के चरित्र के बारे में बताया तो उनकी मुखमुद्रा पर आश्वस्ति की जो झलक आयी, उसे देखकर मैंने हौले से बातों का क्रम मोड़ दिया और बातों-ही-बातों में कहा, अपने बचपन की कुछ यादों को मेरे साथ शेयर कीजिए न! आप किसके लाड़ले थे–माँ के, पिता के या दादा-दादी के या...देखा वे मेरी बात स्नेह से सुन तो रहे हैं, पर अभी भी थोड़े रिज़र्व हैं, तो मैंने कहा, अच्छा यह बताइए, बचपन में आपको सबसे ज़्यादा किसने प्रभावित किया था क्योंकि पूत के पाँव तो पालने में ही दिखने लगते हैं न!

4 दिसम्बर, 1910 को जनमे श्री वेंकटरमन की आँखों में चमक आयी। ओठों पर एक सहज मुस्कान फैल गयी और मेरी ओर ऐसे देखा, जैसे कह रहे हों, शैतान लड़की, आख़िर तूने घेर ही लिया। कुछ सोचते हुए बोलने लगे–

"मेरे बचपन का ज़माना तो वह ज़माना था, जब गांधी जी ने सारे देश में

आज़ादी का आन्दोलन छेड़ दिया था। मेरे पिता वकील थे, बार के लीडर थे, लेकिन थे पक्के नेशनलिस्ट...पक्के देशभक्त! मुझे याद है जब मैं बहुत छोटा था, स्कूल में पढ़ता था तो मेरे एक टीचर ने मुझे बुलाकर कहा था कि अपने पिता से कहो, क्यों बेकार मुसीबत मोल ले रहे हैं। हुआ यह था कि कांग्रेस का एक बड़ा कार्यकर्ता गिरफ़्तार कर लिया गया था। उसका केस लड़ने के लिए अंग्रेज़ों के डर से कोई वकील राजी ही नहीं हो रहा था। मेरे पिता वह केस लड़ने के लिए तैयार हो गये थे। अंग्रेज़ शासकों से टक्कर लेनी थी, इसलिए सभी चिन्तित थे।"

मैंने कहा, ज़ाहिर है आपका बालमन भी डर गया होगा तो बोले, "टीचर ने जब मुझसे कहा वैसे तो तो पूरी बात तो मेरी समझ में आयी नहीं थी, लेकिन मैं डरा नहीं था बल्कि मेरे मन में यह बात आयी थी कि ज़रूर ही मेरे पिता कोई महान काम करनेवाले हैं। और मैं मन-ही-मन उत्साहित हो उठा। शायद, इसी उत्साह का प्रभाव होगा कि उन दिनों की एक-एक बात मुझे ख़ूब याद है कि एक दिन हमारे शहर में विदेशी कपड़ों की होली जलाई जा रही थी। मैं भी बड़ी देर से खड़ा देख रहा था। अचानक मैंने भी अपनी कमीज़ उतारी और उस आग में फेंक दी। मुझे याद है मेरा दोस्त अपनी कमीज़ नहीं फेंक सका था, क्योंकि उसके पास सिर्फ़ वही एक कमीज़ थी पहनने के लिए। कमीज़ न फेंक पाने के लिए वह बहुत उदास हो गया था।"

निश्चय ही मित्र की उस उदासी ने वेंकटरमन के मन पर असर डाला होगा। दोस्त की मजबूरी से ग़रीबी की कातर विवशता की पहचान ने ही शायद आगे चल कर ग़रीब मज़दूरों के लिए उनके मन में बहुत विशेष सहानुभूति जगायी होगी। उन्होंने स्थायी मूल्य के काम किये आगे चलकर।

मैं उनको अभी बचपन की यादों में ही घेरे रहना चाहती थी, इसलिए उनके पिता के बारे में फिर पूछा तो बोले, '"मेरे पिता का नाम रामस्वामी था। वे नेशनलिस्ट थे और हमेशा खादी के कपड़े पहनते थे। ('खादी' शब्द को वेंकटरमन जी एक ख़ास लहजे में 'कादी' कहते हैं) शायद उन्हीं का प्रभाव था कि कॉलेज में नाम लिखाने के बाद से ही मैं सिर्फ खादी के ही कपड़े पहनता था और मेरे ऊपर भी आज़ादी का जुनून सवार हो गया था।"

मैंने पूछा, आज़ादी के लिए आप क्या करते थे, तो बोले–"मेरे पिता के पास बड़े-बड़े लीडर आदि मिलने आते रहते थे। उनकी बातें ध्यान से सुना करता था और उन दिनों मैं सुब्रह्मण्य भारती की कविताएँ बहुत पढ़ता था।"

यादों में खोये-खोये वे गुनगुनाने लगे 'विडुदलै! विडुदलै! विडुदलै! फ्रीडम फ्रीडम फ्रीडम!' मेरी ओर देखा तो शायद उन्हें ध्यान आया कि मैं तो हिन्दी भाषाभाषी हूँ, तो स्वतन्त्रता शब्द का अपने तरीक़े से उच्चारण करते हुए बोले,

"स्वतन्त्रा स्वतन्त्रा स्वतन्त्रा! (सुब्रमण्य) भारती की यह कविता हम लोग ख़ूब गाया करते थे।" (कविता की कुछ पंक्तियाँ बताने के लिए कहा तो स्वयं उठकर गये और बुकशैल्फ़ में से एक किताब निकालकर दी, जिसमें यह पूरी कविता छपी थी। (पाठकों के लिए वह सानुवाद यहाँ प्रस्तुत है) : "भारती की कविताओं में बड़ा जोश होता था। ग़रीब हो, अमीर हो, हरिजन हो या सवर्ण–सभी के लिए आज़ादी जन्मसिद्ध अधिकार होता है, यह भावना उनके गीत मन में कूट-कूट कर भर देते थे। हम कई लड़के मिलकर उनकी कविताएँ गाते हुए गली-गली घूमा करते थे।"

मैंने पूछा, ये बातें किस सन् की हैं, तो एक मिनट सोचा और अपने तरीके से गणित बैठाते हुए बोले, "सन्? सन् था...मैं तब दस बरस के क़रीब रहा होऊँगा... तो 1910+10 यानी क़रीब 1920-21 का ज़माना था तब। समझ लो 1923-24 तक हम यही सब करते रहते थे। ख़ूब पढ़ते थे और पढ़े हुए देशभक्ति के गीत गा-गाकर सबको सुनाते थे। कॉलेज जीवन तक आते-आते तो हम भी पक्के नैशनलिस्ट हो गये थे।"

मैंने कहा, इसका मतलब है कि आपके चरित्र निर्माण में आपके पिता के प्रभाव के साथ-साथ सुब्रमण्य भारती के साहित्य से मिले संस्कार भी थे। इनके अलावा उन दिनों और कौन लोग थे, जो आपको प्रभावित कर रहे थे–कोई टीचर? कोई नेता? सुनते ही बिना एक पल भी सोचे झपाक से बोले–

"उन दिनों एक बहुत बड़े नेता हुआ करते थे–सत्यमूर्ति, वे अंग्रेज़ी और तमिल के बड़े ज़बरदस्त स्पीकर थे। सेंट्रल असेम्बली के मेम्बर थे। उनका भाषण सुनने के लिए लोग दूर-दूर से आते थे। उन्हें लोग मद्रास रेजिडेंसी की स्टेट असेम्बली में बुलाना चाहते थे। वे स्वयं भी वहाँ जाने को उत्सुक थे, तो सरदार पटेल ने खींझते हुए उन्हें ख़त लिखा कि भूलाभाई देसाई बीमार रहते हैं और तुम सेंटर छोड़कर स्टेट असेम्बली में जाना चाहते हो तो ठीक है भई मेरे पास इसके सिवाय और कोई चारा नहीं रहेगा कि मैं सेंट्रल असेंबली से कांग्रेस पार्टी का बोरिया-बिस्तरा ही समेट लूँ। यानी कि वे इतने बढ़िया वक्ता थे कि कांग्रेस पार्टी का उनके बिना सेंटर में काम चलना ही मुश्किल था। वही सत्यमूर्ति एक बार मेरे पिता से मिलने हमारे घर आये, तब मैंने उन्हें निकट से देखा और उनकी बातें सुनीं और मैं उनका भक्त हो गया। तुम यह समझ लो कि सच्चे अर्थों में वे ही पहले व्यक्ति थे, जिन्होंने मुझे सही अर्थों में प्रभावित किया और स्वतन्त्रता संग्राम में कूदने की प्रेरणा दी।"

मैंने कहा, हम उत्तर भारतीयों ने सत्यमूर्ति का नाम ज़्यादा नहीं जाना। आज़ादी मिलने के बाद वे कहाँ रहे? क्या करते रहे? तो बोले–

"अरे नहीं। वे तो सन् 1942 के आन्दोलन के दौरान जेल में डाल दिये गये थे। जेल में हो बहुत बीमार पड़ गये। बीमारी के कारण उन्हें रिहा कर दिया गया। बाहर आने के बाद अस्पताल में भर्ती हुए और वहीं मर गये। सन् 1943 में ही गुज़र गये थे वे आज़ादी के पहले ही चले गये।"

मैंने पूछा, उनके विचार क्रान्तिकारी थे क्या? मेरे कहने का मतलब है कि वे चन्द्रशेखर आज़ाद, भगत सिंह आदि की लाइन पर सोचते थे या गांधीवादी थे? तो आर.वी. बड़ा सादगी से बोले, "देखो भई, हम तो धुर दक्षिण में थे–उत्तर भारत से काफ़ी दूर हम लोगों ने आज़ाद और भगत सिंह वग़ैरह के बारे में पढ़ा तो था, पर ये लोग हमारे लिए महज़ नाम भर थे। हम ज़्यादा जानते नहीं थे उनके बारे में। सत्यमूर्ति की लाइन तो गांधीजी वाली लाइन थी।"

मैंने पूछा, सन् बयालीस में आप क्या कर रहे थे? तो बोले, "मैं तो सन् 1935 में मद्रास हाईकोर्ट में एडवोकेट हो गया था।" में बोली, अच्छा तो आपने बी.ए.एलएल. बी. किया होगा। तो मुझे घुड़कते से बच्चों जैसी सरलता से बोले–"बी.ए. नहीं भई, हमने एम.ए. किया था इकोनॉमिक्स में एम.ए. और तब एलएल. बी. नहीं, लॉ की डिग्री को बी.एल. कहा जाता था यानी बैचलर ऑफ़ लां तो सन् पैंतीस से मैं वकालत कर रहा था। वकालत में मैं मज़दूरों की समस्याओं में बहुत रुचि लेता था। बहुत सी ट्रेड यूनियनों का मैं क़ानूनी सलाहकार था। पैंतीस से चालीस तक मैं लेबर यूनियन का प्रेसिडेंट था, तुम पूछ रही हो कि मैंने सन् बयालीस में क्या किया? तो देखो, सन् बयालीस में तो देश का पूरा का पूरा लेबर आज़ादी की लड़ाई लड़ रहा था, तो स्वाभाविक है कि मैं भी उन्हीं के साथ ख़ूब सक्रिय था। मैं तो रात-दिन लेबर के काम में ही लगा रहता था। आख़िर अंग्रेज़ सरकार ने सन् बयालीस से चौबालीस तक मुझे जेल में बन्द कर दिया, जेल से छूटने पर मैंने देखा कि सारे-के-सारे लेबर को कम्युनिस्ट लोग कंट्रोल कर रहे थे तो मैंने मद्रास की कांग्रेस कमेटी के लेबर सेक्शन का काम अपने हाथों में लिया और लेबर कांग्रेस बनायी तथा बड़ी तत्परता और मेहनत से कांग्रेस के झण्डे तले कई ट्रेड यूनियनें इकट्ठी की।"

मैंने कहा, उन दिनों की कोई ख़ास रोचक घटना याद हो तो बताइए न! तो ऊपर देखकर कुछ याद करने से एकदम खुलकर हँसे और बोले, "उन दिनों की एक मज़ेदार बात बताता हूँ। द्वितीय महायुद्ध में नेताजी सुभाष बोस ने आज़ाद हिन्द सेना बनायी थी, जिसने दक्षिण-पूर्व एशिया के तमाम भारतीयों में एक नयी जागृति पैदा कर दी थी। अंग्रेज़ इस कारण से बहत खफ़ा थे। जापान के समर्पण के बाद उन्होंने मलाया और सिंगापुर के अनेक भारतीयों पर राजद्रोह तथा दुश्मन से मिल जाने का आरोप लगाकर मुक़दमे चलाये। तो हृदयनाथ कुंजरू, कृष्ण मेनन और

राजगोपालाचारी ने भारत सरकार से कहा कि नेताजी को डिफेंड करने के लिए हिन्दुस्तानी वकीलों का दल सिंगापुर भेजा जाना चाहिए।"

मुझे काग़ज़ पर कुछ लिखते देख वे इस तरह बोले, जैसे कोई टीचर किसी बच्चे को समझाता है। बोले, "मालूम है न, भारत सरकार में मतलब अंग्रेज़ सरकार से है। तब ब्रिटिश राज था न!" हम दोनों ही खुलकर हँस दिये। अब तक माहौल बहुत सहज हो चुका था, मेरे साथ बैठकर अपनी यादों को जीना आर.वी। को शायद अच्छा लगने लगा था। वे बोले, "पाँच वकीलों का एक दल सिंगापुर भेजा गया। यू.पी. से पी. एन. सप्रू, बम्बई से नरीमन, मद्रास से के. भाष्यम अयंगार–ये तीन वरिष्ठ वकील थे। इनके साथ दो जूनियर वकील भेजे गये। जिनमें से एक मैं था। उसी सिलसिले में जब हम लोग सिंगापुर में थे, तब उन दिनों लॉर्ड माउंटबेटन के निमन्त्रण पर पण्डित जवाहरलाल नेहरू सिंगापुर आये हुए थे। तब मलाया में तमिल मूल के भारतीय लोग बहुत रहते थे। पण्डित जी को वहाँ भाषण देना था। मुझसे कहा गया कि मैं मंच पर से पण्डित जी के बोलने के साथ-ही-साथ उनके भाषण का तमिल में अनुवाद करता चलूँ। पण्डित जवाहरलाल नेहरू के साथ एक ही मंच पर खड़ा होना मेरे लिए बड़े गर्व की बात थी। मैंने बड़े ध्यान से खूब सफलतापूर्वक यह काम किया। दो-तीन मीटिंगें तो बड़े मजे में बीत गयीं, पर एक मीटिंग में पता नहीं पण्डित जी को क्या सूझा कि वे बहुत ही कठिन अंग्रेज़ी में बड़ी-बड़ी बातें करने लगे। मुझे कुछ समझ ही न आये। शुरू में थोड़ी-बहुत कोशिश की, पर बड़ी कठिनाई हो रही थी। सामने विशाल जनसमूह बैठा था। मैंने सोचा, अटकने और लड़खड़ाने से तो बेहतर है कि मैं तमिल में अपनी ही बात बोलता चलूँ। पण्डित जो अपनी बात पूरी करें, तो बजाय उनकी बात का अनुवाद पेश करने के मैंने अपना हो भाषण बोलना शुरू कर दिया। भाषण के दो-तीन टुकड़े इसी तरह निकल गये मैं जब बोलता तो पब्लिक ख़ूब तालियाँ बजाती। कुछ देर तक जब यही क्रम चला तो पण्डित जी को शक पड़ा और वे बोले, 'यह वेंकटरमन मेरी बात आपको सुना रहा है या ख़ुद अपना ही भाषण झाड़ रहा है।' यह सुनना था कि सारी पब्लिक ख़ूब ज़ोर से उठाकर हँसने लगी। चारों ओर से तालियों और हँसी को आवाज़ में आवाज़ मिलाकर पण्डित जी भी हँसने लगे।

पण्डित जी और पब्लिक की वह हँसी तो ख़ैर, मैंने नहीं सुनी थी, लेकिन यह घटना बताते हुए आज जब श्री वेंकटरमन हँस रहे थे तो उनके फैले ओठ और कण्ठ ही नहीं, उनकी आँखें भी हँस रही थीं। बड़ी दूधिया निश्छल खुली हुई हँसी होती है हमारे राष्ट्रपति श्री वेंकटरमन की!

यादों में प्रसन्नमन डूबे वेंकटरमन बोले, "यह समय था फरवरी या मार्च,

1946 का।" मैंने पूछा, उस मुक़दमे का क्या हुआ, तो वेंकटरमन की आँखों में एक चमक कौंधी और नटखट बालक की तरह वे बोले, "अरे, वह तो पण्डित जी ने बीच में पड़कर रफ़ा-दफ़ा करवा दिया। सिवाय उनके, जिन्होंने कुछ मारपीट या कुछ दूसरे अपराध किये थे, बाकी सबको छोड़ दिया गया," और हँसते हुए मज़ा लेकर बोले, "लोग समझते रहे कि हम लोगों ने जिरह करके उन्हें छुड़ाया। सारा श्रेय हम लोगों को मिल गया। सिंगापुर से आने के बाद मैं तो अपनी वकालत में ही लगा रहा था। मुख्य रूप से ट्रेड यूनियनों के काम में जुटा था। खेतिहर मज़दूर हो, बगानों के कर्मचारी हों या डॉक वर्कर हों, रेलवे कर्मचारी हो या पत्रकार सबको संगठित करना, उनके हितों की रक्षा करना। इसी सब में मेरा समय ख़र्च होता था। उन दिनों तमिलनाडु के सबसे बड़े नेता थे कामराज। मैं जब उनके सम्पर्क में आया तो उन्होंने मुझे सक्रिय राजनीति में आने के लिए प्रेरित किया और कहा, अब तुम्हें अपना अधिक-से-अधिक समय राजनीति के कामों में ख़र्च करना चाहिए। बाद में सन् 1950 में उन्होंने ही मुझे प्रॉवीजनल पार्लियामेंट का मेम्बर बनाकर भेजा। मैं बोलता बहुत अच्छा था, इसलिए कुछ महीने बाद ही स्पीकर ने मुझे न्यूजीलैंड में होने वाली कॉमनवेल्थ पार्लियामेंटरी कॉन्फ्रेंस में भारतीय पार्लियामेंट के डेलीगेशन का मेम्बर बनाकर भेजा।"

मैंने जब वहाँ की कोई यादगार घटना बताने के लिए कहा तो थोड़ी देर सोचते रहे फिर बोले, "बहुत लोगों से परिचय हुआ था वहाँ, यूनाइटेड किंगडम के कई डेलीगेट्स और डेफन बेकर जो बाद में कनाडा के प्रधानमन्त्री बने थे, वे सब मुझसे काफ़ी प्रभावित हुए थे और मेरे बड़े दोस्त बन गये थे।" कोई और यादगार संस्मरण न बताते हुए बात को वहीं छोड़कर वे स्वयं ही अपनी जीवन यात्रा के अगले महत्त्वपूर्ण पड़ाव की ओर मुड़ गये और बोले, "फिर 1952 में अपने नेटिव डिस्ट्रिक्ट तंजौर से चुनाव लड़कर मैं पार्लियामेंट में आया। और फिर तो बाकायदा राजनीति में प्रवेश कर गया और पूरा समय राजनीति को ही देने लगा। वकालत वग़ैरह छोड़ दी। और दिल्ली आ गया। यहाँ इक्कीस नम्बर क्वींसवे में रहने लगा।" 'क्वींसवे' नाम सुनकर मैं चौकी क्योंकि नाम मुझे अपरिचित-सा लगा तो मुस्कराकर बोले–"अरे, तुम्हारा आज का यह जनपथ तब क्वींसवे कहलाता था।"

मैंने पूछा, सारा परिवार भी दिल्ली आ गया होगा। तो बोले–"नहीं, वे सब मद्रास में थे। क्योंकि बच्चे वहाँ पढ़ रहे थे। पत्नी दिल्ली आती-जाती रहती थीं।"

पत्नी और बच्चों का ज़िक्र आया कि मैंने मौक़ा लपक लिया और पूछा, बच्चे कितने हैं आपके? तो बोले, "तीन बेटियाँ हैं, पहली बेटी पद्‌मा वियना में रहती है। उसके पति यूनिडो में काम करते हैं। यूनिडो जानती हो? यूनाइटेड नेशंस इंडस्ट्रियल

डेवलपमेंट ऑर्गेनाइजेशंस। और दूसरी बेटी विजया कानपुर में है और उसके पति आई.आई.टी. कानपुर में प्रोफ़ेसर हैं, तीसरी बेटी लक्ष्मी अमरीका में बेल लैबरेटरीज में काम करती है।"

मुझे लिखते देख, अंग्रेज़ी हिज्जे बोलने लगे–"बी.ई, डबल एल बेल लैबरेटरीज! (और मुझे अपने स्वर्गीय पिता याद आने लगे। वे अध्यापक थे और हिज्जों पर बहुत ध्यान देते थे।) मेरी यह बेटी फिजिसिस्ट है, उसके पति भी साइंटिस्ट हैं।" मैंने कहा, यानी तीनों बेटियाँ सुखी वैवाहिक जीवन बिता रही हैं, तो बोले, "हाँ, सब वेल सेटिल्ड हैं, मुझे कोई चिन्ता नहीं।"

मैं मन-ही-मन ख़ुश हो रही थी कि जिन बातों पर कोई बात न करने की ताकीद मुझे मिली थी वे ही बातें स्वयं ही प्रवाह में बह आयी हैं। अब तो सब कुछ सहज ही मालूम होता चलेगा कि भीतर से बुलावा आ गया तो वे बोले, "असल में बात यह है कि हमारी पारिवारिक मित्र हैं शुभलक्ष्मी। वे आयी हुई हैं और सब लोग खाने पर मेरा इन्तज़ार कर रहे हैं, इसलिए मुझे तो अब जाना पड़ेगा।" खड़े होते-होते बोले, "और कुछ भी पूछना चाहती हो क्या?" उनके कहने के ढंग में और स्वर में थोड़ा सा स्नेह घुला हुआ था और उठने के पहले चर्चा भी बेटियों की चल रही थी तो मुझे भी न जाने क्या सूझा कि सहज ही एकदम बेटी की तरह बच्चों के-से स्वर में ठुनककर बोली, अभी तो सन् 1952 ही है। आपके राजनीतिक जीवन की शुरुआत भर हुई है–अभी तो आपने कुछ किया ही नहीं...मेरे लेख का क्या होगा...सुनकर वे जितने प्यार से हँसे, उनकी वह शुभ्र हँसी मेरे टेपरेकॉर्डर में तो बन्द है, पर पाठको! मेरे शब्दकोश में कोई शब्द ऐसे नहीं। जिनसे मैं आपको वह उन्मुक्त हँसी सुनवा सकूँ। हँसते-हँसते बोले, "ठीक हैं! ठीक है! गोपाल से कहना वे तुम्हें और समय दे देंगे कल फिर आ जाना।" गोपाल से उनका मतलब अपने निजी सचिव श्री गोपाल गांधी से था। महात्मा गांधी के सबसे छोटे प्रपौत्र श्री गोपाल जी जितनी निष्ठा, लगन और आदर के साथ वेंकटरमन जी का काम देखते हैं, वह क़ाबिलेतारीफ़ है। उन्होंने मुझे अगले दिन फिर पौने बारह बजे आने का समय दिया।

यह अधूरी भेंटवार्ता लिये जब मैं घर लौटी तो दिल्ली बन्द की सायँ-सायँ सड़कों पर पसरी हुई थी। गर्मी भी इतनी कि बन्द कमरों से बाहर निकलने का प्रश्न ही नहीं। शाम को जब बाहर निकली और आसमान पर ढलने को उद्यत सूरज पर जो नजर गयी तो पाया कि ऐसे रंग का सूरज तो आज तक मैंने कभी देखा ही नहीं था। धूल और गर्द से सने हुए पुराने कनस्तर के टीन के रंग का सूरज! एकदम पिटा-पिटा सा दिल्ली का सूरज! मालूम नहीं हमेशा ही गर्मियों में ऐसा होता है या आज ही मुझे ऐसा दिखाई दे रहा था। दूसरे दिन जब मैं फिर 6 नम्बर मौलाना आज़ाद रोड पहुँची तो

लगा ही नहीं कि मेरे और वेंकटरमन जी के बीच में से पूरे इक्कीस घण्टे गुजर चुके हैं। बातों का सिलसिला यों-का-यों निहायत अनौपचारिक ढंग से फिर शुरू हो गया।

आज तो न मुझे कोई भूमिका बाँधने की ज़रूरत थी, न उन्हें मूड में लाने की। कल बात सन् 1952 के चुनावों के बाद के कार्यकलाप पर चल रही थी, आज बातों का सिलसिला वहीं से उठाकर बोले, "1957 में पार्लियामेंट के चुनावों के बाद मैं फिर जीत कर आ गया। इस बार लालबहादुर शास्त्री ने मुझे बताया कि जब नयी कैबिनेट बनेगी तो तुम्हें मिनिस्टर ऑफ़ स्टेट की हैसियत से उसमें शामिल किया जानेवाला है, लेकिन जब कामराज जी को यह बात पता चली तो बोले– नहीं तुम्हें तो मैं तमिलनाडु में अपनी कैबिनेट में लेना चाहता हूँ। मैंने उनसे यही कहा कि आप प्रधानमन्त्री से बात कर लें क्योंकि जो वे चाहेंगे, वही करना मेरे लिए उचित होगा। तो कामराज पण्डित जी से मिले और उनसे कहा कि मैं अपने राज्य में ख़ूब औद्योगिक विकास करना चाहता हूँ। इस काम में वेंकटरमन का सहयोग मिलना बहुत ज़रूरी है। उनके बिना मेरा काम चलना कठिन होगा। सब बातें सुनने के बाद पण्डित जी ने उनसे कहा कि तुम उसे यहाँ डिस्टर्ब करते रहोगे, इसलिए बेहतर है कि तुम्हीं ले जाओ। और मैं तमिलनाडु में कामराज के मन्त्रिमण्डल में शामिल हो गया। इंडस्ट्रीज, लेबर, यातायात, सेल्स और कमर्शियल टैक्स के विभाग मुझे सौंपे गये। तब हमने तमिलनाडु की इंडस्ट्रियल नींव रखी।"

यह बताते समय उनके मुख पर सन्तोष की उजली रेखाएँ स्पष्ट दिखाई दे रही थीं। बड़े गर्व से बोले, "जानती हो हमारी स्टेट में तो पहले बस केवल खेतीबारी ही होती थी। वहाँ मैं 1957 से 1967 तक दस साल रहा। इस दौरान हम सबने मिलकर अपनी स्टेट को भारत की सबसे बड़ी इंडस्ट्रियल स्टेट बना लिया। पहले नम्बर पर आता था महाराष्ट्र, दूसरे पर बंगाल और तीसरे पर हम। यद्यपि पहले दोनों प्रदेश तो आज़ादी मिलने के पहले ही विकसित हो चुके थे। आज़ादी मिलने के बाद तमिलनाडु ने सबसे ज़्यादा औद्योगिक विकास किया। हमने लोगों को तरह-तरह से उत्साहित किया। चाय बागानों को संगठित किया, छोटे किसानों के लिए कोआपरेटिव बनाये, तरह-तरह की फैक्टरियाँ खोलीं, कपड़ा मिलें खोलीं, छोटे-छोटे उद्योग-धन्धे लगाने के लिए लोगों को सहायता दी। फिटर्स और टर्नर्स के लिए संस्थान खोले। मैं तकनीकी शिक्षा का भी इंचार्ज था। उस समय कई इंजिनियरिंग कॉलेज और पॉलीटेकनिक इंस्टिट्यूट खोले। अपने मन्त्रित्वकाल में हमने लम्बी दूरीवाले यातायात साधनों का विकास भी किया। मद्रास से बंगलौर, मद्रास से कन्याकुमारी आदि। सोचो तीस साल पहले ही हमने यह सब काम करने शुरू कर दिये थे; देखते-देखते तमिलनाडु इतनी उन्नति कर गया।

मैंने कहा, बड़े बढ़िया पारखी थे कामराज, ठीक ही किया कि सेन्टर से आपको माँग कर ले गये। उनकी सन्तोषदायक यादों में से निकलकर आगे बढ़ने की गरज से मैंने कहा, मद्रास में तो आप सड़सठ तक रहे न फिर उसके बाद? तो बोले, "सड़सठ में मेरी नियुक्ति यूनियन प्लानिंग कमीशन के मेम्बर के रूप में की गयी। वहाँ भी इंडस्ट्री, लेबर, पावर, यातायात, दूरसंचार और रेलवे के कार्यों का भार सौंपा गया। वहाँ मैं 1971 तक रहा।"

मैंने कहा, यानी जो करिश्मा आप तमिलनाडु में करके आये थे, उसी सिलसिले को यहाँ भी जारी रखा गया तो बोले, "अरे, नहीं भई, प्लानिंग कमीशन में सक्रिय ढंग से हम क्या कर सकते थे भला! यहाँ तो योजना बना दो, नीति निर्धारण कर दो। वहाँ तो ख़ुद काम करते थे। यह बात अलग थी, वह अलग। वैसे यहाँ एक अच्छी कोशिश की हमने। कई तरीक़ों से सारे राज्यों को एक सूत्र में बाँधा था, जैसे यह काम किया कि बिजली की आपूर्ति की ओर ध्यान दिया। यानी कि ऐसी योजना बनायी कि किसी राज्य के पास यदि थोड़ी अतिरिक्त पावर है तो उसका उपयोग कोई भी दूसरा राज्य कर सके। इस तरह पिछड़े हुए राज्यों के लिए कई नयी योजनाएँ बन सकीं।"

मैंने टोका कि चालीस बरस हो चुके हैं, मगर देश के हर कोने में तो बिजली अभी तक भी नहीं पहुँच सकी है। तो जरा तल्खी से बोले, "अरे, विकास धीरे-धीरे ही होता है। सब कुछ एकदम से थोड़े ही हो जाता है, चालीस बरस! अरे, सारे संसार के इतिहास को देख लो चालीस बरस क्या होते हैं। दो-दो सौ वर्ष लग जाते हैं परिवर्तन लाने में। अंग्रेज़ों को अंग्रेज़ी लागू करने में ही दो सौ वर्ष लग गये थे। अच्छा, अब चलो आगे की बात बताये, फिर सतहत्तर में मैंने मद्रास सिटी से चुनाव लड़ा और फिर पार्लियामेंट में आ गया। इस बार विपक्ष की बेंचों पर बैठा। पार्लियामेंट में विपक्ष की ओर से बजट पर डिबेट मैं ही शुरू करता था। फिनांस बिल में कई तरह के संशोधन कराने में भी मैं कई बार सफल रहा था। असल में वित्त और उद्योग मेरी ख़ास रुचि के विषय रहे हैं।" मैंने कहा, आजकल जब कभी कोई जटिल स्थिति भी आयी तो भी आपने उपराष्ट्रपति होने के नाते राज्यसभा के चेयरमैन की हैसियत से विपक्ष को जिस तरह टैकल किया, उसकी चारों तरफ़ ख़ूब तारीफ़ हुई है। उन दिनों जब आप स्वयं विपक्ष में थे, तब कभी कोई उलझन पेश आयी होगी या और किसी प्रकार की कोई रोचक घटना बताइए न उन दिनों की। तो काफ़ी देर तक सोचते रहे, शायद, कुछ याद भी आया होगा पर बोले, "ऐसा तो कुछ ख़ास याद नहीं है। याद आयेगा तो फिर बतायेंगे। यह तो वह समय था जब इन्दिरा गांधी अपदस्थ कर दी गयी थीं और कांग्रेस विपक्ष बन गयी थी। वैसे घटना की क्या बात है! आजकल

जब हम सत्ता पक्ष में हैं तो जो कुछ बातें विपक्षवालों से कहते हैं, वैसी ही बातें तब हमसे कही जाती थीं। यह सब तो यों ही चलता है।

"1980 में हम फिर सत्ता में आ गये। उस समय श्रीमती इन्दिरा गांधी की सरकार में मैं केन्द्रीय वित्त मन्त्री बनाया गया। चरण सिंह ने तो इनफ्लेशन (मुद्रास्फीति) दर इक्कीस दशमलव चार प्रतिशत छोड़ी थी। मैंने जब यह मन्त्रालय छोड़ा तो दर दो दशमलव चार प्रतिशत थी। अपने कार्यकाल में मैंने बेयरर बांड की स्कीम चालू की थी और एक हज़ार करोड़ रुपया इकट्ठा किया था। फिर हमें रक्षा मन्त्रालय सौंपा गया।" मैंने कहा, इस महत्त्वपूर्ण मन्त्रालय में भी ज़रूर आपने कुछ-न-कुछ मौलिक काम किया होगा। तो बोले, "असल में बात यह है कि 1953 से 1962 तक पण्डित जवाहरलाल नेहरू ने हमें ट्रिब्यूनल में रखा था और बराबर यूनाइटेड नेशंस भेजते रहते थे। तो वहाँ हम नये-से-नये विकास कार्यों का साक्षात् परिचय कर आते थे। वह तमाम जानकारी बड़ी लाभप्रद सिद्ध हुई। 1982 से 84 के बीच हमने अपनी सेनाओं को काफ़ी हद तक आत्मनिर्भर बना दिया था। कई स्कीमें चालू की थीं। सैनिकों की सेवा-स्थितियों में निखार के साथ-ही-साथ रॉकेट, मिसाइलें, टैंक वग़ैरह तक हम ख़ुद अपने देश में ही बनाने लग गये थे। क़ाफी काम हुए उन दिनों। फिर 1984 से तो हम उपराष्ट्रपति के पद पर काम कर ही रहे हैं। बस! अब तो हुआ तुम्हारा लेख!" कहकर हँस पड़े।

पर मैं उनको अभी छोड़ने के मूड में कतई नहीं थी। मैंने कहा, लगभग पाँच दशकों से आप सक्रिय राजनीति में हैं। बड़े-बड़े पदों पर रहे हैं। आपने तो सारी दुनिया घूमी देखी होगी? बोले, "हाँ, हाँ बहुत देखा है–पूर्व और पश्चिम यूरोप, रूस, अमरीका, कनाडा, साउथ-ईस्ट एशिया, जापान, ऑस्ट्रेलिया, न्यू जीलैंड, यूगोस्लाविया, मॉरीशस, वग़ैरह तमाम देशों में सरकारी काम से गया हूँ।"

मैंने पूछा, परदेसों की तमाम यादें दिल और दिमाग़ में समायी रहती हैं। ऐसी कोई याद हमारे पाठकों को बतायेंगे? तो बोले, "यादें तो बहुत हैं। एक तुम्हें बताता हूँ। उन दिनों की बात है जब कामराज कांग्रेस पार्टी के प्रेसिडेंट थे। तब वे रूस की यात्रा पर गये थे। मुझे भी साथ ले गये थे। उनका बड़ा स्नेह प्राप्त था मुझे। उनके साथ तब कोसीगिन, ब्रेजेनेव आदि सभी बड़े लीडरों को निकट से देखने, समझने का मौक़ा मिला था और तमाम प्रसिद्ध स्थान घूम-घूमकर देखे थे। रूसी शासकों और जनता दोनों पर ही कामराज का बड़ा बढ़िया प्रभाव पड़ा था। अख़बारों में कामराज की तसवीरें छपी थीं और ख़ूब प्रशंसा की गयी थी। एक दिन हम लोग किसी रमणीय स्थान पर घूम रहे थे तो मैंने ऐसा महसूस किया कि काफ़ी लोग शायद हमारे विषय में ही बात कर रहे हैं। दुभाषिये से पूछने पर पता चला कि सचमुच वे लोग कामराज

के बारे में ही बात कर रहे थे और कह रहे थे कि देखो यह इंडिया का इतना बड़ा नेता है, लेकिन बेचारे के पास पहनने के लिए कोट भी नहीं है। लगता है, भारत बहुत ग़रीब देश है।" यह कहकर वे फिर अपनी वही हँसी हँसने लगे। जिससे अब तक मैं ख़ूब परिचित हो चुकी थी। फिर बोले, "असल में कामराज हमेशा कमीज़ और धोती ही पहनते थे। उस समय भी कमीज़-धोती–नहीं, धोती भी नहीं, बल्कि लुंगी पहने हुए थे। वहाँ से लौटकर मैंने एक पुस्तक लिखी थी–मास लीडर अमंग द सोशलिस्ट कंट्रीज, तमिल में लिखी मेरी पुस्तक को बाद में सोवियत लैंड पुरस्कार भी मिला।

बड़े शौक़ से उन्होंने अपनी वह पुस्तक दिखायी। उस पुस्तक का चित्र खिंचाने के लिए जब मैंने पुस्तक माँगी तो कंजूस की कौड़ी की तरह किताब हाथ में दबाकर बोले, "नहीं भई, इसकी तो यह एक ही कॉपी है मेरे पास।" फिर यह आश्वासन पाकर कि किताब सही-सलामत कल ही वापस कर दूँगी तो मुझे वह पुस्तक मिली। किताब देने के लिए ना करने में उनकी कितनी सादगी थी, कितना निरअहंकार, इसका आप अन्दाज़ लगा सकते हैं। श्री वेंकटरमन की यह मानवीयता, यह सादगी और कर्तव्यनिष्ठा ही तो रही है, जिसने उन्हें सभी का प्रिय पात्र बना रखा है। पचास वर्ष लम्बे राजनीतिक जीवन में उनकी किसी से भी कोई कहीं दुश्मनी नहीं है। पक्ष के हों, विपक्ष के हों–सभी लोग उनका आदर करते हैं। सच्चे अर्थों में अजातशत्रु हैं वे। तभी न जब तमिलनाडु में कांग्रेस हार गयी और विपक्ष की सरकार बनी तो केन्द्र में जाते समय वेंकटरमन का विदाई समारोह वहाँ विपक्षी सरकार ने ही बड़े प्रेम से आयोजित किया था। आप देखेंगे कि स्वयं मुख्यमन्त्री श्री अन्नादुराई वेंकटरमन को माला पहना कर विदा दे रहे हैं।

राजनीतिक जीवन का लेखाजोखा हो लिया तो अन्य रुचियों के बारे में पूछने पर उन्होंने कहा, "आई.सी.सी.आर. का चेयरमैन रहा हूँ। मुझे सारे संसार से विभिन्न स्तरों पर सांस्कृतिक सम्बन्ध बनाने में बड़ी रुचि है।" मैंने कहा, नहीं मेरा मतलब आपकी अन्य हाबीज से है। तो बोले, "टेनिस खेलता हूँ, देश-विदेश घूमने का शौक़ है। नेचर को प्यार करता हूँ। संगीत का शौक़ है। कर्नाटक संगीत का तो ख़ूब ज्ञान है। हिन्दुस्तानी संगीत भी समझता हूँ। मेरी बेटी जो कानपुर में है, उसने पहले तो कर्नाटक संगीत की डिग्री ली थी, फिर कानपुर जा कर हिन्दुस्तानी म्यूज़िक की भी डिग्री ली है। डबल डिग्री है उसके पास। उसे संगीत का भी ख़ूब ज्ञान है, हमको भी है। मैंने कहा, कल जब आपने अपनी मेज़ की ड्राअर में से कैमरा निकाल कर मेरी फ़ोटो खींची थी तो मैं समझ गयी थी कि जरूर ही फ़ोटोग्राफ़ी आपकी हॉबी होगी। तो बोले, "हाँ, हाँ, सच बात है। मैं जब चौदह-पन्द्रह साल का था, तभी से मुझे फ़ोटोग्राफ़ी का बड़ा शौक़ रहा है।" मैं बोली, उस ज़माने में तो ज़रूर आपके

पास कोडक का बॉक्स कैमरा रहा होगा तो ज़ोर से हँस पड़े बोले–"हाँ, हाँ ठीक। यही कोडक का ही बॉक्स कैमरा था तब मेरे पास। अब तो बेलौज, कैनन, एक बढ़िया रूसी कैमरा जैनिथ वग़ैरह कई तरह के कैमरे हैं मेरे पास।" फिर बड़े शौक़ से बताया कि जब जापान गये थे तो वहाँ क्योतो में एक बौद्ध मन्दिर के सामने के जलाशय में पड़ती छाया के साथ एक फ़ोटो खींची थी। वह इतनी बढ़िया आयी कि मालूम ही नहीं पड़ता था कि मन्दिर कौन-सा है और छाया कौन-सी है। वे जिस-जिस देश में जाते हैं, वहाँ की ढेरों तसवीरें ख़ुद खींच कर लाते हैं। मैंने जब धर्मयुग के पाठकों के लिए उनके खींचे चित्र माँगे तो सहर्ष उन्होंने अपने कैमरे से खींचे कई चित्र दिये। चित्रों की बात चल रही थी, तब वे बोले कि सभी देशों की तसवीरें हैं मेरे पास केवल चीन ही मैंने अभी तक नहीं देखा। तो मैंने कहा, मेरे पति जब चीन गये थे तो वहाँ से लौटकर जो उन्होंने यात्रा विवरण लिखा था, वह बहुत ही बढ़िया है। आप हिन्दी पढ़ते हों तो मैं भेजूँ। तो हिन्दी में ही जवाब देते हुए बोले, "हाँ, हाँ, मैं पढ़ सकता हूँ, मैं लिख सकता हूँ। बस बोलना बहुत मुश्किल है। बोलने का अवियास (अभ्यास) नहीं है इसलिए लेकिन वइसे तुमको बताऊँ इन्दिरा गांधी मेमोरियल लेक्चर में मैं हिन्दी में बोला। पूरा भाषण हिन्दी में बोला।" फिर आँख मींचकर हँसकर बोले, "असल में थोड़ा बोल्ड अक्षर में काग़ज़ पर सब लिखकर सामने रखकर हम बोला, पर फिर अभी जब मैथिलीशरण गुप्त सैनटीनरी आया, उस समय पर भी मैं सब हिन्दी में बोला। बिना लिखे ऐसे ही बोला। तो जैल सिंह ने कहा–क्या? आप इतनी अच्छी हिन्दी बोलते हैं।" कहकर ख़ूब हँसे और हँसते-हँसते ही बोले, "क्यों नहीं बोल सकते, हिन्दी ज़रूर बोल सकते।"

इसी समय मैंने उनसे कहा कि हिन्दी तो हमारी राष्ट्रभाषा है। पर अभी तक हम विदेशों में उसे वह सम्मान नहीं दिला पाते हैं, जो किसी राष्ट्रभाषा को मिलना चाहिए। अभी कुछ दिन पहले जब भारत महोत्सव का उद्घाटन करने राजीव जी मॉस्को गये थे तो टीवी पर देखा। उन्होंने अपना भाषण हिन्दी में दिया। श्री गोर्बाचोफ के रूसी भाषण का तर्जुमा एक रूसी दुभाषिये ने हिन्दी में किया। देखकर बड़ा गर्व महसूस किया। राष्ट्रभाषा के साथ यही व्यवहार हर देश में जाने पर क्यों नहीं हो सकता? विदेशों की बात छोड़ भी दें तो ऐसा क्यों है कि भाषा को लेकर हमारे अपने देश के अन्दर ही व्यर्थ के विवाद खड़े होते रहते हैं।

मेरी बात को धैर्यपूर्वक सुनने के बाद एक मिनट रुककर वे बोले, "देखो, ऐसा है कि हमारे देश में कुछ लोग तो ऐसे हैं जो चाहते हैं कि धीरे-धीरे सारे देश में हिन्दी का प्रचार हो और एक राष्ट्रभाषा बने। लेकिन कुछ लोग ऐसे हैं जो जरा जल्दी करते हैं। अगर उनका मतलब न भी हो तो भी उससे दूसरों को यह आभास होने लगता है

कि उन पर कोई भाषा ज़बरदस्ती लादी जा रही है। जहाँ यह भावना पनपने लगे तो उससे फिर उस भाषा का स्वाभाविक प्रसार रुक जाता है या फिर उसमें बहुत देर होने लगती है। बाधाएँ आती हैं। विवाद खड़े होते हैं। इसलिए इस मामले में थोड़ा धीरज से काम लेना ज़्यादा अच्छा रहेगा।"

मैंने कहा, पर इस समस्या को सुलझाने में कुछ ठोस काम भी तो किया जाना चाहिए न! आख़िर पेंच उलझा कहाँ है? तो समझाते हुए बोले, "देखो, हमारे यहाँ एक और कठिनाई है। अधिकतर भाषाओं की अपनी अलग लिपियाँ हैं। यूरोप में अनेक देशों में लोग दो-दो, तीन-तीन भाषाएँ सीखते और बोलते हैं। लेकिन वहाँ सुविधा यह है कि हर भाषा की लिपि वही अंग्रेज़ी लिपि यानी मेरा मतलब रोमन लिपि है। इस बात को भी ध्यान में रखना होगा। मैं तुम्हें एक और बात बताऊँ, आदि शंकराचार्य ने क्या किया था। वे शुद्ध संस्कृत बोलते थे, लेकिन जब तमिलनाडु में अपने विचारों का प्रचार करने आये तो उन्होंने बोला तो ख़ैर तमिल में, लेकिन सवाल था कि संस्कृत श्लोकों को तमिल में लिखा कैसे जाये, क्योंकि संस्कृत की कई ध्वनियाँ ऐसी थीं, जो तमिल लिपि में थीं ही नहीं। तो उन्होंने लिपि का अध्ययन किया और उन ध्वनियों के लिए तमिल में कुछ नये अक्षर प्रचलित किये। फिर वे श्लोक लिखे गये, जिसको ग्रन्थ कहते हैं। मैं तो यह भी कहूँगा कि कुछ दिनों के लिए अगर हिन्दी को कई लिपियों में लिखा जाये तो उसमें हर्ज क्या है हिन्दी को कहीं तमिल लिपि में, कहीं कन्नड लिपि में, कहीं बंगला आदि कई तरह की लिपियों में, कहीं रोमन लिपि में भी लिखा जाये तो उससे हिन्दी का प्रचार बढ़ेगा।

बातें करते-करते काफ़ी वक़्त गुज़र चुका था। मेरा तो ख़ैर, मन भरा ही नहीं था, लेकिन लगा कि शायद वे भी मुझसे ऊब नहीं रहे हैं, इसलिए उनसे आगे पूछ बैठी कि आधुनिक विचारकों में से आप किसी से प्रभावित हुए हैं या...मैं अभी वाक्य पूरा भी नहीं कर पायी कि वे बोले, "हाँ, मुझे कृष्णमूर्ति ने बहुत प्रभावित किया है।" यह सुनकर कि मैं भी कृष्णमूर्ति से मिल चुकी हूँ, वे बहुत ख़ुश हो कर बोले, "अच्छा! अरे वाह!" मैंने कहा, कृष्णमूर्ति की एक बात पर तो अकसर बड़ी देर-देर तक सोचती रहती हूँ–वे कहते थे न कि ट्रुथ इज़ ए पाथलेस वॉयज (सत्य एक पथविहीन रास्ता है), वेंकटरमन जी मुग्धभाव से बोले, "वाह! वाह! कितनी अच्छी बात है। मैं बताऊँ, मुझसे एक बार बातों के दौरान बोले कि जो बीत गया है, उस पर सिर क्यों धुनते हो और भविष्य की चिन्ता में क्यों घुलते हो। आज पर ध्यान दो, आज को सँवारो," मैं बोली, सच बड़ी अच्छी बात है, लेकिन एक बात बताइए कि हम अतीत से स्वयं को काट लें और भविष्य की परवाह न करें तो क्या वर्तमान में कुछ बड़ा काम कर पायेंगे?

मेरी बात सुनकर बोले, "सोचने का यह ढंग अलग है। मैं सही-ग़लत की बात नहीं कर रहा। मैं कह रहा हूँ कि कृष्णमूर्ति जैसे महान लोगों के साथ बैठने पर बहुत मानसिक शान्ति मिलती है, आत्मिक बल मिलता है। मन ख़ुद-ब-ख़ुद गहरी बातें सोचने लगता है और फ़िज़ूल की बातों की ओर प्रवृत्ति ही नहीं होती।"

मैंने उनको और भी कुरेदने की गरज से कहा, कि कभी-कभी बड़े लोगों की बात भी मन में शंका जगाती है कि यह कैसा दर्शन हुआ। जैसे कई बरस पहले पुरी के शंकराचार्य बोले थे कि ठीक है कोई हरिजन यदि मेरे चरण स्पर्श करना चाहता है तो मैं उसे रोकूँगा नहीं, लेकिन यदि उसके बाद मैं स्वयं स्नान करना चाहूँ तो मुझे क्यों कोई रोकना चाहे (यह बात कहते समय शायद मैं सामने रखे शंकराचार्य के चित्र की ओर देखने लगी थी)। मैं बोली, भला यह कैसा कन्विक्शन हुआ? तो वे ज़ोर से हँसे और उँगली से इशारा करते हुए बोले, "यह चित्र तो कांची के शंकराचार्य का है।" हँसी की खनक के बीच ही में से मैं बोली, मुझे गौतम बुद्ध की वह बात बहुत अच्छी लगती है, वे कहते हैं कि मेरी बातों को महज़ इसलिए मत मानो कि मैं कह रहा हूँ– तुम्हें ख़ुद को वह बात ठीक जँचे तो ही उसे मानो तो मेरा भी यह जानने का मन है कि आपको कृष्णमूर्ति या शंकराचार्य या गांधी जी या अन्य बड़े लोगों की कौन सी बातें बहुत अच्छी लगती हैं, और मानने योग्य लगती हैं। मेरी बात को बीच से ही लपकते से बोल पड़े, "ओह गांधीजी! देखो, गांधी को तो मैं इस युग का सबसे महान, सबसे बड़ा पुरुष मानता हूँ। वे आधुनिक युग के लिए आदर्श थे। जहाँ तक अध्यात्म की बात है, मैं शंकराचार्य को बहुत बड़ा मानता हूँ, पर जहाँ तक सामाजिक पक्ष की बात है, गांधी से बढ़कर कोई नहीं है। समानता, स्वतन्त्रता, भाईचारा, पुरुष और नारी में समानता–यह वही थे, जो तुम औरतों को भी राजनीति में हिस्सा लेने के लिए आगे लाये थे, वरना किसी ने भी यह बात सोची तक नहीं थी। हरिजन आन्दोलन के रूप में तो उन्होंने समाज की महानतम सेवा की है। नहीं तो हमारा समाज तो बिल्कुल टूट गया होता। हरिजन उद्धार करके उन्होंने इतनी बड़ी सामाजिक क्रान्ति की थी, जो किसी भी राजनीतिक क्रान्ति से बड़ी चीज़ थी।"

मैंने कहा, लेकिन हमारा दुर्भाग्य देखिए कि उनके जीवनकाल में ही उनके स्वप्न बिखरने लगे थे। उनकी मृत्यु के बाद तो हम उनसे बहुत दूर चले गये हैं तो बोले, "सच है। ठीक कहती हो।"

मैंने पूछा कि हमें क्या करना चाहिए कि जनमानस में, बुद्धिजीवियों में, देश को प्यार करनेवालों में गांधी को इंजेक्ट किया जा सके, फिर से स्थापित किया जा सके।

छत की ओर देखते हुए बोले, "कुछ नहीं, किसी से कुछ मत कहो, कुछ मत करो, स्कूल में बच्चों को प्राइमरी स्तर से ही गांधी के बारे में, उनके उसूलों के बारे

में बताना, पढ़ाना शुरू करो। समानता, भाईचारा, प्रेम, करुणा, नारी को बराबर का दर्जा वग़ैरह सारी बातें कहानी के रूप में बच्चों को सुनाओं, बताओ, पढ़ाओ बच्चा जब प्रभाव ग्रहण करनेवाली उम्र का होना शुरू होता है, उसी समय से उसे यह सब बताया जाना चाहिए। फिर देखो जो पीढ़ी तैयार होगी, वह नैतिक मूल्यों वाली होगी।"

मैंने कहा, एक ज़माना था, जब आपने तमिलनाडु में औद्योगिक क्रान्ति लाने में बड़ी मदद की थी। आज देश में एक नैतिक क्रान्ति लाने की बेहद ज़रूरत है। इस दिशा में कुछ कीजिए न! तो बोले, "देखो, मैंने तो कई बार यह बात कही है कि बच्चों के चरित्र निर्माण की ओर एकदम शुरू से ही ध्यान दो, मसलन उन्हें ए फॉर एपिल, बी फार बैट, सी फॉर कैट, डी फॉर डॉग सिखाने के बजाय ए फॉर अल्लाह, बी फॉर बुद्ध, सी फॉर क्राइस्ट, डी फॉर देवी सिखाओ। इंप्रेशनेबुल उम्र से ही वे धमन्धिता से ऊपर उठ जायेंगे। जब हम आज़ाद हुए थे, तभी, 1947 से ही, हमें यह तो कर देना चाहिए था। गांधी के देश में जात-पाँत, धार्मिक असहिष्णुता और भेदभाव की तो कोई जगह होनी ही नहीं चाहिए थी। हमने ध्यान दिया होता तो आज हमारे पास और बेहतर समाज होता।

बातों के समापन की वेला आ गयी थी, इसलिए चलते-चलते अन्त में 'धर्मयुग' के माध्यम से अपने देशवासियों के लिए मैंने राष्ट्रपति जी से सन्देश माँगा तो बजाय इसके कि वे टालू-सी कोई घिसी-पिटी लाइन बोल देते, उन्होंने 'धर्मयुग' के पाठकों को ख़ूब समझाकर अपनी बात कही है, वे बोले, "आज की सबसे बड़ी समस्या जातीय समस्या है। कम्यूनल प्रॉब्लम है। हमें सब जातियों और धर्मों के बीच सामंजस्य और सौमनस्य बनाना है, अपनी सारी कोशिशें, सारा ध्यान इस बात में लगा देना है कि सबके बीच में भाईचारा बना रहे। गांधीजी एक काम हमेशा करते थे, उनकी देखादेखी हम सब साधारण कार्यकर्ता तक उस जमाने में यह करते थे कि अपनी मीटिंगों की शुरुआत गीता, कुरान, बाइबिल की कुछ-कुछ पंक्तियों के पाठ से करते थे। ऐसा करने से जात-पाँत और धर्मों में सामंजस्य तो बना ही रहता था, मन की प्रवृत्ति भी अच्छी दिशा की ओर उन्मुख रहती थी। यह परम्परा हमने एकदम तोड़ ही दी है। अब तो मीटिंगें यों ही शुरू हो जाती हैं। हमें फिर से कोई रास्ता खोजना होगा कि बड़े सहज रूप में धार्मिक सहिष्णुता और भाईचारा बना रहे"

"दूसरी बात जो मैं कहना चाहूँगा वह यह है कि हमें अपने अन्दर भारतीयता की भावना को जगाना होगा। हम पंजाबी हैं, हम बिहारी हैं, हम बंगाली... मद्रासी वग़ैरह-वग़ैरह की जगह हमें अपनी पहचान यह कहकर बतानी चाहिए कि हम भारतीय हैं, हिन्दुस्तानी हैं। बच्चे से लेकर बड़ों तक देश के हर तबके के लोगों में यह जागरूकता ज़रूर आनी चाहिए।"

अटल बिहारी बाजपेयी

(4 अप्रैल 1889-30 जनवरी 1968)

जब हम वापस आने
लगे तो महानता देखिए
हमारे प्रधानमन्त्री की व
हमें दरवाज़े तक छोड़ने
आये और हम जब तक
गाड़ी में बैठ नहीं गये वे
हाथ जोड़े हुए वहीं खड़े
रहे–प्रज्ञा मेरे कानों में
बुदबुदाई मम्मी जल्दी
बैठो–वह वैसे ही हाथ

अटल बिहारी बाजपेयी

मृत्यु तो केवल शरीर की होती है, आत्मा की नहीं। मैं नहीं जानती कि यह बात कितनी सच है किन्तु एक बात मैं स्वयं जीकर जानती हूँ–शरीर तो पंचभूत का था–उसी में मिल गया। आकार समाप्त हो गया–भारतीजी का शरीरान्त हुए एक-दो नहीं–इक्कीस बरस गुज़र गये हैं लेकिन मैं अहर्निश हर पल उनके साथ जी रही हूँ। उन्हें छू सकती हूँ–उनकी सुगन्ध महसूस कर सकती हूँ–उन्हें साक्षात् देख सकती हूँ, उनके साथ बतिया सकती हूँ–क्योंकि मेरे लिए वह पूर्ण थे-सम्पूर्ण थे।

कुछ इसी तरह 16 अगस्त, 2018 को महसूस हो रहा। सारा दिन टी.वी. के सामने ही गुज़रा है, अपने परमप्रिय देवर जी को सुनती रही, देखती रही–यहाँ तक कि पंचभूत से बने शरीर को पंचतत्त्व में विलीन होते देख लिया। पर सच कहती हूँ। मुझे लग ही नहीं कि अटलजी नहीं रहे। नहीं, वह हैं और हमेशा रहेंगे क्योंकि वह ऐसे असाधारण व्यक्ति के जो अपने आप में पूर्ण थे–सम्पूर्ण। उसी तरह जैसे शून्य! शून्य में से शून्य घटा दीजिए तो शून्य ही बचेगा, जोड़ दीजिए तो भी शून्य ही रहेगा–गुणा, भाग-कुछ भी कर लीजिए वह शून्य ही रहेगा–

"पूर्णस्य पूर्णमादाय पूर्णमेवावशिष्यते"

मेरे तई मेरे देवर जी भी अपने सम्पूर्ण रूप में इस समय भी मेरी आँखों में घूम रहे हैं उनका मुस्कुराता चेहरा-निश्छल आँखें और कण्ठ से नहीं दिल की गहराइयों से निकलती उनकी आवाज़े! इसीलिए इस समय उनकी एक-आध याद को आपके साथ साझा कर रही हूँ।

सबसे पहले लेती हूँ–लड्डू प्रसंग! चौंक गये न आप! हाँ! लड्डू प्रसंग!! आज सरकार के मन्त्रिमण्डल के कुछ प्रमुख सदस्यों में से एक है–पीयूष गोयल। उनके पिता स्व. वेदप्रकाश गोयल हम लोगों के मित्र थे। अटलजी जब बम्बई आते और उनके पास समय होता तो हमें उनके घर बुला लेते थे–घण्टों बातें होती रहतीं–नहीं

राजनीति की नहीं–बस इधर-उधर के हँसी-मज़ाक़ भी होते और साहित्य की, संस्कृति की और कविताओं की बातें भी होतीं। कई बरस पहले ऐसी ही एक दोपहर हम लोग मिलने गये तो मैं उनके लिये बेसन के लड्डू ले गयी डिब्बा खोला कि देवर जी की आँखें चमकने लगीं–अरे वाह भाभी आज तो परम आनन्द आ गया। मिलने-जुलने वाले सभी जानते हैं कि मुझे मिठाई पसन्द है तो गुलाब जामुन, रसगुल्ला या रस मलाई जैसी चीज़ें ही परोसते रहते हैं–यह नहीं कि मुझे पसन्द नहीं आतीं पर आपको कैसे मालूम हुआ कि मुझे सबसे ज़्यादा पसन्द बेसन के लड्डू आते हैं। मैंने भी अपने अन्दाज़ में कहा, कैसे मालूम हुआ! मतलब? अरे मेरे मन ने बताया और मैं ख़ुद आपके लिए बनाकर लायी हूँ।" और लीजिये झपट कर उन्होंने मेरे हाथ से डिब्बा ले लिया और झट से लड्डू उठाकर खांने लगे। ऐसे खा रहे थे कि सबकी आँखों में उनके लिए प्यार आ भर आया।

और रात प्रसंग की अगली कड़ी सुनिए–कई महीनों बाद उनकी तरफ़ से फ़ोन आया कि आज शाम को बाजपेयी जी आपके घर आ रहे हैं। आप लोग घर पर रहेंगे न। वाह! ख़ुश हो गये हम सब। उन दिनों लखनऊ से मेरी बड़ी भाभी आयी हुई थीं। मैने उनसे कहा, भाभी आप बहुत अच्छे लड्डू बनाती हैं–आज बना दीजिए। तो गद्गद मन से वह दोपहर में रसोई में जाकर तैयारी करने लगीं। उन्हें हो ज़मीन पर बैठकर लकड़ी की आँच में चूल्हे पर खाना बनाने की आदत थी–हमारे घर में गैस का चूल्हा और ऊँचा प्लेटफार्म! उनका कद नाटा था और लड्डू बनाने के लिए धीमी आँच में बेसन भूनने के लिए बड़ी देर तक हाथ चलाने पड़ते हैं, तो उन्होंने एक तरकीब सोची कि प्लेटफार्म पर चढ़कर बैठ गयीं और बेसन भूनने लगीं। बाजपेयी जी ने कहलवाया था कि शाम को आयेंगे पर कुछ ऐसा हुआ कि वह कुछ पहले दोपहर में ही आ गये। हमारे घर के दो दरवाज़े हैं–एक ड्राइंग हॉल में खुलता है, जो अतिथि के आने पर खुलता है। दूसरा जो हर समय घर में आने-जाने वालों के लिए खोला जाता है–उस दरवाज़े में प्रवेश करते ही रसोई घर आता है। घण्टी आने पर बच्चों ने वही दरवाज़ा खोल दिया। और हमारे देवर जी ने यह कहते हुए कि बाहर से ही ख़ुशबू सूँघ ली है मैंने और रसोई में चले आये। हमारी भाभी ने जो उन्हें देखा तो उनका जो हाल हुआ उसे याद करके इस समय भी मुझे हँसी आ रही है–झट से नीचे उतर जाना सम्भव नहीं था तो उन्होंने झट से सिर पर पल्ला डाल कर घूँघट जैसा निकाल कर मुँह छिपा लिया–कलदी हाथ से छिटक गयी और वह कोने में सिमटने लगीं। अटलजी बोले अरे-अरे नहीं-देखिए बेसन जल जायेगा-सँभालिए। घबराइये नहीं–मैं खाये बिना जाने वाला नहीं। झटपट बना डालिए। कहकर भारतीजी

के कमरे की ओर आ गये! बातों बातों में शाम घिर आयी और वे बड़े प्यार से लड्डू खाकर ही गये।

अब आती हूँ इसी प्रसंग की अन्तिम कड़ी की ओर। उन दिनों हम दिल्ली गये हुए थे–वे दिन वक थे जब कुछ ही दिन पहले इन्दिरा जी की हत्या के बाद कुछ दंगा जैसा हो गया था और लोगों के निशाने पर सिख लोग थे। दिल्ली में हम लोग प्रसिद्ध गायक सुरिन्दर सिंह और पद्मा सचदेव के घर ठहरते थे। मुझे याद नहीं है कि कौन-कौन थे-केवल विष्णुकान्त शास्त्रीजी याद हैं, वह और उनके साथ तीन-चार और लेखक मित्र भारतीजी से मिलने आये हुए थे। अप्रत्याशित रूप से सब देखते क्या हैं कि घण्टी बजने के बाद जो दरवाज़ा खोला तो पाया अटलजी! और अटलजी के हाथ में स्टील का एक छोटा-सा कटोरदान!! अटलजी एक क्षण के लिए ठिठके और ज़ोर से ठहाका लगाकर बोले–"अरे-अरे आप सब भी विद्यमान हैं–मुझे पता होता तो ज़्यादा लाता" और भारतीजी से बोले आज मेरे घर में लड्डू बने थे और पद्मा जी ने मुझे बताया था कि आज आप आने वाले हैं तो मैं आपके लिए लड्डू लाया था–पर ये तो अब कम पड़ेंगे। तुरन्त विष्णु कान्त जी बोले अरे प्रभु आप आइए विराजिए तो–आपने वह कथा नहीं सुनी जब कृष्ण ने द्रौपदी को अक्षय पात्र देकर दुर्वासा ऋषि के कोप से बचा लिया था–तो आपके हाथ में जो यह अक्षयपात्र है उसमें से हम सब खा लेंगे और लड्डू ख़त्म ही नहीं होंगे। सुनकर अटलजी जिस तरह सबके बीच में आकर बैठे और शास्त्रीजी से बोले–नहीं मुझे नहीं मालूम यह कथा–और बातें बाद में, पहले आप यह कथा ही सुना दीजिये। और फिर बस प्राचीन पौराणिक कथाओं का जो सिलसिला शुरू हुआ कि वह शाम सबके लिए अविस्मरणीय बन गयी।

अब अन्त में फिलहाल एक याद और साझा करती हूँ। बात शायद 2002 की है। किसी काम से दिल्ली जाना हुआ। साथ में मेरी पुत्री प्रज्ञा और उसका बेटा अंशुमान थे। अंशुमान ग्यारह-बारह बरस का था। वह वहाँ के स्कूल 'आर्य विद्या मन्दिर' में पढ़ता था। वहाँ एक दिन उनके स्कूल में कोई कार्यक्रम था। जिसमें प्रधानमन्त्री अटल बिहारी बाजपेयी के बारे में बहुत कुछ जानने को मिला था और वह इतना प्रभावित हो गया था कि दिल्ली में एक दिन बोला नानी मुझे बाजपेयी जी को देखना है। बालहठ के आगे तो किसी की चलती नहीं है–मैंने बड़े संकोच से अपने देवर जी से समय माँगा और हमें समय मिल भी गया। तो हुआ यों कि नियत समय पर हम प्रधानमन्त्री निवास पर पहुँच गये। वहाँ यह नियम था कि हमें अपनी गाड़ी बाहर ही छोड़ देनी होती है और सूचना मिलते ही सरकारी गाड़ी उनके घर तक पहुँचा देती है। वहाँ गेट के बाहर अतिथि के सामान की जाँच होती है–उस जाँच में अंशुमान

का कैमरा बाहर ही छोड़कर जाने को कहा गया–उसे यह गँवारा नहीं था पर मेरे समझाने पर मजबूरन उसे अपना कैमरा वहीं छोड़ना पड़ा।

ख़ैर हम अन्दर पहुँचे। पहले मिसेज़ काल से बात हुई–पाँच-दस मिनट बाद जब अटलजी आये तो अंशुमान की चमकती आँखें और खुला मुँह देखने लायक था। उसने झट से अटलजी के चरण-स्पर्श किये। उसकी मुखमुद्रा ऐसी थी कि अटलजी ने तुरन्त उसे कलेजे से लगा लिया। हम कुछ बातें शुरू करें उसके पहले ही वह अंशुमान से ही बातें करने लगे, कहाँ पढ़ते हो, किस कक्षा में पढ़ते हो आदि-आदि उन्हीं बातों में उन्होंने पूछा तुम्हारा ये आर्य विद्या मन्दिर क्या हिन्दी मीडियम का स्कूल है। तो उसने बताया इंग्लिश मीडियम है। अटलजी बोले अच्छा नाम से मुझे लगा था हिन्दी मीडियम होगा। वहाँ हिन्दी पढ़ाते हैं या नहीं? और अंशुमान से जब उन्हें पता चला कि हिन्दी पढ़ाते हैं और साथ हो रोज़ हमारी प्रार्थना भी हिन्दी में होती है। हमें हवन करना भी लिखते हैं। अटलजी को बहुत अच्छा लग रहा था उसके साथ बात करते हुए। बोले वहाँ सीखी कोई चीज़ सुनाओ तो तुरन्त उसने अपने स्कूल की प्रार्थना सुनाई और गायत्री मन्त्र भी सुना दिया। अब तो अटलजी इतने ख़ुश हुए कि उनकी कुर्सी से उन्हें उठाकर अपनी गोद में बैठा लिया। फिर मुझे मौक़ा मिल पाया बात करने का। किसी बात पर बोले भई हम तो आज अंशू के साथ फ़ोटो खिंचायेंगे तो बेसाख्ता अंशूजी बोले–'हैं फ़ोटो खिंचायेंगे? हमारा कैमरा तो आपके लोगों ने गेट पर ही धरा लिया है।" उसका कहने का मासूम अन्दाज़ और आवाज़ की तुर्शी ऐसी थी कि अटलजी ख़ूब जोर से हँस पड़े और आवाज़ दी कि गयी बाहर से इनका कैमरा लाकर दो। तुरन्त कैमरा आ गया और मैनें उन तीनों की फ़ोटो खींच दी।

बाद में जब हम वापस आने लगे तो महानता देखिए हमारे प्रधानमन्त्री की वह हमें दरवाज़े तक छोड़ने आये और हम जब तक गाड़ी में बैठ नहीं गये वे हाथ जोड़े हुए वहीं खड़े रहे–प्रज्ञा मेरे कानों में बुदबुदाई मम्मी जल्दी बैठो–वह वैसे ही हाथ जोड़े खड़े हैं। मैं जल्दी से बैठ गयी और उसे बताया कि पगली तू क्यों घबरा गयी थी–वह हमारे लिए हाथ थोड़े ही जोड़ रहे थे–वह तो मन-ही-मन अपने चार घण्टे बड़े भाई डॉ. भारती को प्रणाम कर रहे थे।

चार घण्टे की बात भी आपको बताती हूँ कि–देखिए उस ज़माने में एक आम बात थी कि अभिभावक स्कूल में दाखिले के समय बच्चे की उम्र एक दो साल कम लिखा देते थे। भारतीजी के पिता ने भी यही किया था। भारतीजी की जन्मतिथि के बारे में साहित्य के विद्यार्थी यही जानते हैं कि उनका जन्म 25 दिसम्बर 1926 को

हुआ था। पर हक़ीक़त यह है कि वास्तव में वे 25 दिसम्बर, 1924 को पैदा हुए थे। और बहुत साल पहले एक बार इसी तरह की किसी बातचीत में यह बात जब अटलजी को पता चली तो उन्होंने पूछा अरे वाह, तो भई हममें से उम्र में कौन बड़ा है तो पता चला दोनों की उम्र में चार घण्टों का फ़र्क़ है और भारतीजी उनसे चार घण्टे बड़े हैं। और बस उस दिन के बाद से हमेशा के लिए मैं उनकी भाभी हो गयी और वे मेरे देवर!

'भाभी' शब्द लिखते-लिखते एक बात और याद आ गयी। बात है 21 दिसम्बर 1996 की। तब महाराष्ट्र राज्य हिन्दी साहित्य अकादमी के अध्यक्ष के श्री. शशिभूषण बाजपेयी और मुझे अकादमी द्वारा दिये जाने वाले पुरस्कारों पर निर्णय लेने वाली उपसमिति का संयोजक नियुक्त किया गया था। उस दिन पुरस्कार वितरण समारोह था। मैंने पूर्व प्रधानमन्त्री और तत्कालीन नेता प्रतिपक्ष, लोकसभा श्री. अटल बिहारी बाजपेयी को प्रमुख अतिथि के रूप में पधारने का अनुरोध किया। वे आये इस दिन का समारोह बम्बई के ख़ूब बड़े प्रेक्षागृह बिड़ला मातुश्री सभागार में आयोजित किया गया। अटलजी तो सारे भारत में ही पूजे जाते थे, लेकिन हिन्दी वालों के मन में तो उनके प्रति अगाध प्रेम हिलोरे लेता था। पूरा सभागार खचाखच भर गया था। जिन्हें जगह नहीं मिली वे पीछे खड़े-खड़े ही देख रहे थे। भीड़ इतनी थी यही उचित समझा गया कि उन्हें सामने के बड़े दरवाज़े से न लाकर पीछे के द्वार से प्रवेश करा दिया जाये। हम कुछ लोग उस द्वार पर अगवानी के लिए प्रतीक्षा करते रहे थोड़ी-थोड़ी देर में समाचार आ जाता था कि फलाँ स्थान तक गाड़ी पहुँच गयी है और इतने बजे तक पहुँच जायेंगे। वे आये तो उन्हें अन्दर ले जाते समय मैंने उसकी जैकेट की जेब में कुछ डाल दिया–बॉडी गार्ड ने आँख तरेरी भी–लेकिन ख़ैर हम आगे बढ़ गये। असल में बात यह थी कि भारतीजी को मिट्टी का इत्र बहुत पसन्द था–मैं जब भी लखनऊ जाती थी, उनके लिए वहाँ का विशेष इत्र ले आती थी। भारतीजी उनसे जब मिलने जाते थे तो ख़ासतौर से वही इत्र लगा लेते थे और हमेशा ही अटलजी उनकी सुगन्ध की तारीफ़ करते थे। उस दिन मैंने उनकी जेब में मिट्टी के इत्र की शीशी डाल दी थी। उन्होंने इशारे से पूछा भी था कि क्या है? मैंने भी हाथ के इशारे से ही बता दिया कि बड़ी अच्छी चीज़ है। देखिए मेरे महान देवर जी की महान सादगी और निश्छल हृदय कि इस छोटी-सी बात की वहीं ऐसा मान दिया कि मंच पर बैठे बैठे ही उन्होंने जेब से शीशी निकाली और दर्शकों के बीच सामने बैठे भारतीजी को मुस्कुरा कर दिखायी। एक और मज़े की बात हुई थी उस दिन कि उन्होंने भाषण देते समय दो-तीन बार जब मुझे लेकर कुछ बोला तो चार कुर्सी छोड़कर बैठी हुई

मुझे देखकर 'भाभी जी' कहते रहे। कई मित्रों ने बाद में मुझसे पूछा भी कि आपकी ओर देखकर वह 'भारतीजी' कहने के बजाय 'भाती जी' क्यों कर रहे थे। भला और किसी को भी क्या पता होगा कि वे 'भाभी जी' कह रहे होंगे इसलिये उन्हें लगा होगा 'भाती जी' बोल रहे हैं।

आह! वे जब 'भाभी जी' बोलते थे तब कानों में ही नहीं पूरे वजूद में मिसरी घुल जाती थी। उनकी कविताएँ और भाषण वर्षों सुने हैं हमारे देश के असंख्य लोगों ने–सभी उस मिसरी घुली आवाज़ को साक्षात् उनको देखते हुए नहीं तो यन्त्र के माध्यम से तो सुन सकेंगे पर मैं क्या करूँ कि अब उस आवाज़ में भाभी शब्द कभी नहीं सुन पाऊँगी मैं! सन्तोष केवल इतना है कि वे अपनी एक कविता में कह गये हैं कि फिर आयेंगे लौट कर यहीं! पता नहीं अगले जन्म में फिर मुझे मिल जाये ऐसा सौभाग्य! फ़िलहाल तो केवल आँसू घुली श्रद्धांजलि...

विष्णुकान्त शास्त्री

(2 मई 1929 - 17 अप्रैल, 2005)

यादों की जुगाली करते हुए मन पीछे, बहुत पीछे ही भागता जाता है न! मुझे भी याद आ रहे हैं सन् 1956-57 के वे दिन, जब मैं कलकत्ता विश्व विद्यालय से सम्बद्ध शिक्षायतन कॉलेज में हिन्दी की प्राध्यापिका बनकर गयी थी।

विष्णुकान्त शास्त्री :

आप तो गये अपने राम के धाम

जिनकी साँस-साँस में राम का नाम बसा था–'जैसी रामजी की इच्छा', 'रामजी की कृपा से', 'जैसा रामजी चाहेंगे' जैसे वाक्य जिनका तकिया कलाम बन गये थे–... क्या मालूम था कि रामजी की राम नवमी के एक दिन पहले ही वह इस भौतिक जगत् को छोड़कर अपने रामजी से मिलने चले जायेंगे, ताकि दूसरे दिन ही रामनवमी पर अपने रामजी के दर्शन पा लें!

अभी थोड़े दिन पहले ही तो आई.सी.यू. की तमाम कष्टप्रद प्रक्रियाओं से गुज़रकर भले-चंगे हो लिये थे, थोड़े ही दिन पहले तो मुझे आश्वासन दिया था कि शीघ्र ही मुम्बई आकर मिलूँगा। पिछले कई बरसों से उनका नियम जैसा बन गया था कि मुम्बई आने पर हमारे घर ज़रूर आते थे। कुछ बरस पहले जब हिमाचल और फिर उत्तर प्रदेश के राज्यपाल बन गये थे तो कभी-कभी ऐसा भी हो जाता था कि राजनीतिक व्यस्तताओं तथा कुछ पाबन्दियों के कारण घर तक आने का समय नहीं निकाल पाते तो आते ही पहला या दूसरा फ़ोन मुझे कर ही लेते थे। फिर वापस जाने के पहले मेरा कुशल-समाचार लेकर और अपना कुशल-समाचार देकर जाते थे। तुलसी बाबा की कही सारी-की-सारी बातें सही और सटीक होती हैं, पर उनका एक कथन उनके भक्त विष्णुकान्त शास्त्री ने झूठ कर दिखाया था। तुलसी ने लिखा था–जग बौराइ राज पदु पाएँ या प्रभुता पाइ काहि मद नाहीं, किन्तु शास्त्रीजी को जानने वाला कोई भी व्यक्ति पूरी तरह बेहिचक कह सकता है–ग़लत कहा आपने तुलसीदासजी! ऐसा इसलिए कह सके आप, क्योंकि आपने विष्णुकान्त शास्त्री को नहीं देखा था, नहीं जाना था! हम तो जानते थे कि वे एक दिन ज्यों-की-त्यों धर देंगे इस चदरिया को और वैसे ही बने रहेंगे जैसे हैं! एक बार जब उत्तर प्रदेश की राजनीति में ख़ासा हड़कम्प मचा था तो मैंने उनके प्रति अपनी चिन्ता व्यक्त की और पूछा, 'कैसे हैं आप?' तो बोले थे, 'अब क्या बताएँ आपको! समझ लीजिए, रौरव नरक

झेल रहे हैं। आपने अपने बचपन में ज़रूर देखे होंगे, 'कल्याण' के अंकों में चित्र आया करते थे न कि नरक में खौलते तेल के कड़ाह में मनुष्य को डाल दिया गया है आदि। बस, वैसे ही चित्र का ख़याल कर लीजिए तो हमारा हाल मिल जाएगा। पर चिंता मत करिए, रामजी सब भला करेंगे। सब पार पड़ जायेगा। रामजी ने वह नैया तो पार लगा दी, पर...

यादों की जुगाली करते हुए मन पीछे, बहुत पीछे ही भागता जाता है न! मुझे भी याद आ रहे हैं सन् 1956-57 के वे दिन, जब मैं कलकत्ता विश्वविद्यालय से सम्बद्ध शिक्षायतन कॉलेज में हिन्दी की प्राध्यापिका बनकर गयी थी। उन दिनों वहाँ विश्वविद्यालय के हिन्दी विभाग में श्री कल्याणमल लोढ़ा और श्री विष्णुकान्त शास्त्री पढ़ाते थे। मैंने दोनों के नाम तो सुन रखे थे, किन्तु परिचय किसी से नहीं था। आदत मेरी ऐसी थी कि अपने काम से काम रखती थी, बस! सामाजिक रूप से किसी से मिलना-जुलना या परिचय प्राप्त करने की कोशिशें करना वग़ैरह आता ही नहीं था। सो शुरुआती समय ऐसे ही गुज़र गया। डेढ़-दो बरस बाद किसी समारोह में जब शास्त्रीजी से परिचय हुआ तो वे बड़े सहज भाव से बोले, 'ओहो! तो आप हैं हमारी बच्चियों की पुष्पा दी। आपसे मिलने के लिए तो हम बड़े उत्सुक थे। बी.ए. में आप जिन छात्राओं को पढ़ाकर भेजती हैं वह एम.ए. की पढ़ाई के लिए हमारे ही विभाग में आती हैं। सच मानिए, उन छात्राओं को पढ़ाने में हमें स्वयं बहुत आनन्द मिल रहा है। साहित्य के कितने धुन्ध और जाले काट-छाँटकर बड़ी उर्वर भूमि तैयार कर देती हैं आप। वे बच्चियाँ आपका हवाला देकर जिस तरह की बातें करती हैं—जैसे प्रश्न पूछती हैं कि चित्त प्रसन्न हो जाता है।' मैं संकोच में भर उठी थी। उन्हें बीच में टोककर इतना ही कहा, 'मेरे मुँह पर मेरी प्रशंसा करने के बजाय आपने मुझे सिर्फ़ आशीर्वाद दिया होता तो मैं ज़्यादा ख़ुश होती।' बस इतना सुनना था कि उन्होंने अवाक् भाव से मुझे जिस तरह देखा और मेरे सिर पर हाथ रखा कि तत्काल ही एक सहोदर भाव के साथ उनसे प्रेम-सम्बन्ध जुड़ गया था। फिर बाद में जब भारतीजी के माध्यम से उन्हें जाना तब तो हम सबके मन एक-दूसरे के साथ इस तरह जुड़े कि लगता रहा कि यह साथ केवल एक जन्म का नहीं, बड़ा पुराना साथ है।

बाद में नवंबर, 1949 में मैंने अपने कॉलेज की ओर से एक बृहद् आयोजन किया था। आधुनिक साहित्य बोध पर हुए उस परिसंवाद में पं. हज़ारीप्रसाद द्विवेदी, अज्ञेयजी, नामवर सिंहजी, डॉ. देवराज और डॉ. धर्मवीर भारती ने शिरकत की थी। ब़ाद में समापन के दिन श्रोताओं को भी बोलने के लिए आमन्त्रित करने पर

शास्त्रीजी ने कार्यक्रम की भूरि-भूरि प्रशंसा भी की थी और कुछ सवालों पर अपनी तीखी प्रतिक्रिया भी व्यक्त की थी। परिसंवाद समाप्त होने के दूसरे दिन लक्ष्मीचन्द्रजी जैन ने कई लोगों को चाय पर बुलाया। वहाँ शास्त्रीजी भी आये थे। स्मरणशक्ति के धनी तो थे ही, सो भारतीजी से बोले, 'भाई, मुँह पर प्रशंसा करना पुष्पाजी ने वर्जित कर रखा है, पर यह स्वीकार करने में मैं कतई झिझकूँगा नहीं कि मेरी जानकारी में तो इतना भव्य साहित्यिक कार्यक्रम इससे पहले यहाँ कभी नहीं हुआ है। साहित्य के आधुनिक बोध पर इस तरह की चर्चा की कल्पना की जितनी तारीफ़ की जाय, कम है।' फिर मुझसे बोले, 'आपसे नहीं कह रहा—मैं भारतीजी से कह रहा हूँ, आप ध्यान मत दीजिएगा।' उन्होंने कहा था, 'अब मैं अच्छी तरह समझ रहा हूँ कि इनकी शिष्याएँ क्यों इनकी इतनी भक्त हैं? हर दूसरे-तीसरे वाक्य में इनका गुणगान हो ही जाता है।' फिर बोले, 'कलकत्ता की हिन्दी की छात्राओं के बीच अब तक मन्नू भण्डारी का बोलबाला था, पर अब उनका सिंहासन भी डोलने लगा है।' वग़ैरह-वग़ैरह। बात आयी-गयी हो गई। इत्तफाक से दस-पन्द्रह दिन बाद ही शास्त्रीजी से फिर कहीं भेंट हुई तो उन्होंने पूछा, 'क्या भारतीजी कलकत्ता विश्वविद्यालय में रीडर बनकर आने वाले हैं?' असल में रमाजी और शान्तिप्रसाद जैन की ओर से 'धर्मयुग' के सम्पादन के लिए जो प्रस्ताव आया था उस सिलसिले में भारतीजी का कई बार कलकत्ता आना हो गया था। उसके अलावा हमारे बीच के नेह-छोह की भी साहित्यिक हलकों में दबी ज़ुबान चर्चा होने लगी थी, सो उन यात्राओं से लोगों को यह लगा कि पुष्पाजी यहाँ हैं, इसलिए भारतीजी अब कलकत्ता सैटिल करेंगे और अफ़वाह बन गयी कि वे कलकत्ता विश्वविद्यालय के हिन्दी विभाग में आ रहे हैं। बहरहाल, मैंने ज़रा मीठी ढिठाई और शरारत से हँसते हुए जवाब दिया, 'भाई, आप आशंकित न हों। विभाग में आपका सिंहासन चारों खूँट सही-सलामत है और कायम रहेगा। भारतीजी इलाहाबाद विश्वविद्यालय में बड़े प्रसन्न हैं।' निश्चित ही शास्त्रीजी को अपनी कही सिंहासन वाली बात याद आ गयी होगी, सो उन्होंने इतने ज़ोर का छतफोड़ ठहाका लगाया कि मैं मुग्ध होकर बस उनकी ओर देखती ही रह गयी। उसी दिन मैंने भारतीजी को पत्र में लिखा कि आप और आपके परिमल के साथी, सब मिलकर भी ठहाका लगायें तो शास्त्रीजी के आगे फीके पड़ जायेंगे। कितनी उजली, कितनी पवित्र, कितनी उन्मुक्त होती थी उनकी सुहानी हँसी!

एक तो उनके जैसी हँसी दूसरी नहीं देखी-सुनी और दूसरे उनकी जैसी स्मरण-शक्ति मैंने तो कहीं किसी दूसरे के पास नहीं देखी। न जाने कितने कवियों की कितनी चुनिन्दा कविताएँ उन्हें कण्ठस्थ थीं—एक-से-एक बढ़कर-नायाब! कविता तो

कविता, गद्य के भी लम्बे-लम्बे उद्धरण वे यों सुनाते थे, गोया किताब हाथ में लेकर पढ़ रहे हैं। संस्कृत, उर्दू, बँगला और हिन्दी की एक-से-एक बढ़कर अद्‌भुत पंक्तियों ने उनके दिमाग़ को कारूँ का ख़ज़ाना बना दिया था। भारतीजी उनसे अकसर कहा करते थे कि अपने इस कंठस्थ कोष को पुस्तक रूप में छपा दीजिए। यह विचार शास्त्रीजी को भी भा गया था, लेकिन शायद कभी समय ही नहीं निकाल पाये। वैसी पुस्तक यदि छप जाती तो साहित्य का कोहेनूर होती!

भारतीजी जब छोटे थे, शायद चौथी या पाँचवीं कक्षा के विद्यार्थी थे, तब उन्हें स्कूल में एक पुस्तक इनाम में मिली थी–'सिन्दबाद द सेलर'। उसे पढ़ने के बाद उनके बालमन ने ठान लिया था कि बड़ा होकर मैं सेलर बनूँगा। फिर कैशोर्य में क्रान्तिकारी बनने का जुनून सवार हो गया। हेमवती नन्दन बहुगुणा शायद उनसे एक साल सीनियर थे, भारतीजी उन्हीं के साथ लग लिये थे। मुझे नाम तो याद नहीं, पर उन दिनों इलाहाबाद में एक क्रान्तिकारी संगठन सक्रिय था। भारतीजी उसके बाकायदा सदस्य बन गये थे। अपने साथ हरबा, हथियार भी लेकर चलते थे, जिन्हें रात को चुपचाप अपनी माईजी के चूल्हे के पीछे छिपाकर रख देते थे। '42 के आन्दोलन के समय एक साल पढ़ाई भी छोड़ दी थी। पर कुछ तो पारिवारिक परिस्थितियाँ और कुछ ग़रीबीजन्य मजबूरी के कारण वे उस समय कुछ नहीं कर गुज़र पाये, जो चाहते रहे होंगे। पर तड़प तो मन में बची रह ही गयी होगी। उसी तड़प के चलते वे बांग्लादेश के मुक्ति संग्राम में एक मुक्ति सैनिक की ही तरह कूद पड़े थे और उनके ज़ोम के इस ख़तरनाक काम में उनके साथी बने थे श्री विष्णुकान्त शास्त्री। उन दिनों दोनों ने जो-जो बीहड़ कारगुज़ारियाँ कीं उनसे हिन्दी संसार वाकिफ़ ही है। पर कम लोग जानते होंगे कि उस जाँबाज़ी के बीच भी दोनों मित्रों का साहित्य-प्रेम गलबहियाँ डाले संग-संग चलता रहता था–कविता उन दोनों से कभी अलग नहीं हुई। चलते-फिरते पुस्तकालय जैसे थे शास्त्रीजी। शुद्ध साहित्यिक आनन्द के अलावा दोनों के बीच शरारतें भी ख़ूब चलती थीं। इस समय वैसी ही एक बात याद आ रही है। उस दिन वे दोनों हवाई जहाज़ से शायद सिलीगुड़ी जा रहे थे। भारतीजी की फुलझड़ियाँ चालू थीं। अचानक एक सुन्दर-सी एयर होस्टेस को देखकर बोले, 'शास्त्रीजी, ऐसी मनमोहिनी के लिए हिन्दी शब्द 'विमान परिचारिका' बिल्कुल नहीं जमता। आप कुछ सुझाइए, इन्हें क्या नाम देना चाहिए?' शास्त्रीजी बोले, 'व्योम सहचरी।' भारतीजी ने कहा, 'नहीं, बात कुछ बनी नहीं।' कुछ सोचकर शास्त्रीजी बोले, "'अम्बर सखी' कैसा रहेगा?' तो भी भारतीजी पूरी तरह सन्तुष्ट नहीं हुए। ज़रा देर बाद चमककर बोले, 'शास्त्रीजी, हमें सूझ गया।' शास्त्रीजी की प्रश्न मुद्रा देखकर भारतीजी बोले,

'गगनगुइँयाँ।' सुनते ही शास्त्रीजी ने अपनी आदतानुसार जो गगनभेदी ठहाका लगाया कि विमान में बैठे सभी यात्री चौंककर उन्हीं की ओर देखने लगे। विमान परिचारिका भी उसी ओर लपकी और शास्त्रीजी ऐसे सकपकाये कि नीचे देखने लगे। बात बताते समय भी शास्त्रीजी मुझसे बोले थे, 'पुष्पाजी, पैरों के नीचे ज़मीन भी तो नहीं थी कि सोचता, हे रामजी! ज़मीन फट जाये और मैं उसमें समा जाऊँ।' भारतीजी पर तो शरारती रंग सवार था। ऐसे बैठे रहे जैसे कुछ हुआ ही नहीं। कुछ देर बाद वही सुन्दर कन्या ट्रॉली लेकर आयी और पूछा, 'Coffee or Tea?' उसका यह कहना था कि भारतीजी ने शास्त्रीजी के कान में कहा, 'or me...' शास्त्रीजी ने बताया कि केवल वे ही जानते हैं कि कितनी मुश्किल से उन्होंने अपनी हँसी को अपने कण्ठ के भीतर भींचकर दबाया था उस समय। एयर होस्टेस के जाने के बाद उन्होंने भारतीजी से कहा, 'ठीक है, चलियेगा अपने बम्बई। ये सब बातें पुष्पाजी को बताऊँगा।' तो शरारती बच्चे की तरह कान पकड़कर बोले, 'अरे भइया, यह गजब मत करना। आपकी ब्राह्मणी जैसी सीधी-सरल नहीं है वह। वह तो एकदम ततैया मिर्च है। मेरी तो शामत ही आ जायेगी।' फिर शास्त्रीजी ने समझौता किया कि एक शर्त पर नहीं बताऊँगा कि अब यात्रा भर आप ऐसी शरारत नहीं करेंगे कि मुझे बेसाख्ता आती हँसी को रोकने की सज़ा भुगतनी पड़े।

उन्हीं दिनों की एक और बात शास्त्रीजी ने बतायी थी। वे बोले थे कि 'भारतीजी स्वयं को नास्तिक बताने में और मेरी आस्तिकता की खिंचाई करने में बड़ी रुचि लिया करते थे।' पर एक तो मैं वह लेख पढ़ चुका था, जिसमें माखनलाल चतुर्वेदी ने उन्हें 'नास्तिक वैष्णव' कहा था और दूसरे स्वयं देख चुका था कि भारतीजी जब-जब मेरे घर आये, सबसे पहले हमारे घर के पूजाघर में जाकर हमारे पारिवारिक इष्टदेव के विग्रह के सामने श्रद्धापूर्वक शीश झुकाकर प्रणाम करना कभी नहीं भूलते थे। वैष्णव साहित्य में उनकी जैसी गहरी पैठ थी वह भी मैं जानता ही था, इसलिए मैं यह मान ही नहीं सकता था कि वे नास्तिक हैं। पर उनके अकाट्य तर्कों के आगे मेरी कुछ चलती भी नहीं थी। मन-ही-मन मैं सोचे बैठा था कि एक-न-एक दिन उनके इस मुखौटे को तोड़ूँगा ज़रूर।' शास्त्रीजी को एक मौक़ा हाथ लगा। इन दोनों को गौहाटी से अगरतल्ला जाना था। विमान तीन घण्टे बाद मिलने वाला था। शास्त्री ने सोचा, यहीं निकट एक महान शक्तिपीठ है, क्यों न लगे हाथों कामाख्या देवी के दर्शन कर लिये जायें। इन दोनों के साथ प्रसिद्ध फ़ोटोग्राफ़र बालकृष्ण भी थे। वे बोले, 'देखो भई, मैं तो आर्यसमाजी हूँ, दर्शन आदि में विश्वास नहीं करता। पर चलिए, साथ चलता हूँ। मैं यहाँ की सुन्दर प्रकृति के नज़ारों का मज़ा लूँगा। आप

दोनों दर्शन कर आइएगा।' स्वघोषित नास्तिक भारतीजी बोले, 'मैं भी आर्यसमाजी हूँ। मैं बालकृष्ण का साथ दूँगा। शास्त्रीजी, आप दर्शन कर आइएगा।' शास्त्रीजी जानते ही थे कि कैसी और कहाँ की नास्तिकता, सब दिखावा है। सो उन्होंने मन-ही-मन भारतीजी को छकाने की ठान ली और कहा, 'ठीक है, यहाँ से तो चलिए। आप लोग मत जाइएगा। मैं अकेला ही पूजन-अर्चन कर आऊँगा।' शास्त्रीजी मज़ा लेते रहे कि रास्ते भर भारतीजी घुमा-फिराकर इस तरह बात करते रहे कि मैं उनसे कहूँ कि छोड़िए ये सब बात-आप दर्शन करने चले ही चलिए। पर उन्हें तो भारतीजी को पाठ पढ़ाना था, इसलिए ठस्स बने रहे, कुछ सकार कर नहीं दिया। सोचते रहे कि अब कम-से-कम हमसे तो कभी शेखी नहीं बघारेंगे अपनी नास्तिकता की।

उक्त घटना का ज़िक्र करते हुए शास्त्रीजी ने मुझसे कहा था, 'पर पुष्पाजी, मान गये आपके भारतीजी की कलाकारी को। जब मैं अकेला ही मन्दिर के प्रांगण तक जा पहुँचा तो पीछे से मुझे पुकारकर बोले–अरे बन्धु, ठहरिए। घर जाकर अपनी ब्राह्मणी को बतायेंगे कि देवी के द्वार से बिना दर्शन किये लौट आये तो वह जितना गरजेंगी-बरसेंगी, उससे तो भला है कि अब जब उन्हें सन्तुष्ट करने का यह मौक़ा मिला ही है तो उसका फ़ायदा ले लिया जाये। ब्राह्मणी ख़ुश हो लेंगी।' शास्त्रीजी ने हँस-हँसकर बताया कि कैसे भारतीजी ने वहाँ पूरी तरह विधिवत् पूजा-अर्चना की थी। बोले थे, 'उस दिन पुष्पाजी, आप उनके बड़े काम आ गयीं। वरना मैंने तो उन्हें मज़ा चखाने की ठान ही ली थी।'

उस यात्रा की बातें करते हुए एक दिन शास्त्रीजी ने एक और बात कही थी। वे बोले थे, 'पुष्पाजी, बड़ी ईर्ष्या होती है मुझे आपसे! कितनी कितनी भाग्यशाली हैं आप कि आपको भारतीजी मिले हैं। जितने मगन मन होकर तन्मयता से वह ढाका के बाज़ार में आपके लिए साड़ी खोज रहे थे, उनकी वह प्रेमी मुद्रा आपको भी प्रणम्य बना देती है।'

मेरे भाग्य से ईर्ष्या करने वाले शास्त्रीजी स्वयं भारतीजी को कितना गहरा और कोमल प्यार करते थे, उसका अन्दाज़ा आप एक उदाहरण से सहज ही लगा लेंगे। सन् 1989 में भारतीजी बहुत बीमार हो गये थे। उन्हें साइलेंट हार्ट अटैक पड़ते थे। तीन-तीन बड़े सांघातिक अटैक झेल चुके थे। बाइपास सर्जरी हो चुकी थी। शरीर बिल्कुल जर्जर हो गया था। केवल दवाओं और अहर्निश तीमारदारी के बल पर जीवित थे। सारा जीवन चौबीसों घण्टे की व्यस्तताओं के बीच जिया था। अब डॉक्टरों ने पूर्ण विश्राम की सलाह दे रखी थी। कुछ देर पढ़ लें, यहाँ तक कि कुछ ज़रा देर तक बातें भी कर लें तो थक जाते थे। वैसे में मन में उदासी छा जाना नितांत

स्वाभाविक है। वैसी ही मन:स्थिति में किसी दिन उन्होंने शास्त्रीजी को खत में लिखा कि 'आप आ जाते हैं तो कविता के साथ जैसी शाम गुज़रती है वह कई-कई दिनों तक मन को ताजा रखती है। वरना मेरे मन में तो अरसे से न कोई कविता उगी, न मैं कुछ अच्छा पढ़ ही सका हूँ। बड़ी बेचैनी रहती है।'

शास्त्रीजी ने मुझसे कहा था, 'पुष्पाजी, यह खत मिलने के बाद मैं स्वयं बेचैन हो गया था। यह वही कवि है जिसने कभी कहा था–'कौन कहता है कि कविता मर गयी', वह आज यों हताश हो जाये कि उसे लगे कि कविता उसके हाथ से छूटी जा रही है। सोच-सोचकर मेरा हृदय भीतर-ही-भीतर रो पड़ता है। उन्हें इस मन:स्थिति से बाहर निकालना होगा।'

और बस, फिर तो शास्त्रीजी मुम्बई आने का कोई भी मौक़ा हाथ से जाने नहीं देते थे। बम्बई आने पर ज़रूरी कामों को जैसे-तैसे निपटाकर अपना बाक़ी सारा समय भारतीजी के किताबों से भरे कमरे में घण्टों बतियाते और कविता सुनते-सुनाते गुज़ारते थे। ऐसी ही शामों के दौरान एक बार उन्हें लगा कि कविताओं के बावजूद भारतीजी का पन उखड़ा-उखड़ा था, तो वे ज़बरदस्ती ज़िद करके उन्हें जुहू के समन्दर तट पर ले गये। वहाँ कभी टहल-टहलकर, कभी रेत पर पसर-बैठकर उन्हें ख़ूब कविताएँ सुनाते रहे, लतीफ़े सुनाते रहे, साहित्यिक गपशप करते रहे और भारतीजी को तरोताज़ा करके ही वापस घर लाये।

लिखते-लिखते सन् 1994 की एक शाम बरबस याद हो आयी है। उस दिन भारतीजी का कविता-संग्रह 'सपना अभी भी' छपकर आया था। हम लोग दिल्ली में भारतीजी की मुँहबोली बहन पद्मा सचदेव के घर ठहरे थे। सुरिन्दर भाई ने संग्रह आने की ख़ुशी में दावत पर कुछ लोगों को बुला रखा था कि वहाँ मौजूद सभी की ख़ुशी का आर-पार नहीं रहा, जब बिना किसी पूर्व सूचना के शास्त्रीजी श्री अटल बिहारी बाजपेयीजी के साथ वहाँ पहुँच गये। मुझे याद है, उस दिन वहाँ विद्यानिवासजी भी थे। फिर तो कविता, राजनीति और दुनिया-जहान की साहित्यिक गपशप का जो सिलसिला चल निकला था वैसा समां तो बस कभी-ही-कभी जम पाता है।

बिल्कुल ठीक तो याद नहीं, पर शायद उसी दिन शास्त्रीजी ने भारतीजी से परमीशन माँगी थी कि आप स्वीकृति दे दें तो अपनी अगली पुस्तक का नाम मैं आपकी एक कविता पंक्ति को लेकर रखना चाहता हूँ। भारतीजी ने उन्हें गले लगाकर कहा था, 'भाई! परमीशन माँगने जैसी बात कहाँ आती है। यह तो आपका अपना अधिकार है।' और शास्त्रीजी की पुस्तक का नामकरण हुआ था– 'कुछ चन्दन की कुछ कपूर की'।